Edgar Benöhr

Veränderungen des nordatlantischen Seeverkehrs seit dem Weltkrieg

Ein Beitrag zur Verkehrs- und Wirtschaftsgeographie

Edgar Benöhr

Veränderungen des nordatlantischen Seeverkehrs seit dem Weltkrieg

Ein Beitrag zur Verkehrs- und Wirtschaftsgeographie

ISBN/EAN: 9783954273058
Erscheinungsjahr: 2013
Erscheinungsort: Bremen, Deutschland

© *maritimepress in Europäischer Hochschulverlag GmbH & Co. KG, Fahrenheitstr. 1, 28359 Bremen. Alle Rechte beim Verlag und bei den jeweiligen Lizenzgebern.*

www.maritimepress.de | office@maritimepress.de

Bei diesem Titel handelt es sich um den Nachdruck eines historischen, lange vergriffenen Buches. Da elektronische Druckvorlagen für diese Titel nicht existieren, musste auf alte Vorlagen zurückgegriffen werden. Hieraus zwangsläufig resultierende Qualitätsverluste bitten wir zu entschuldigen.

Stuttgarter Geographische Studien
Veröffentlichungen des Geograph. Seminars der Technischen Hochschule Stuttgart
Reihe A
Herausgegeben und redigiert von Prof. Dr. E. Wunderlich

Heft 6/7

Veränderungen des nordatlantischen Seeverkehrs seit dem Weltkrieg

Ein Beitrag zur Verkehrs- und Wirtschaftsgeographie

von

Dr. Ing. E. Benöhr

Mit 1 Karten-
und 4 Tafelbeilagen

Stuttgart / Fleischhauer & Spohn / 1927

Herrn Reichskanzler a. D.

Geheimrat Dr. Cuno

Generaldirektor der Hamburg-Amerika-Linie

ergebenst gewidmet

vom

Herausgeber

Geleitwort.

Dieser neue Doppelband der Schriftenreihe des Geographischen Seminars[1] bringt einen Beitrag zur marinen Verkehrs- und Wirtschaftsgeographie, nämlich eine zusammenfassende Darstellung der Veränderungen, die im nordatlantischen Seeverkehr seit dem Kriege vor sich gegangen sind.

Bei der außerordentlichen Bedeutung dieser Fragen, besonders da der Nordatlantik weitaus das Hauptverkehrsgebiet des modernen Seeverkehrs darstellt, ist eine zusammenfassende Untersuchung dieser Verhältnisse seit langem erwünscht. Zwar liegt eine Fülle von Aufsätzen und Einzelschriften über die verschiedenen hiermit in Zusammenhang stehenden Fragen vor, aber es fehlt eine zusammenfassende Übersicht dieser vielfach in Zeitschriften usw. weit zerstreuten Literatur.

Dazu kommt, daß die Behandlung aller dieser Fragen bisher zumeist vom volkswirtschaftlichen Gesichtspunkt, nicht aber verkehrs- und wirtschaftsgeographisch erfolgt ist.

Die verkehrsgeographische Literatur über diese Probleme ist trotz der Bedeutung des Gegenstandes noch immer erstaunlich gering. Abgesehen von Zeitschriften-Aufsätzen und mehr oder weniger kurzen Übersichten in den Handbüchern enthält die verkehrsgeographische Literatur auffallend wenig Spezialarbeiten und Untersuchungen, wie denn überhaupt das Gebiet der Verkehrsgeographie in den letzten Jahrzehnten manche Vernachlässigung aufweist. Auch die meereskundliche Literatur — infolge der selbständigen Entwicklung der „Meereskunde" als Gegenstück zur regionalen „Länderkunde" erwachsen — bietet infolgedessen nur erst Ansätze in dieser Richtung. Zwar sind die Angaben in der zweiten Auflage der „Geographie des atlantischen Ozeans" von G. Schott nicht unerheblich erweitert, bieten aber immer noch verhältnismäßig wenig im Vergleich zu dem reichen physiogeographischen Teil dieses Werkes. Fehlt doch darin z. B., um nur auf eine besondere Lücke hinzuweisen, selbst eine Behandlung der Haupthäfen des atlantischen Gebiets vom wirtschafts- und verkehrsgeographischen Gesichtspunkt.

Demgegenüber war es seit langem mein Wunsch, die Fragen der marinen Verkehrs- und Wirtschaftsgeographie für die einzelnen Ozeane zusammenhängend und unter einheitlichen Gesichtspunkten bearbeiten zu lassen, als deren Ziel eine sowohl die Verkehrsmittel wie die Verkehrsstätten und -Wege

---

[1] Vgl. die Übersicht über die verschiedenen Veröffentlichungen des Geogr. Seminars der Techn. Hochschule Stuttgart am Schluß dieses Bandes.

als auch die Verkehrsleistungen gleichermaßen berücksichtigende Darstellung gilt.

Die hiermit vorgelegte Studie über den Nordatlantik ist die erste zum Abschluß gelangte Arbeit einer Reihe weiterer Untersuchungen, die hoffentlich bald hier auch vorgelegt werden können.

Daß die Untersuchung gerade des Nordatlantik zunächst in Angriff genommen und gefördert wurde, hängt mit der schon gestreiften besonderen Bedeutung dieses wichtigsten aller marinen Verkehrs- und Wirtschaftsgebiete zusammen. Hier haben sich ferner — wie die Untersuchung ergibt — die größten Veränderungen vollzogen, die unseres besonderen Interesses, auch vom Standpunkt der allgemeinen Verkehrsgeographie aus, wert sind.

Daß gerade die vorliegende Untersuchung endlich noch ein ganz besonderes nationales Interesse für Deutschland besitzt, wird die Lektüre der Studie ebenfalls ergeben. Man wird diese Arbeit nicht lesen können, ohne sich der außerordentlichen Bedeutung der hier behandelten Fragen für die ganze deutsche Wirtschaft und Entwicklung bewußt zu werden.

Stuttgart, Frühjahr 1927.

Prof. Dr. E. Wunderlich

Vorwort.

Die Anregung und die Leitgedanken für diese Arbeit verdanke ich meinem hochverehrten Lehrer, Herrn Professor Dr. Wunderlich, dem Vorstand des Geographischen Seminars der Technischen Hochschule Stuttgart.

Mit der Untersuchung wurde bereits im Jahre 1925 begonnen. Infolge der außerordentlich umfangreichen statistischen und literarischen Vorarbeiten, die notwendig waren, zog sich die Fertigstellung der Arbeit bis zum Ende des Jahres 1926 hin.

Die Arbeit hat dann zunächst als Dissertation der Technischen Hochschule Stuttgart vorgelegen. Nach Abschluß der Promotion sind noch für die Zwecke der Drucklegung verschiedene Änderungen und kleinere Umarbeitungen erfolgt. Insbesondere hat auch noch eine Überarbeitung der Diagramme und Kartenbeilagen sowie des Literaturverzeichnisses stattgefunden.

In dieser etwas veränderten Form gelangt die Arbeit nun hiermit zum Druck. Ich möchte der Hoffnung Ausdruck geben, daß gerade diese Studie, da sie einen Abschnitt erst jüngst verflossener, gerade auch für das deutsche Volk bedeutungsvoller Geschehnisse schildert, weiterem Interesse begegnen wird. —

Nicht unerwähnt darf bleiben, daß die Bewältigung des außerordentlich umfangreichen Stoffes lediglich durch das reiche Quellenmaterial der Bibliotheken des Instituts für Weltwirtschaft und Seeverkehr in Kiel sowie des Hamburger Weltwirtschaftsarchives, die sämtliche erforderlichen Unterlagen zur Verfügung stellen konnten, ermöglicht worden ist. Durch die reichhaltigen Sammlungen dieser beiden Institute ist daher die Durchführung der Arbeit außerordentlich erleichtert worden. Ich fühle mich deshalb beiden Instituten zu größtem Dank verpflichtet.

Auch der Hamburger Commerzbibliothek und dem Seminar für Nationalökonomie an der Universität Hamburg verdanke ich die Einsicht in wertvolles Quellenmaterial. Auch diesen beiden Instituten sei hier besonders gedankt.

Namentlich aber möchte ich auch an dieser Stelle Herrn Professor Dr. Wunderlich für seine stetige bereitwillige Unterstützung bei der Zusammenstellung der ganzen Arbeit meinen aufrichtigen Dank aussprechen.

Zurzeit Frankenthal i. d. Pfalz.

Dr. E. Benöhr.

Inhaltsverzeichnis.

	Seite
Geleitwort	III
Vorwort	V
Inhalts-Übersicht	VI
Einleitung	1
I. Teil. Die Veränderungen der Verkehrsmittel	3
a) Die einzelnen Schiffsarten und ihre quantitativen Veränderungen	4
1. Die Entwicklung der Dampfschiffahrt von 1913—1925	5
2. Die Entwicklung der Motorschiffahrt von 1919—1924	24
3. Die Entwicklung der Segelschiffahrt von 1913—1925	29
4. Die Veränderungen der Tankschiffsflotte seit dem Kriege	34
b) Die Ursachen der Veränderungen der Verkehrsmittel seit dem Kriege	36
1. Ursachen weltwirtschaftlicher Veränderungen	36
2. Die Veränderungen der Handelsflotten auf Grund politischer Maßnahmen	45
3. Veränderungen der Flottenbestände auf Grund der Verschiebungen der Wirtschaftlichkeit der Schiffsarten	46
II. Teil. Die Veränderungen der Betriebsarten	53
a) Allgemeine Veränderungen der Betriebsarten und ihre Ursachen	53
b) Die Veränderungen der Betriebsarten innerhalb der einzelnen Handelsflotten	59
1. Handelsflotten, deren Betrieb ganz oder teilweise staatlich ist	59
2. Handelsflotten, die ausschließlich in Privatbesitz sind	64
III. Teil. Die Veränderungen der Verkehrswege und -stätten	77
a) Die Veränderungen der Verkehrswege und ihre Ursachen	77
1. Neubildungen von Hauptrouten	78
2. Fortfall von bereits vorhandenen Hauptrouten	83

	Seite
b) Die Veränderungen der Verkehrsstätten und ihre Ursachen	85
1. Die deutschen Welt- und Haupthäfen	90
α) Hamburg	90
β) Bremen	94
2. Die holländisch-belgischen Welthäfen	97
α) Rotterdam	97
β) Antwerpen	99
3. Die 3 Welthäfen des Kontinents in ihren gegenseitigen Beziehungen	100
4. Die britischen Welt- und Haupthäfen	106
α) London	106
β) Liverpool	108
γ) Southampton	110
5. London und die großen Kontinenthäfen	111
6. Die französischen Haupthäfen	113
α) Le Havre	113
β) Rouen	114
γ) Cherbourg	116
7. Der portugiesische Haupthafen Lissabon	116
8. Die amerikanischen Welt- und Haupthäfen	117
α) New York	120
β) Boston	122
γ) Philadelphia	123
δ) Baltimore	124
ε) Norfolk-Hampton Roads	125
ζ) Savannah	126
η) Sabine und Port Arthur	126
ϑ) New Orleans	126
ι) Galveston	128
9. New York und die europäischen Welthäfen	130

IV. Teil. Die Veränderungen der Leistungen des nordatlantischen Seeverkehrs 133

a) Die Veränderungen des Güterverkehrs und ihre Ursachen	134
1. Der Schiffahrtsweg Nordwesteuropa-Nordamerika	136
α) Die Route Großbritannien-Vereinigte Staaten	140
β) Die Route Deutschland-Vereinigte Staaten	144
γ) Die Route Frankreich-Vereinigte Staaten	149
δ) Die Route Holland-Verein. Staaten u. Belgien-Verein. Staaten	152
ε) Die Route Vereinigte Staaten-Ostsee	152
ζ) Die Route Kanada-Nordwesteuropa	153
2. Der Schiffahrtsweg Nordwesteuropa-Mittelmeer	154
α) Die Route Großbritannien-Mittelmeer	154
β) Die Route Deutschland-Mittelmeer	157

	Seite
γ) Die Route Frankreich-Mittelmeer	159
δ) Die Route Holland-Mittelmeer	159
ε) Die Route Skandinavien-Mittelmeer	160
3. Der Schiffahrtsweg Nordwesteuropa-Südamerika-Westafrika	161
α) Die Route Großbritannien-Kanarische Inseln	162
β) Die Route Deutschland-Kanarische Inseln	164
γ) Die Route Frankreich-Kanarische Inseln	165
4. Der Schiffahrtsweg Nordwesteuropa-Westindien-Mittelamerika	165
α) Die Route Großbritannien-Westindien	167
β) Die Route Deutschland-Westindien	167
5. Der Schiffahrtsweg Nordamerika-Westindien-Mittelamerika	168
6. Der Schiffahrtsweg Vereinigte Staaten-Südamerika-Westafrika	172
7. Der Schiffahrtsweg Vereinigte Staaten-Mittelmeer	174
b) Die Veränderungen des Personenverkehrs und ihre Ursachen	176
Schlußbetrachtung	181
Anhang: Literatur-Verzeichnis	184
Kartenbeilage.	
Tafelbeilagen.	

Einleitung.

Mit dem unheilvollen, jetzt bereits mehr als ein Jahrzehnt zurückliegenden Ausbruch des Weltkrieges sind in dem regen, seit Beginn des technischen Zeitalters zu gewaltigen Ausmaßen angewachsenen Verkehr auf den Weltmeeren Umwälzungen eingetreten, deren örtliche Auswirkungen weit über das eigentliche Gebiet des großen Kriegsschauplatzes, das die nordwesteuropäischen Wirtschaftsstaaten gebildet haben, hinausgegangen sind, und die in der Gliederung, dem Aufbau und der Richtung des Seeverkehrs Veränderungen von tatsächlich einzigartigem Umfange hervorgerufen haben. Diese ungewöhnliche Entwicklung des Seeverkehrs seit dem Jahre des Kriegsausbruchs drängt dazu, diese hochbedeutsamen Geschehnisse, welche die Grundlagen und die Zusammenhänge des modernen Seeverkehrs so überaus schwer erschüttert haben, in einer besonderen verkehrsgeographischen Studie festzuhalten, und in diesem Rahmen eine umfassende Übersicht über die Veränderungen des Verkehrs der Nachkriegszeit zu geben.

Da in die Entwicklung des Seeverkehrs während dieses Zeitraums auch in besonders ausgeprägtem Maße wirtschaftliche Momente hineinspielen, läßt sich eine Behandlung auch dieser Fragen in der Arbeit nicht immer vermeiden; sie sind einfach unlöslich mit dem Werdegang des Verkehrs der Nachkriegszeit verknüpft. So hat die Darstellung der Verkehrsänderungen also auch häufig auf rein wirtschaftliche Zusammenhänge übergreifen müssen, die dann allerdings auf eine kurze Charakterisierung nur der wesentlichen Merkmale derselben beschränkt geblieben sind.

Dieser gewaltige Veränderungsprozeß des Seeverkehrs seit dem Kriege ist heute nach der Fülle des vorhandenen Materials rückschauend bis in seine Einzelheiten hinein zu verfolgen. Er ist auch bereits in zahlreichen Publikationen und Abhandlungen dargestellt und beschrieben worden; allerdings stets nur bruchstückweise, episodenhaft, immer nur als ein Glied bestimmter geographischer oder wirtschaftlicher, politischer oder technischer Betrachtungen, nie jedoch als Hauptthema einer größeren Arbeit selber. Dieser Mangel einer einheitlichen Schilderung des so besonders interessanten und wesentlichen Abschnittes der Verkehrsgeographie gibt die Berechtigung, das zahlreiche, wertvolle Material, das in den vergangenen Jahren über die Nachkriegsentwicklung des Seeverkehrs bereits veröffentlicht worden ist, zu einem geschlossenen Ganzen zusammenzufassen.

Um nun diese umfangreiche Aufgabe überhaupt bewältigen zu können, muß der ganze Stoff in entsprechender Weise gekürzt werden, d. h. eben so, daß lediglich die typischen Veränderungserscheinungen der Verkehrsentwicklung in Berücksichtigung gezogen werden. Aus diesem Grunde beschränkt sich die Arbeit ganz auf die Verhältnisse des nordatlantischen Seeverkehrs. Dieses wichtigste Meeresgebiet der Erde nimmt hinsichtlich der Veränderungen des Schiffsverkehrs unter allen Weltmeeren eine derart überragende Position ein, daß zur Darstellung der charakteristischen Änderungsvorgänge eine Beschreibung des gesamten übrigen Seeverkehrs der Erde vollkommen hinfällig ist. Keiner der anderen Ozeane hat für die internationale Schiffahrt auch nur annähernd die gleiche Bedeutung wie der nördliche Atlantik mit seiner wechselreichen Küstengliederung und seinen für den Weltverkehr hochbedeutsamen Randmeeren; diese Sonderstellung des Nordatlantik findet auch in vielen der bekannten verkehrsgeographischen Werke eingehende Erwähnung[1]. An seiner Ostseite das Nordseegebiet mit seinen mächtigen Randstaaten, deren Schiffahrt durchweg schon eine jahrhundertalte Tradition hat und Hauptträger des Weltverkehrs auf den Meeren ist, und westlich zu seinem größten Teil von den Vereinigten Staaten begrenzt, ist der Nordatlantik eingeschlossen von den beiden bedeutendsten Wirtschaftszentren der Welt. So läuft der wesentlichste Teil des Weltverkehrs im Nordatlantik zusammen, da fast alle Länder außerhalb desselben entweder Kolonien der europäischen Staaten sind, oder auf die Fühlungnahme mit der führenden europäischen Wirtschaft angewiesen sind. —

Die Arbeit zerfällt in 4 Hauptteile, die einerseits die Nachkriegsentwicklung der verschiedenen geographischen Hauptelemente des Seeverkehrs, also der Verkehrsmittel und deren Betriebsarten, der Verkehrswege und der Häfen zur Darstellung bringen, und die andererseits die Veränderungen des nordatlantischen Seeverkehrs selber zum Gegenstand der Betrachtungen haben. Die Ausführungen der einzelnen Kapitel sind methodisch in der Weise durchgebildet, daß zuerst stets der Tatbestand, also die stattgefundenen Veränderungen selber, dargelegt und danach die allgemeinen Grundlagen der veränderten Verhältnisse und die Ursachen dieser Verschiebungen betrachtet worden sind.

Das Quellenmaterial, auf das sich die Arbeit stützt, ist sehr mannigfaltig. Von grundlegender Bedeutung sind namentlich die verschiedenen Statistiken der einzelnen Länder, die auf die Handelsflotten und den Seeverkehr Bezug nehmen; sie bilden das Rückgrat der ganzen Darlegungen. Ebenfalls sehr wertvoll sind die Schiffahrtsjahrbücher, die teilweise sehr genauen Aufschluß über den Stand von Schiffahrt und Verkehr des betreffenden Jahres geben, sowie die Schiffahrts- und Wirtschaftszeitschriften, die in weitgehendsten Detailschilderungen und größeren Aufsätzen in chronologischer Folge alle Ereignisse bringen, die mit der Seeschiffahrt in Zusammenhang stehen. Dieses hauptsächliche Quellenmaterial wird noch ergänzt durch die seit dem Kriege erschienenen großen Abhandlungen über bestimmte Spezialgebiete der Schiffahrt und ihres Verkehrs, soweit sie die Materie des Themas berühren. Dieses Material ist in seiner Gesamtheit, nach seinem Inhalt geordnet, in dem beigefügten Literaturverzeichnis (S. 184 ff.) enthalten.

---

[1] Vgl. Nr. 17, 18, 60, 66, 67, 72 des Literatur-Verzeichnisses (S. 184 ff.).

Erster Teil.
Die Veränderungen der Verkehrsmittel.

Um die Gesamtentwicklung des nordatlantischen Seeverkehrs seit Kriegsausbruch in allen ihren Wesensmerkmalen schildern zu können, muß eine eingehende Darstellung der Veränderungen des Gefüges und der inneren Zusammensetzung der Welthandelsflotte vorausgeschickt werden, denn dieselben sind unzertrennbar zugehörig zu den ungewöhnlichen Ereignissen und Umwälzungen des nordatlantischen Schiffsverkehrs seit Beginn des Weltkrieges. Wahrhaft einzigartig in dem Umfang ihrer Umgestaltungen, stehen sie mit den Richtungsänderungen und der Schwerpunktsverschiebung des nordatlantischen Seeverkehrs, die einer der bedeutsamsten Vorgänge der Nachkriegszeit gewesen sind, in direktem kausalen Zusammenhang. Diese Zentrumsverlegung des nordatlantischen Verkehrs, eine Auswirkung des gewaltigen Ringens zwischen der nordwesteuropäischen und nordamerikanischen Wirtschaft, das der Krieg in weitem Sinne zugunsten Amerikas entschieden hat, gibt der Betrachtung der Veränderungen des nordatlantischen Seeverkehrs noch eine ganz besondere Note.

Es kann nun kein Zweifel darüber bestehen, daß bei der außergewöhnlichen Intensität des Schiffsverkehrs, die der auswärtige, den Erdball umspannende Handel der beiden großen Wirtschaftszentren bedingt, die Handelsflotten aller seefahrenden Nationen ohne Ausnahme in weitestem Umfang an dem nordatlantischen Verkehr beteiligt sein müssen. Ein Versuch allerdings, Anzahl und Tonnage der den Verkehr auf dem Nordatlantik bedienenden Schiffseinheiten aus der Gesamtheit der verschiedenen Handelsflotten zu isolieren, wäre nicht durchführbar, da der nordatlantische Schiffsverkehr mit demjenigen der übrigen Weltmeere aufs engste verflochten und verwachsen ist. Eine derartige Untersuchung hätte auch gar keinen Sinn; der Verkehrsanteil des Nordatlantik am gesamten Schiffsverkehr der Erde beträgt für die letzten Jahre vor dem Kriege 77 % (18, S. 87), und nimmt in der Nachkriegszeit eher einen noch höheren Prozentsatz ein, so daß die Schiffstonnage, die auf ihren Fahrten über die Weltmeere den Nordatlantik berührt, einen noch erheblich größeren Anteil am Gesamtverkehr innehat. Tatsächlich ist die Welthandelsflotte wohl zu ungefähr $9/10$ — die europäischen Handelsflotten sogar nahezu vollkommen — am nordatlantischen Verkehr beteiligt. Die führenden Handelsflotten der Weltschiffahrt können deshalb, da sie doch ungefähr mit ihrer ganzen Tonnage Träger des nordatlantischen Verkehrs sind, in den folgenden Darlegungen in ihrer Gesamtheit betrachtet werden.

a) Die einzelnen Schiffsarten und ihre quantitativen Veränderungen.

In den Jahren vor dem Weltkriege sind die Handelsflotten aller bedeutenden Schiffahrtsländer, die mit Ausnahme Japans sämtlich Uferstaaten des Nordatlantik sind, in einem Entwicklungsstadium regelmäßigen, stetigen Anwachsens gewesen, auf Grund dessen angenähert der Tonnagebestand geschätzt werden kann, den jedes Land erreicht hätte, wenn diese Entwicklung nicht durch den Krieg plötzlich in andere Bahnen gelenkt worden wäre. Dieser mutmaßliche Tonnagebestand kann ungefähr aus der jährlichen Durchschnittsvermehrung der einzelnen Handelsflotten ermittelt werden, da dieselbe bis zum Kriegsausbruch für die meisten Länder eine auffallende Gleichmäßigkeit gezeigt hat; er ist mit den Angaben des tatsächlichen Tonnagebestandes der Jahre 1913 und 1919 zur folgenden Tabelle 1 zusammengefaßt worden; wobei besonders darauf hinzuweisen ist, daß in dieser Aufstellung lediglich die Dampfschiffe berücksichtigt worden sind.

Tabelle 1:
Mutmaßliche Entwicklung der Weltdampfschiffsflotte bis 1919 bei unterbliebenem Kriege.
Zusammengestellt nach Lloyds Register und eigenen Schätzungen.
(Angaben in 1000 To. Br.)

	Tonnage 1913	Mutmaßliche Tonnage 1919	Tatsächliche Tonnage 1919	Differenz zw. beiden Werten
Großbritannien	18 274	21 350	16 345	— 5005
Ver. Staaten [1]	1 972	2 062	9 773	+ 7711
Deutschland [2]	4 943	6 829	3 247	— 3582
Frankreich	1 793	2 605	1 962	— 643
Holland	1 287	1 958	1 574	— 384
Norwegen	1 871	2 622	1 597	— 1025
Japan	1 500	2 305	2 325	+ 20
übr. Länder	11 439	13 725	10 577	— 3148

Trotzdem die Tabelle 1 nur auf Schätzungswerten beruht, geht aus derselben eindeutig der umwälzende Einfluß hervor, den der Weltkrieg auf die Entwicklung der Handelsflotten ausgeübt hat. Unter normalen Verhältnissen hätten alle in der Tabelle aufgeführten Länder entsprechend der günstigen Weltwirtschaftslage vor dem Kriege ihre Dampfschiffsbestände vergrößert, aber die Kriegsereignisse haben diesen Verlauf so völlig abgeändert, daß

---
[1] Ohne große Seen.
[2] Tonnage vor Ablieferung der deutschen Schiffe lt. Versailler Vertrag.

sämtliche europäischen Staaten hinter der erwarteten Tonnagehöhe zurückgeblieben sind. Nur die Vereinigten Staaten und Japan, die nicht im direkten Kriegsbereich gelegen haben, konnten ihre Handelsflotte ganz beträchtlich ausbauen.

So kennzeichnet Tabelle 1 zugleich die Lage der Weltschiffahrt und besonders die Verhältnisse im nordatlantischen Schiffsverkehr bei Wiedereinsetzen friedlicher Verhältnisse; die Veränderungen der Handelstonnage während der Kriegsjahre mögen nicht weiter untersucht werden, da statistische Ausweise über diese Jahre nur ganz vereinzelt veröffentlicht worden sind, so daß ein übersichtliches Gesamtbild doch nicht gewonnen werden kann. Die folgenden Betrachtungen beschäftigen sich demnach fast ausschließlich mit den Verhältnissen der Nachkriegsjahre, für welche die quantitativen Veränderungen der einzelnen Schiffsarten, also der Dampf-, Motor- und Segelschiffe, sowie der verschiedenen Typen der Spezialschiffe beschrieben werden. Diese Tonageentwicklung der Welthandelsflotte seit dem Kriege wird mit derjenigen des Jahres 1913 verglichen werden, da es auf Grund dieser Gegenüberstellung möglich ist, ein charakteristisches Bild zu gewinnen von der Prosperität der einzelnen Handelsflotten und der Veränderungen ihrer Rangstellung innerhalb der Welthandelsflotte bis zur Gegenwart.

1. Die Entwicklung der Dampfschiffahrt von 1913—1925[1].

Unter allen Schiffsarten, die heute in der Seeschiffahrt, einschließlich des Atlantischen Ozeans, in größerem Ausmaße Verwendung finden, ist das Dampfschiff selbst bis in die jüngste Zeit hinein noch der absolut vorherrschende Typ der Seefahrzeuge. Seine Tonnage hat ungeachtet der fortdauernden Entwicklung des Motorenantriebes noch im Jahre 1926 ca. 90 % des gesamten Weltschiffsraums eingenommen. Die Entwicklung der Dampfschiffstonnage während der ersten Nachkriegsjahre ist trotz der in ganz außergewöhnlichem Umfange mit Kriegsende wiedereinsetzenden Neubautätigkeit bis 1923 noch in kaum nennenswertem Maße beeinträchtigt worden. Erst in den darauffolgenden Jahren kann der neue Schiffstyp die weitere Ausdehnung der Dampfertonnage mit wirklich ernsthaftem Erfolge herunterdrücken. So hat der Dampferschiffsraum in der Zeit von 1913—1925 einen ganz einzigartigen Aufschwung erlebt, wie er zahlenmäßig in der nachstehenden Tabelle 2 zur Geltung kommt.

Die Dampfschiffsflotten fast aller namentlich aufgeführten Länder befahren den Nordatlantik fast mit ihrer gesamten seetüchtigen Tonnage, denn die meisten Staaten sind Randgebiete dieser wichtigsten Verkehrsregion der Weltschiffahrt und ihre Häfen bleiben naturgemäß immer der Stützpunkt jedes einzelnen Schiffes der Handelsflotte.

Nach obiger Tabelle hat der Gesamtbestand der Dampfschiffstonnage bis 1923 einen regelmäßigen Nettozuwachs von fast genau 18 Millionen Tonnen erfahren, ist dann allerdings in den beiden letzten Jahren wieder um ungefähr 1 Million Tonnen zurückgegangen. Die Dampfertonnage der Welthandelsflotte hat demnach in einem Zeitraum von 10 Jahren eine Vergrößerung von über 40 % der Vorkriegstonnage erfahren.

Um eine übersichtlichere Darstellung über die Entwicklung der Dampfschiffsflotten der einzelnen Länder zu gewinnen, ist unter Benutzung der

[1] Vgl. Nr. 3, 4, 5, 9, 10, 11, 12, 28, 29, 30, 32, 33, 35, 36, 40 des Literatur-Verzeichnisses.

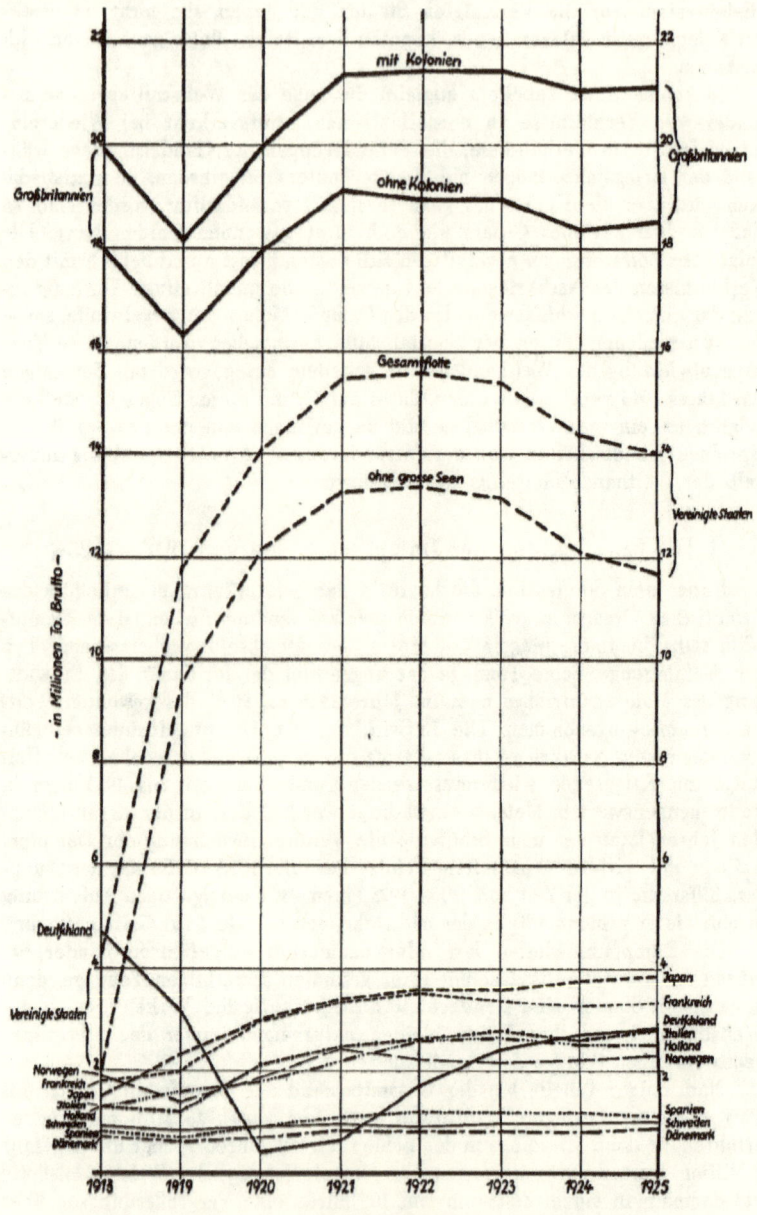

Diagramm 1:
Die Entwicklung der Dampfschiffstonnage 1913—1925.

Tabelle 2:
Die Dampfschiffstonnage der einzelnen Länder von 1913 bis 1925.
Zusammengestellt nach Lloyds Register[1].
(Angaben in 1000 To.Br.)

	1913	1919	1920	1921	1922	1923	1924	1925
Großbritannien	18 274	16 325	18 010	19 190	18 960	18 965	18 415	18 571
Britische Kolonien	1 575	1 838	1 995	2 224	2 520	2 520	2 582	2 587
Ver. Staaten (ohne gr. Seen)	1 972	9 643	12 246	13 321	13 390	13 214	12 188	11 716
Ver. Staaten (mit gr. Seen)	2 330	2 160	1 920	2 163	2 229	2 199	2 276	2 263
Deutschland	4 743	3 247	410	635	1 705	2 395	2 721	2 773
Norwegen	1 871	1 395	1 781	2 360	2 195	2 151	2 168	2 294
Frankreich	1 793	1 962	2 963	3 299	3 535	3 442	3 260	3 284
Italien	1 274	1 218	2 083	2 418	2 635	2 815	2 624	2 805
Japan	1 500	2 325	2 996	3 384	3 585	3 625	3 827	3 878
Holland	1 287	1 574	1 755	2 178	2 573	2 567	2 463	2 464
Schweden	944	815	884	940	871	945	977	994
Spanien	826	709	937	1 112	1 210	1 168	1 156	1 125
Dänemark	711	591	655	788	848	801	803	851
übrige Länder	3 979	3 568	4 210	4 122	3 955	4 244	4 400	4 372
Total:	43 079	47 370	52 845	58 134	60 211	61 051	59 860	59 977

Zahlen der Tabelle 2 das vorstehende Diagramm 1 aufgezeichnet worden, das die absoluten und relativen Veränderungen der Dampfschiffstonnage der verschiedenen Handelsflotten im Verlaufe der Jahre seit dem Kriege anschaulich darstellt. Besonders klar treten in diesem Kurvenbild die Verschiebungen der Rangordnung der einzelnen Dampferflotten zutage. In der Kurvenschar treten namentlich die Linienzüge der deutschen und amerikanischen Dampfschiffsflotten durch die außerordentlichen Größenunterschiede hervor, gegen welche die Tonnageveränderungen der anderen Länder eine ganz wesentlich stetigere Entwicklung zeigen. In der Tat sind auch die Größenänderungen der deutschen und amerikanischen Handelsflotten das auffallendste Ereignis innerhalb der Welthandelsflotte während der Jahre nach dem Kriege gewesen.

Das Diagramm zeigt, daß die starke Vermehrung der gesamten Dampfertonnage hauptsächlich auf der plötzlichen Ausdehnung der Schiffahrt der Vereinigten Staaten beruht, doch haben auch die Handelsflotten Japans und einiger europäischer Staaten, vor allem diejenigen Frankreichs, Italiens und Hollands, ihre Schiffsbestände seit dem Kriege in umfangreichem Maße erweitert. Die plötzliche Vergrößerung der amerikanischen Handelsflotte ist auf Grund des Kriegsprogramms der Vereinigten Staaten in der Zeit von 1917 bis 1922 erfolgt, also in einem Zeitraum von nur 6 Jahren, während welchem der amerikanische Dampferschiffsraum um ca. 11,3 Millionen Tonnen vermehrt worden ist, so daß derselbe in diesem Jahr nur um 17 % hinter dem Dampfschiffsbestand der britischen Flotte zurückgeblieben ist. Damit steht die amerikanische Dampferflotte nach dem Kriege, in weitem Abstand vor den übrigen Handelsflotten, an zweiter Stelle in der Rangfolge der Dampfertonnage der verschiedenen Länder, und ist der britischen Flotte ein ungleich gefährlicherer Gegner geworden, als die deutsche Handelsflotte es, selbst wenn

---

[1] Da in Lloyds Register Dampf- und Motorschiffe stets zusammengefaßt sind, sind obige Angaben unter Abzug der Motorschiffstonnage zurückgerechnet worden.

der Weltkrieg unterblieben wäre, je vermocht hätte. Wenn also die britische Schiffahrt auch in der Nachkriegszeit noch ihre führende Stellung behauptet hat, so muß die Entwicklung ihrer Dampfertonnage dennoch als sehr ungünstig angesehen werden. Sie hat sich bis 1925 noch nicht nennenswert über den Vorkriegsstand hinaus ausdehnen können, so daß die britische Flotte durch diesen Stillstand ihrer Entwicklung einen überaus wichtigen Teil ihres beherrschenden Einflusses im Weltverkehr eingebüßt hat. Ihr Anteil an der Welthandelsflotte ist von 42,5 % im Jahre 1913 auf ca. 30 % in den letzten Jahren der Nachkriegszeit zurückgegangen (11). Damit ist aber der maßgebende Einfluß der britischen Flotte in der internationalen Schiffahrt nicht unerheblich gesunken; sie hat in diesem ereignisvollen Jahrzehnt wenn auch keinen absoluten, so doch sehr wesentlichen relativen Rückgang erlitten.

Die bemerkenswerteste Entwicklung neben der amerikanischen Schiffahrt hat in diesem Zeitraum jedoch die deutsche Dampferflotte genommen. Diagramm 1 zeigt die außergewöhnlichen Schwankungen, denen der Umfang ihrer Tonnage seit Kriegsbeginn unterworfen gewesen ist. Als die deutsche Schiffahrt nach dem Kriege ihren gesamten Bestand an seetüchtigen Schiffen an die Kriegsgegner des Deutschen Reiches abtreten mußte, ist ihr nur ein für den großen Seeverkehr vollkommen unbrauchbarer Besitz an kleinen Fahrzeugen unter 1600 Tonnen verblieben, deren Tonnage insgesamt 411 000 Tonnen, oder 8,5 % des Vorkriegsbestandes der deutschen Dampfertonnage betragen hat. Damit ist die Rangstellung der deutschen Handelsflotte von dem 2. auf den 12. Platz zurückgegangen. Doch nur kurze Zeit ist die deutsche Schiffahrt ohne Schiffe gewesen; bereits in den folgenden 4 Jahren hat sie ihre Dampfertonnage in rastloser Wiederaufbauarbeit auf ungefähr ⁵/₆ des Vorkriegsstandes wiederherstellen können, so daß sie sich bis 1924 schon wieder zur fünftgrößten Handelsflotte emporgeschwungen hat. —

In die inneren Zusammenhänge dieser Entwicklung der Dampferschiffstonnage kann nun durch die weitere Berücksichtigung der jährlichen Neubautenziffern für die einzelnen Handelsflotten noch ein erheblich eingehenderer Einblick gewonnen werden. Zu diesem Zwecke ist die nachstehende Tabelle 3 zu betrachten, aus der der Neubautenverlauf in den verschiedenen Ländern zu ersehen ist.

Tabelle 3:

Die jährlichen Dampfschiffsneubauten für die Flotten der einzelnen Länder.

Übernommen aus Lloyds Register.

(Angaben in 1000 To.Br.)

a) Holzschiffe:

	1914		1919		1920		1921		1922		1923	
	Sch.	T.	Sch.	T.	Sch.	T.	Sch.	T.	Sch.	T.	Sch.	T.
Vereinig. Staaten	15	12	130	281	9	17	—	—	5	2	2	2
Norwegen	1	1	45	17	2	1	1	1	—	—	—	—
Dänemark . . .	1	1	11	3	—	—	—	—	—	—	—	—
Schweden	2	1	17	7	3	2	—	—	—	—	—	—
Italien	2	1	7	3	5	4	3	1	1	1	1	1
Spanien	—	—	7	2	1	1	—	—	—	—	1	1
Total:	32	16	315	411	26	29	7	5	9	6	8	6

b) Eisen- und Stahlschiffe:

	1914		1919		1920		1921		1922		1923	
	Sch.	T.	Sch.	T.	Sch.	T.	Sch.	T.	Sch.	T.	Sch.	T.
Deutschland ..	84	385	?	?	?	?	201	466	162	476	89	298
Großbritannien .	471	1268	512	1487	348	1107	232	839	161	682	160	534
Verein. Staaten .	52	169	777	3540	430	2360	135	946	26	97	48	142
Frankreich ...	24	113	19	28	43	91	57	204	43	179	22	86
Norwegen	55	53	37	40	26	37	28	40	16	23	41	40
Holland	70	109	100	140	91	165	86	218	49	156	24	57
Dänemark ...	20	22	21	31	22	36	17	31	15	21	16	26
Schweden	21	14	29	43	25	50	13	29	8	28	3	2
Spanien	3	5	22	48	11	47	11	45	2	8	—	—
Italien	8	14	15	77	19	105	33	137	19	87	13	59
Japan	31	86	133	612	140	457	42	227	42	82	41	72

Außerdem sind noch in Großbritannien für Rechnung anderer Länder erbaut worden:

Verein. Staaten .	—	—	—	—	1	5	—	—	—	—	—	—
Frankreich ...	—	—	—	28	51	202	28	128	7	44	2	2
Norwegen ...	?	68	?	20	76	287	39	135	2	8	1	1
Holland	15	88	—	—	10	10	18	124	10	98	1	3
Dänemark ...	—	—	—	—	6	16	6	22	—	—	—	—
Schweden	—	—	—	—	7	38	—	—	1	5	—	—
Spanien	—	—	—	—	12	36	6	21	9	27	1	1
Italien	—	—	—	—	20	132	3	30	1	18	—	—
Japan	—	—	—	—	—	—	2	15	2	10	—	—
Total:	1062	2769	1780	6377	1437	5524	1065	3965	636	2213	514	1386

Die Gesamtsumme der Dampferneubauten in allen Jahren nach Kriegsende beträgt also nach obiger Tabelle ca. 19,5 Millionen Tonnen. Die Bautätigkeit in den Kriegsjahren selber läßt sich an Hand der Tonnageziffern der Kriegsverluste feststellen, die in der nachstehenden Tabelle 4 angegeben sind.

Tabelle 4:
Die Kriegsverluste der Welthandelsflotte in den einzelnen Jahren des Krieges.
Übernommen aus „Wirtschaftsdienst", Nr. 37, 1924.

Jahre	Tonnageverluste
1914	360,1
1915	1 380,7
1916	2 189,1
1917	5 967,9
1918	2 674,4
	12 572,2

Dieser durch den Krieg verlorengegangene Schiffsraum ist nicht nur durch Neubauten voll wieder ersetzt worden, sondern nach Tabelle 2 noch um ca. 4,3 Millionen Tonnen darüber hinaus vermehrt, so daß demnach in dem Zeitraum von 1913—1924 Dampfschiffe mit einem Gesamtgehalt von 36,4 Millionen Tonnen neuerbaut worden sind; das sind ungefähr 85 % des ganzen Dampferbestandes im Jahre 1913. Diese außerordentlich hohe Neubautenzahl stimmt jedoch auffallenderweise mit dem Nettozuwachs der Dampferflotte von 18 Millionen Tonnen nicht annähernd überein. Nach Abzug der Kriegsverluste bleibt nämlich noch eine Differenz von 5,8 Millionen Tonnen überzähligen Schiffsraums bestehen. Wie erklärt sich dieser ganz erhebliche Unterschied? Ein Vergleich der Tabelle 2 und 3 zeigt, daß die Neubautenziffern nur in den beiden ersten Jahren nach Kriegsende der wirklichen Vergrößerung der Flottenbestände entsprechen, daß dieselben jedoch seit 1920 einen höheren Betrag aufweisen, als die jährliche Vermehrung der Gesamttonnage erwarten läßt. Ein Auszug aus den Tabellen 2 und 3 ergibt folgendes Bild:

	jährliche Vermehrung der Gesamtflotte	jährliche Neubauten
1920/21	+ 5 089	5 524
1921/22	+ 2 177	3 956
1922/23	+ 750	2 213
1923/24	− 1 201	1 386
	+ 6 815	13 079

Wenn bei dem Vergleich dieser beiden Zahlenreihen auch berücksichtigt werden muß, daß sie nur dann miteinander korrespondieren, wenn die Angaben sich auf den gleichen Zeitabschnitt beziehen, — der genaue Zeitpunkt, für den die Ziffern aufgestellt sind, läßt sich jedoch nicht ermitteln — so geht dennoch aus dieser Zusammenstellung klar eine außerordentliche Differenz der Angaben hervor. Diese findet aber ihre Hauptursache darin, daß in diesen Jahren allmählich eine große Zahl veralteter Schiffe außer Dienst gestellt worden ist, die infolge der Tonnageknappheit während der Kriegsjahre noch nicht zum Abwracken gelangt und in den beiden ersten Friedensjahren noch zur Bewältigung des machtvoll wiedereinsetzenden Verkehrs gebraucht worden sind. Die Zeitung „Journal of Commerce"[1] gibt an, daß die Welthandelsflotte noch 1921 eine Dampfertonnage von 5 757 000 Tonnen mit einem Alter von über 25 Jahren enthalten hat, die dann schließlich mit Beginn der großen Schiffahrtskrise in den folgenden Jahren zum Abbruch gekommen sind. So ist anzunehmen — und in den Berichten der führenden Schiffahrtszeitschriften wird diese Vermutung bestätigt — daß der über die tatsächliche Vermehrung der Gesamttonnage hinausgehende Überschuß der Neubauten überwiegend zum Ersatz des veralteten Schiffsraums gedient hat. —

Auf Grund der Tabellen 2 und 3 sind nun im Folgenden die Dampfschiffsflotten der einzelnen Länder in der Reihenfolge ihrer Vorkriegsbedeutung näher betrachtet worden. Zum besseren Überblick über den Verlauf der Neubautentätigkeit der verschiedenen Staaten sind die Angaben der Tabelle 3

---

[1] Vgl. „Journal of Commerce", New York, Nr. 5, 782, vom 7. IX. 1921.

ebenfalls zur Aufzeichnung eines Diagramms verwendet worden. Bei dem Vergleich der Neubautenentwicklung der einzelnen Dampferflotten zeigt sich nun eine vielfach übereinstimmende Entwicklungstendenz, die es ermöglicht, den Neubautenverlauf a l l e r L ä n d e r durch die entsprechenden Kurven Großbritanniens, Deutschlands und der Vereinigten Staaten zu charakterisieren. Die Kurventendenz der Neubauten Großbritanniens ist identisch mit derjenigen von Holland, Italien, Schweden und Dänemark; diejenige der amerikanischen Neubauten mit der japanischen und im gewissen Sinne auch der spanischen. Die Entwicklungstendenz der Neubauten Deutschlands aber korrespondiert mit dem Schiffbau Frankreichs und angenähert auch Norwegens.

Zu Anfang mögen die Handelsflotten betrachtet werden, deren Tonnageveränderungen für die Gesamtentwicklung des Weltschiffsraums in der Nachkriegszeit und für die Verschiebungen des Flaggenanteils im nordatlantischen Verkehr charakteristisch gewesen sind, also der 3 Länder, deren Neubaukurven in dem Diagramm 2 (S. 12) enthalten sind.

Das Charakteristikum der b r i t i s c h e n Schiffbautätigkeit ist eine in flachem Bogen verlaufene Kurve, die, dem mächtigen Umfang der englischen Handelsflotte entsprechend, mit einem hohen Werte beginnt, 1919 noch etwas ansteigt, dann aber regelmäßig auf eine Ziffer zurückgeht, die im Jahre 1923 nur noch 40 % der Vorkriegshöhe beträgt. Dieser Neubautenverlauf ergibt nach Tabelle 3 folgendes Bild:

1914	1919	1920	1921	1922	1923
1268	1487	1107	839	682	534

Dieses Ergebnis zeigt abermals die ungünstige Entwicklung der britischen Schiffahrt. Immerhin hätte sich ihre Dampfertonnage den Bauziffern zufolge, die für die Nachkriegsjahre zusammen über 4,6 Millionen Tonnen betragen, bis 1924 auf 21 Millionen Tonnen vermehrt, doch zeigt die tatsächliche Entwicklung der britischen Dampferflotte, daß sie gegen diese Zahl um 2,6 Millionen Tonnen zurückbleibt, also eine Tonnage in Höhe dieser Differenz durch Verkäufe, vor allem aber wohl durch Verschrottungen aus ihren Schiffsbeständen abgestoßen haben wird. Dabei ist zu berücksichtigen, daß diese Summe noch durch die infolge des Versailler Vertrages in britischen Besitz gelangten deutschen Schiffe weiterhin vergrößert wird (vgl. S. 45). Die herausgezogene Tonnage nimmt demnach einen sehr beträchtlichen Wert an. Derselbe ist eine direkte Folge der ungesunden, unhaltbaren Verhältnisse gewesen, die auf die Weltschiffahrt nach dem Kriege einen so außerordentlichen Druck ausgeübt haben, und die in späteren Darlegungen noch des näheren betrachtet worden sind. Im übrigen ist besonders zu beachten, daß Holzschiffe nach dem Kriege für die britische Flotte überhaupt nicht mehr gebaut worden sind. —

Gegenüber dieser Entwicklung des englischen Schiffbaus zeigt der Verlauf der jährlichen Neubautentätigkeit der d e u t s c h e n Handelsflotte eine grundsätzlich verschiedene Einstellung, die durch die schicksalsschweren Jahre bedingt gewesen ist, mit denen die deutsche Schiffahrt nach Kriegsende zu kämpfen gehabt hat. Die besondere Entwicklung des jährlich neu erbauten Handelsschiffsraums wird durch das Diagramm 2 veranschaulicht. Zahlenmäßig ergibt sich der Neubautenverlauf nach Tabelle 3 (S. 8).

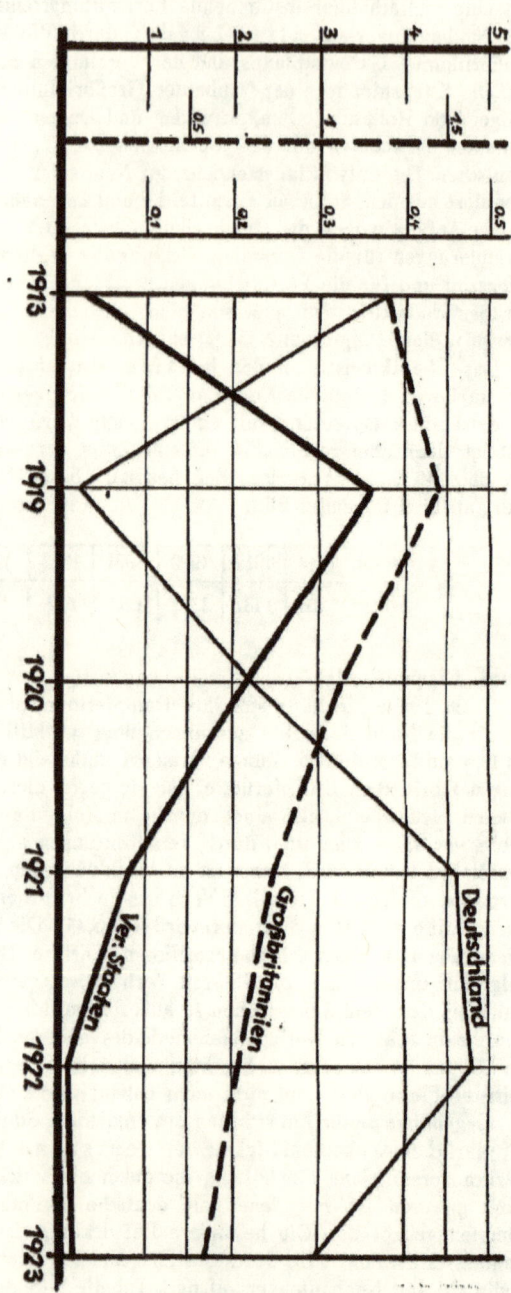

Diagramm 2:
Die Entwicklung der jährlichen Neubauten Großbritanniens, Deutschlands und der Vereinigten Staaten[1].
Zusammengestellt nach Lloyds Register.

[1] Die Abszissen des Diagramms geben die Berichtsjahre, die Ordinaten den Neubautenschiffsraum in Tonnen Brutto; doch sind diese für die einzelnen Länder von verschiedenem Maßstab, denn, da nur die Charakteristik der Entwicklungen gezeigt werden soll, so ist hauptsächlich auf eine möglichst anschauliche Darstellung Gewicht gelegt.

1914	1919	1920	1921	1922	1923 [1]
385	15	200	466	476	298

Diese Neubautenkurve divergiert gegen die britische in ausgeprägtem Maße. Ebenfalls durch einen hohen Anfangswert charakterisiert, ist ihre besondere Eigenart der plötzliche Rückschlag der Schiffbautätigkeit im ersten Nachkriegsjahr und das ebenso rasche Wiederansteigen der Kurve in der darauffolgenden Zeit. Es ist klar, daß die Schiffahrt nach dem Zusammenbruch des Reiches im Jahre 1918 und angesichts der wirtschaftlich fast chaotischen Zustände während des Jahres 1919, sowie in banger Erwartung des Friedensdiktates von Versailles sich noch 1919 jeglicher Neubautenaufträge enthalten hat. Daß dann aber schon im folgenden Jahre wieder eine Tonnage von schätzungsweise 200 000 Tonnen für die deutsche Handelsflotte neu erbaut worden ist, zeugt von dem außerordentlichen, unbeugsamen Zielwillen der deutschen Schiffahrtskreise, die sich trotz des vernichtenden Schlages der Enteignung fast ihres gesamten Schiffsbesitzes sofort an den damals allgemein für unmöglich gehaltenen Wiederaufbau der Flotte gewagt haben.

Ein Vergleich der Ziffern der Gesamttonnage mit denen der Neubauten zeigt ein Verhalten der beiden Zahlenreihen, das demjenigen der Ziffern für die britische Schiffahrt vollkommen entgegengesetzt ist: die deutschen Neubautenergebnisse sind erheblich geringer als der Vermehrung der Dampfschiffstonnage entsprechen würde. Die Ursache dieser Verschiedenheit der Ziffern liegt in diesem Falle darin, daß bei der Neubildung der deutschen Flotte auch eine große Zahl von Schiffen von anderen Ländern angekauft, vor allem aber die abgelieferten deutschen Schiffe vielfach wieder zurückgekauft worden sind. Allein bei der großen Versteigerung des deutschen an Großbritannien gefallenen Schiffsraums sind von der deutschen Schiffahrt 491 567 Tonnen zurückerworben worden (4[2]). Trotzdem sind infolge der fast völligen Wiederherstellung der deutschen Handelsflotte eine so große Zahl neuer Schiffe erbaut worden, daß die deutsche Schiffahrt mit einem Schiffspark, der zu 45 % aus Neubauten besteht (vgl. Tab. 3), und der deshalb hinsichtlich der Neuwertigkeit der Tonnage an erster Stelle steht, den harten Konkurrenzkampf auf den Meeren um die Seegeltung der deutschen Flagge und deren Wiedergewinnung erfolgreich wiederaufnehmen kann (11). —

Dem Stillstand der britischen Schiffbauentwicklung und dem vernichtenden Rückgang und schnellen Wiederaufbau der deutschen Handelsflotte steht als drittes Ereignis von höchster Bedeutsamkeit der unerhörte Aufschwung der **amerikanischen** Handelsschiffahrt gegenüber, der neben der Darstellung im Diagramm 2 aus der folgenden Aufstellung der Neubautenziffern (1) zum deutlichen Ausdruck kommt:

1914	1917	1918	1919	1920	1921	1922	1923
169	1108	3002	3540	2360	943	96	142

---

[1] Trotzdem für die deutschen Dampferneubauten die Ergebnisse der Jahre 1919 und 1920 ausstehen, können dieselben, wie in der Tabelle angegeben, angenähert geschätzt werden; 1919 ist die Neubautentätigkeit noch ganz unbedeutend gewesen; der Wert für das Jahr 1920 kann der Tabelle 2 als Differenz der Dampfertonnage der Jahre 1920 und 1919 entnommen werden.

[2] Jahrg. 1920.

13

Der eigentliche Beginn dieser plötzlichen, intensiven Entwicklung der amerikanischen Schiffahrt fällt, wie schon oben (S. 7) kurz erwähnt, in das Kriegsjahr 1917 und die Hauptjahre umfassen die Zeit von 1917 bis 1920, in der eine Tonnage von insgesamt 10 Millionen Tonnen fertiggestellt worden ist. Von 1919 an geht die Schiffbaukurve wieder regelmäßig zurück, bis sie 1922/23 sogar den niedrigen Vorkriegsstand unterschreitet. Im ersten Nachkriegsjahr nimmt die Neubautentonnage gegen 1914 um genau 2000 % zu! Bei dieser in der Tat einzigartigen Steigerung der Bautätigkeit ist ihr plötzlicher Rückgang in den Jahren 1922/23 sehr erklärlich, denn mit dem Zusammenbruch der günstigen Konjunkturperiode in der Weltschiffahrt konnte die in den wenigen Rekordjahren hergestellte Dampfertonnage bereits seit Mai 1921 nicht mehr vollständig beschäftigt werden, so daß sich eine Weiterführung des Bauprogramms erübrigen mußte. Da der Ausbau der amerikanischen Schiffahrt also mit dem Jahre 1921 nahezu abgeschlossen gewesen ist, so ist diese mächtige Flotte in einem Zeitraum von nur 6 Jahren entstanden! In Anbetracht dessen, daß zu Anfang dieser Entwicklung keinerlei Vorbedingungen für den Ausbau einer so großen Flotte gegeben gewesen sind, — es hat den Amerikanern völlig an Erfahrung im modernen Schiffbau gefehlt, die bereits bestehenden Werften sind sämtlich unzureichend gewesen, ebenso die Anzahl der ausgebildeten Mannschaften[1] — ist diese so ungewöhnlich rasche Erschaffung einer derartig umfangreichen Flotte als eine einzig dastehende Rekordleistung anzusehen[2].

Die Vereinigten Staaten haben schon einmal, in der Mitte des 19. Jahrhunderts, ihrer Schiffahrt eine internationale Seegeltung verschafft. Es war noch die Zeit der Alleinherrschaft der Segelschiffe, als die amerikanische Flagge durch ihre berühmten Klipperschiffe eine bedeutungsvolle Stellung im Seeverkehr eingenommen hat (37—41). Sie ist dann allmählich immer mehr von den Weltmeeren verschwunden, weil die aus Eisen erbauten Dampfschiffe die Segler unerbittlich aus dem Weltverkehr verdrängt haben. Aber die Erfahrungen im Holzschiffbau sind der heutigen Generation überliefert worden; so erklärt es sich, daß die Amerikaner, die auf dem Gebiete des Eisen- und Stahlschiffbaus Laien sind, 1918/19, wie aus Tabelle 3 a (S. 8) hervorgeht, auch in größerer Zahl nochmals Holzschiffe gebaut haben (41). Ende 1919 beläuft sich die Tonnage dieser Bauart nach der Angabe einer Schiffahrtszeitung[3] auf 1,3 Millionen Tonnen, davon sind im Jahre 1919 315 Schiffe mit 411 000 Tonnen (Tab. 3 a, S. 8) noch neu fertiggestellt worden. Mit diesem Bestand an Holzschiffen haben die Vereinigten Staaten alle anderen Länder weit übertroffen.

Aus den seit 1922 rückläufigen Zahlen der amerikanischen Dampfertonnage (Tab. 2) ist auf ein teilweises Abwracken von Schiffen zu schließen. In der Tat sind die Holzschiffe der im Jahr 1922 einsetzenden Beschäftigungslosigkeit der amerikanischen Handelsflotte wieder zum Opfer gefallen und außer Dienst gestellt worden, da sie den Eisen- und Stahlschiffen — von ihrer kürzeren Lebensdauer ganz abgesehen — durch ihre bedeutend größere Empfindlichkeit gegen äußere Einflüsse und die geringere Ausnutzungsmöglichkeit des Schiffsraums weit unterlegen sind. Außer den Holzschiffen ist aber auch der

---

[1] Vgl. Materialien des Kieler Instituts, Mappe ee IV c 8; vgl. auch Nr. 47 des Literatur-Verzeichnisses.

[2] Die Entwicklung der amerikanischen Schiffahrt ist ausführlich dargelegt von L a u r i t z e n (36).

[3] Vgl. Materialien des Kieler Instituts, Mappe 310 v 13.

größte Teil der in den Jahren 1917/18 nach einem Einheitstyp erbauten „Standardschiffe" wieder verschrottet worden, die, in Serienherstellung in einer Bauzeit von teilweise nur 3—4 Wochen erbaut, wegen ihrer völligen Untauglichkeit und Betriebsunsicherheit für die amerikanische Schiffahrt doch nur ein ebenso kostspieliger wie nutzloser Ballast gewesen sind[1]. —
Diese 3 Grundformen der in den Nachkriegsjahren aufgetretenen Veränderungen der Dampfertonnage stimmen, wie bereits betont, mit der Entwicklung der gesamten übrigen Handelsflotten nahezu vollkommen überein. —
Der Verlauf der n o r w e g i s c h e n Neubautätigkeit ähnelt in seiner Entwicklungstendenz der Kurve des deutschen Dampfschiffbaus, wie sich aus der nachstehenden Aufstellung (1) und deren Vergleich mit dem Diagramm 2 (S. 12) leicht feststellen läßt:

1914	1919	1920	1921	1922	1923
122	77	327	176	31	45

Naturgemäß sind die Schwankungen von wesentlich abgemildertem Umfang, entsprechend dem Größenverhältnis der Handelsflotten und abweichenden Verhältnissen in der Tonnageentwicklung der beiden Länder. Auch die norwegische Schiffahrt hat infolge von Kriegsverlusten einen sehr erheblichen Tonnagerückgang erlitten, der jedoch immerhin trotz seiner prozentual ganz ungewöhnlichen Höhe — ohne Berücksichtigung der Neubauten während der Kriegsjahre ist die norwegische Dampfertonnage von 1913—1919 um ca. 24 % zurückgegangen (Tab. 2) — noch nicht zu ähnlich scharfen Schwankungen wie im deutschen Schiffbau Veranlassung gegeben hat. Dennoch sind in Anbetracht der bedeutenden Tonnageverminderung der Dampferflotte im Jahre 1919 die Nachkriegsneubauten ziemlich gering gewesen, so daß auch der Dampferbestand der norwegischen Flotte nach dem Kriege von mehreren anderen Ländern überflügelt worden ist, wie Diagramm 1 (S. 6) zeigt. Ein Vergleich der Tabelle 2 und 3 zeigt nun, daß die Dampfertonnage bis zum Jahre 1921, während welchem sie ihren höchsten Stand erreicht hat, zum großen Teil auch durch Schiffsankäufe vermehrt worden ist, denn der Ausdehnung der Tonnage in der Zeit von 1919—1921 von insgesamt 965 000 Tonnen steht nur eine Neubautenziffer von zusammen ca. 400 000 Tonnen entgegen. Andererseits geht der Gesamtbestand der norwegischen Dampferflotte von 1921 an nach Tabelle 2 wieder um ungefähr 200 000 Tonnen zurück, trotzdem seit dieser Zeit bis 1923 Neubauten von 250 000 Tonnen fertiggestellt worden sind. Demnach sind in den ersten Nachkriegsjahren in der norwegischen Schiffahrt zahlreiche Schiffskäufe getätigt worden, während in den drei Jahren von 1921—1923 wieder ein Schiffsraum von ca. 450 000 Tonnen abgestoßen worden ist. Diese auffallende Entwicklung erklärt sich dadurch, daß Norwegen nach Kriegsende zuerst auf eine schnelle Auffüllung und Ergänzung seiner durch den Krieg dezimierten Handelstonnage bedacht sein mußte, bei Einsetzen der allgemeinen Schiffahrtskrise jedoch die veraltete, und deshalb unwirtschaftliche Schiffsräume, die in der norwegischen Flotte einen nicht unerheblichen Umfang eingenommen hat, veräußert und abgewrackt hat. Die norwegische Schiffahrt benutzt noch eine größere Anzahl von hölzernen Schiffen; noch 1919 sind 45 Dampfer mit 17 000

---
[1] Vgl. Archivalien des Kieler Instituts, Mappe 310 v 13.

Tonnen (vgl. Tab. 3 a, S. 8) neu hergestellt worden, während dann allerdings in den folgenden Jahren der Bau von Holzschiffen so gut wie ganz eingestellt worden ist, —

Daß die Nachkriegsentwicklung im französischen Dampfschiffbau ebenfalls der deutschen Neubautenkurve des Diagramms 2 angeglichen ist, erweist die nachfolgende Aufstellung (1):

1914	1919	1920	1921	1922	1923
113	56	293	339	187	90

Diese Tatsache ist um so bemerkenswerter, als die Entwicklung der Dampfschiffstonnage dieser beiden Länder (vgl. Diagr. 1, S. 6) grundsätzlich von einander abweicht. Die Hauptursache dieser Ähnlichkeit der Entwicklung ist in dem Umstand zu suchen, daß die französische Handelsflotte nicht nur einen großen Teil des abgetretenen deutschen Schiffsraums — ca. 540 000 Tonnen — erhalten hat, sondern darüber hinaus ihren Schiffsbesitz nicht durch Neubauten, sondern durch Schiffskäufe weiterhin vergrößert hat; denn die französische Werft- und Eisenindustrie ist in dem ersten Nachkriegsjahr noch nicht wieder in der Lage gewesen, sich in dem erforderlichen Maße auf den Friedensbetrieb umzustellen. Ein Vergleich der Tabellen 2 und 3 läßt erkennen, daß einer Vermehrung der französischen Dampferflotte von 1919 bis 1920 um fast genau eine Million Tonnen nur eine Neubautonnage von 56 000 Tonnen gegenübersteht. Die weitere Gleichheit der Kurven ist dann natürlich auch auf ganz verschiedene Ursachen zurückzuleiten, denn während das scharfe Ansteigen der Neubautenkurve seit 1919 bei der deutschen Schiffahrt auf dem vollständigen Wiederaufbau der Handelsflotte basiert, ist die weitere starke Vergrößerung der französischen Dampfschiffstonnage zu großem Teile national-egoistischen Beweggründen entsprungen, die in dem Bestreben wurzeln, der eigenen Handelsflotte zu größtmöglicher Machtstellung zu verhelfen (44). Die französische Handelsmarine ist deshalb auch ein besonders typisches Beispiel für die Unterstützung der heimischen Schiffahrt durch den Staat in Form von direkten und indirekten Subventionen und Prämien. Diese Unterstützungen, die schon vor dem Krieg das Hauptmerkmal der französischen Schiffahrtspolitik gewesen sind, haben auch in der Nachkriegszeit ihre Fortsetzung gefunden.

Auch die Entwicklung der französischen Dampferflotte in der Nachkriegszeit zeigt im übrigen, daß die Gesamttonnage in den letzten Berichtsjahren trotz der Herstellung umfangreicher Neubauten von 1922 ab wieder zurückgeht, so daß auch die Schiffahrt Frankreichs entweder veraltete Schiffe der Verschrottung übergeben oder eine größere Anzahl von Dampfern durch Verkäufe wieder abgestoßen hat. —

Diese Schiffbauentwicklung der drei Länder, also Deutschlands, Frankreichs und Norwegens, zeigt demnach, daß ihre Übereinstimmung lediglich eine äußerliche, rein zufällige ist; ihrem eigentlichen Wesen und Impuls nach weichen sie grundsätzlich voneinander ab. Wie weit die Neubautenentwicklung der zweiten Gruppe der Handelsflotten, deren Schiffbau-Tendenz mit der britischen identisch ist, gemeinsamen Erwägungen und Beweggründen entsprungen ist, ist aus den nachstehenden Betrachtungen zu entnehmen.

Der Neubautenverlauf der holländischen Schiffahrt und dessen Ähnlichkeit mit dem britischen Dampfschiffbau geht aus der folgenden Aufstellung (1) im Vergleich mit dem Diagramm 2 (S. 12) deutlich hervor:

1914	1919	1920	1921	1922	1923
197	137	175	342	254	60

Die niederländische Schiffahrt hat sich also in dem betrachteten Zeitraum sehr günstig entwickelt, wie die Zunahme der Dampfertonnage von 1913 bis 1922 um 106 % des Vorkriegsjahres und die sehr regelmäßige Vermehrung der Dampferflotte durch die jährlichen Neubauten beweist. Dabei ist es von wesentlichem Einfluß auf die holländische Neubautenentwicklung gewesen, daß die niederländische Schiffahrt einen großen Teil ihrer Schiffe auf britischen Werften herstellen läßt, denn — wohl infolge einer vorübergehenden Überlastung der englischen Schiffbauindustrie durch die starken Bauaufträge der heimischen Schiffahrt — sind in England im Jahre 1919 gar keine Schiffe, im Jahre 1920 nur in ganz unbedeutendem Umfange für Rechnung der holländischen Schiffahrt gebaut worden (vgl. Tab. 3 b, S. 9); sonst wären die jährlichen Neubautenziffern sicherlich von noch erheblich größerer Stetigkeit gewesen. Auf Grund ihrer umfangreichen Neubauten hat sich die Dampfertonnage der Niederlande bis 1923 auf dem 6. Platz in der Rangfolge der einzelnen Flotten halten können, bis sie dann im nächsten Jahr der wiederaufblühenden deutschen Flotte weichen mußte. Der Aufschwung der holländischen Dampfschiffahrt ist fast ausschließlich durch Neubauten erfolgt, denn ihrer Vergrößerung in dem Zeitraum von 1919 bis 1924 in Höhe von 960 000 Tonnen steht nach Tabelle 2 und 3 eine Neubautentonnage von 965 000 Tonnen gegenüber. —

Auch die Schiffbaukurve Italiens ist in den einzelnen Jahren sehr gleichmäßig und ohne stärkere Schwankungen, wenn auch, entsprechend der ganz bedeutenden Ausdehnung der italienischen Handelsflotte, ein deutlicher Einschlag der typischen amerikanischen Schiffbauentwicklung nicht zu verkennen ist, wie die nachstehende Zusammenstellung (1) zum Ausdruck bringt:

1914	1919	1920	1921	1922	1923
35	80	241	168	106	62

Die italienische Dampferflotte hat eine noch günstigere Entwicklung genommen als diejenige der Niederlande. Sie hat sich bis 1922 gegen das letzte Vorkriegsjahr um ca. 120 % vergrößert, allerdings nicht allein auf Grund von Neubauten; vielmehr treffen für die italienische Handelsflotte die gleichen Verhältnisse zu, wie sie bereits in der Entwicklung der französischen Dampfertonnage festgestellt worden sind. Ihre große Ausdehnung von 1919 auf 1920 verdankt sie hauptsächlich der Einverleibung fast der gesamten ehemals österreichischen Handelstonnage. Dadurch hat sich ihre Dampfschiffstonnage in diesem einen Jahr um 785 000 Tonnen vermehrt, trotzdem ihre Neubauten nur 80 000 Tonnen betragen haben. Im ganzen genommen hat sich also die italienische Dampferflotte, ohne irgendwie beträchtliche Anstrengungen in Neubauten von Handelsschiffen gemacht zu haben, in nur einem Jahre um fast

70 % ihres Gesamtbestandes während des Jahres 1913 vergrößert. Auch im folgenden Jahr decken die Neubauten noch nicht die Vergrößerung der Dampfertonnage: in diesem Falle, weil die italienische Flotte zu der Zeit durch eine große Zahl abgelieferter deutscher Schiffe vermehrt werden konnte. Erst nach dem Jahre 1921 stimmen die Angaben der Gesamttonnage und der jährlichen Neubauten wieder annähernd überein, doch zeigt sich bei der italienischen Schiffahrt, gleich den meisten anderen Ländern, die Erscheinung, daß sich ihre Dampfertonnage trotz weiterer Neubauten im Jahre 1924 wieder etwas verringert hat. —

Schweden und Dänemark haben ihre Bestände an Dampfschiffen nach einem vorübergehenden Rückgang im Jahre 1919 und kleineren Schwankungen in den folgenden Jahren bis 1924 nur wenig über den Vorkriegsstand erweitert (vgl. Tab. 2, S. 7). Ihre Entwicklung steht also gegen die meisten anderen Länder ganz erheblich zurück, doch ist die Ursache dieser langsamen Ausdehnung der nordischen Dampferflotten in der Hauptsache darin zu suchen, daß beide Staaten hinsichtlich ihrer Neubauten nach dem Kriege ganz besonders den neuen Schiffstyp der Motorschiffe bevorzugt haben (vgl. Tab. 6 u. 8, S. 24/25). Dennoch ist die Neubautenentwicklung beider Länder im Verhältnis zu der fieberhaften Bautätigkeit anderer Staaten nicht besonders umfangreich gewesen. Alle drei nordischen Länder, also auch Norwegen, haben das Gemeinsame, daß sie sich den gewaltigen Aufschwung der Handelstonnage, der in anderen Staaten vielfach weit über das Maß wirtschaftlicher Notwendigkeit hinausgegangen ist, nicht zu eigen gemacht haben. Der Umfang der jährlichen Neubauten der schwedischen und dänischen Dampferflotte ist demnach zwar sehr regelmäßig, aber nur ziemlich geringfügig gewesen, so daß die schwedische Flotte nach 1920 von der spanischen überflügelt worden, und die dänische Dampfschiffahrt in immer größerem Abstand hinter derjenigen Spaniens zurückgeblieben ist. Aus Tabelle 3 a geht hervor, daß die beiden Länder noch nach dem Kriege eine größere Anzahl von Holzschiffen fertiggestellt haben, vor allem im ersten Nachkriegsjahr 1919. —

Auch der Neubautenverlauf dieser Länder zeigt, daß die Schiffbauentwicklung jeder der vier Handelsflotten von ganz verschiedenen Voraussetzungen und Beweggründen ausgegangen ist. Kein Zufall ist es jedoch, daß gerade in Deutschland und Frankreich, und auch in Norwegen, noch im Jahre 1919 der Umfang der Neubautentonnage so gering gewesen ist, während Großbritannien, sowie Holland, Italien und die beiden nordischen Staaten an der Ostsee auch hinsichtlich des ersten Nachkriegsjahres einen sehr gleichmäßigen Tonnagezuwachs verzeichnet haben. Die Schiffahrt der drei erstgenannten Länder hat teils durch direkte Kriegsauswirkungen, teils durch seine vernichtenden Folgen ganz besonders unter dem Weltkrieg zu leiden gehabt; im britischen Schiffbau liegen die Verhältnisse insofern anders, als dessen Werften in den Kriegsjahren besonders fieberhaft zur Ersetzung des versenkten Schiffsraums an der Fertigstellung von Neubauten gearbeitet haben, so daß dieselben nach Beendigung des Krieges ihre volle Leistungsfähigkeit beibehalten hatten. Der norwegischen Handelsflotte hat der Weltkrieg zwar ebenso sehr wie der holländischen infolge der Neutralität ihrer beiden Länder während der Kriegsjahre trotz größter Tonnageverluste Riesengewinne eingebracht; aber während der norwegischen Schiffahrt, die sich nur auf einen sehr geringen Eigenhandel stützen kann, nach Kriegsende der direkte Anreiz zur Wiedervergrößerung der Flotte gefehlt hat, hat die niederländische Schiffahrt, die in dem mächtigen Verkehr zwischen dem Mutterland und den Kolonien ein hervorragendes Betätigungsfeld hat, ihre großen Kriegsgewinne zur weiteren Ausdehnung der Handelstonnage verwendet. Schweden und Dänemark als Ostseeländer sind nur verhältnismäßig wenig durch den Weltkrieg in Mitleidenschaft gezogen worden, so daß dieselben auch gleich nach Kriegsende die regelmäßige Entwicklung ihrer Dampfertonnage fortsetzen konnten, zumal ihnen der Ostseehandel im Jahre 1919 eine ganz ungewöhnlich gesteigerte Betätigungsmöglichkeit geboten hat. Italien endlich ist im Jahre 1919 bereits im Begriffe gewesen, seine Handelsflotte in umfangreichstem Ausmaße zu vergrößern, da seine Schiffbauindustrie bei Beendigung des Krieges noch vollkommen leistungsfähig gewesen ist. Aus diesen Verhältnissen erklärt es sich, daß die Schiffbauentwicklung Italiens, Hollands und der beiden Ostseeländer nach dem Kriege mit derjenigen Englands in so auffallender Übereinstimmung gewesen ist. —

Die s p a n i s c h e Dampferflotte hat sich in der Zeit von 1914 bis 1922 um fast 50 % vergrößert, und 1921 zum ersten Male einen Schiffsbestand von mehr als eine Million Brutto-Tonnen aufgewiesen. Diese Ausdehnung der spanischen Schiffahrt ist nicht unerheblich über den tatsächlichen Bedarf des spanischen Handels hinausgegangen, der die Stütze derselben darstellt, so daß diese Entwicklung eine durchaus ungesunde gewesen ist[1]. Der Zuwachs der Tonnage in der Nachkriegszeit ist größer gewesen, als der Umfang der Neubauten in diesem Zeitabschnitt, so daß die spanische Schiffahrt ihren Dampferzuwachs zum größeren Teil durch Schiffskäufe getätigt hat. Demnach verfügt die spanische Handelsflotte nur über einen sehr geringen Bestand an neuwertigen Schiffen, da ihre Tonnage bereits ein Durchschnittsalter von 12—15 Jahren überschritten hat. —

Während die Handelsflotten aller bisher aufgeführten Länder, als Anliegerstaaten des Nordatlantik und seiner Randmeere, dieses größte Verkehrsgebiet der Erde mit fast ihrer gesamten Tonnage befahren, ist der Anteil der j a p a n i s c h e n Schiffahrt am nordatlantischen Schiffsverkehr verhältnismäßig gering, da Japan unter den bedeutenden Schiffahrtsländern der Welt der einzige Staat ist, der außerhalb des Atlantik gelegen ist. Weil aber das mächtig aufblühende ostasiatische Inselreich nach Kriegsende auch in zunehmendem Umfange in den nordatlantischen Verkehr eingedrungen und seine Flagge immer häufiger in den europäischen und nordamerikanischen Häfen zu sehen ist, so ist es angezeigt, auch die Entwicklung der japanischen Handelsflotte etwas näher zu betrachten. Der Neubautenverlauf der japanischen Handelsflotte ist der gleiche, wie derjenige des amerikanischen Schiffbaus, wie die folgende Zahlenreihe (1) zeigt:

1914	1919	1920	1921	1922	1923	1919—1923
86	612	457	242	92	72	1555

Der Aufschwung der japanischen Dampfschiffstonnage hat ebenso wie diejenige der Vereinigten Staaten bereits in den Kriegsjahren eingesetzt, so daß sie sich vom letzten Vorkriegsjahr 1914 bis 1919 schon um 825 000 Tonnen ver-

---
[1] Vgl. Archivalien des Kieler Instituts, Mappe 500 v 13.

größert hat. Von 1919 ab haben die jährlichen Tonnagezugänge durchweg auf Grund von Neubauten stattgefunden. Nach Tabelle 2 (S. 7) ergeben sich für dieselben folgende Werte:

1919/20	1920/21	1921/22	1922/23	1923/24	1919—1924
671	436	201	40	202	1550

Ein Vergleich der beiden obigen Zahlenreihen läßt bis 1922 eine bemerkenswert übereinstimmende Tonnageentwicklung erkennen; nur die Zahlen des letzten Jahres zeigen eine bedeutendere Differenz, die auf eine Vermehrung der Tonnage durch Schiffskäufe schließen läßt. Der Gesamtzuwachs von 1919 bis 1924 ist aber in beiden Fällen vollkommen gleich. Die japanische Dampferflotte ist im übrigen, wie Tabelle 2 zum Ausdruck bringt, die einzige neben der deutschen, die ihre Tonnage seit 1919 ständig vergrößert hat. —

Die Gesamtentwicklung der ü b r i g e n Handelsflotten ist fortgesetzten, teilweise recht erheblichen Schwankungen unterworfen gewesen (1). 1914 sind rund 4 Millionen Tonnen in dem Besitz der kleineren Handelsflotten vereinigt gewesen, also etwa 9,5 % der Dampfschiffstonnage der Welthandelsflotte. Die bedeutendsten unter ihnen sind die griechische Flotte mit einem Vorkriegsstand von 705 000 Tonnen, und die russische mit sogar 790 000 Tonnen, die also vor dem Kriege noch die dänische Flotte um 80 000 Tonnen übertroffen hat. Die griechische Handelsflotte hat nach ganz unverhältnismäßig großen Kriegsverlusten ihren Schiffspark bis 1922 wieder auf 658 000 Tonnen vermehren können; über die russische Flotte sind dagegen für die Nachkriegsjahre keine genügenden Unterlagen vorhanden; doch ist anzunehmen, daß sie infolge der politischen Verhältnisse in Rußland in ihrem Bestande sehr beträchtlich zurückgegangen ist. Der Gesamtbestand dieser kleineren Schiffahrtsländer bewegt sich jedoch in scharfen Schwankungen über den Zeitraum von 1913 bis 1925 nach aufwärts; 1919 fällt er gegen das Vorkriegsjahr beträchtlich zurück, steigt dann im folgenden Jahr um ca. 750 000 Tonnen an, um darauf in weiteren Schwankungen den Stand des Jahres 1920 seit 1924 wieder zu übertreffen. —

Als z u s a m m e n f a s s e n d e s Ergebnis der bisherigen Ausführungen sind zwei Hauptmerkmale besonders hervorzuheben: einmal zeigt sich bei den meisten Schiffahrtsländern das deutlich erkennbare Bestreben, die Leistungsfähigkeit ihrer Schiffahrt nach dem Kriege durch größtmögliche Ausdehnung der Handelstonnage für den bei Kriegsende allgemein erwarteten, starken Verkehrsaufschwung in der Weltschiffahrt zu erhöhen. Zwar ist die Handelstonnage auch vor dem Weltkrieg von Jahr zu Jahr sehr stetig angewachsen, doch ist diese Entwicklung eine gesetzmäßig regelvolle, durch das ständige Aufblühen der weltwirtschaftlichen Verkehrsbeziehungen der Völker bedingte gewesen, aber die forcierte, ungeheure Ausdehnung mancher Handelsflotten in den Nachkriegsjahren hat mit wirtschaftlichen Notwendigkeiten nichts mehr gemein. Das zweite charakteristische Moment in der Flottenentwicklung nach dem Kriege ist der scharfe Rückschlag der mit dem Jahre 1922 einsetzenden schweren Depressionserscheinung in der Weltschiffahrt auf den weiteren Aufbau der Handelsflotten, der die unausbleibliche Folge des maßlosen Baufiebers in vielen Schiffahrtsländern während der Kriegs- und Nachkriegsjahre bis 1921 sein mußte. Diese zu einer Dauerkrise von noch nie gekannten Ausmaßen führende „Schiffbaupolitik" beweist überdies kraß die völlige Nutzlosigkeit der Enteignung der deutschen Handelstonnage seitens der Kriegsgegner des Deutschen Reiches. Die Ablieferung des deutschen Schiffsraums in den Jahren 1918/19 hat in seinen Auswirkungen lediglich zur Verschärfung des riesigen Tonnageüberflusses der Weltschiffahrt beigetragen. Der deutschen Schiffahrt ist es sicherlich nicht zu verdenken, wenn sie bei den gewaltigen Interessen, die sie zu vertreten hat, ihre Handelsflotte zu einem großen Teil wieder aufgebaut hat; ihre Wiederherstellung ist angesichts der deutschen Wirtschaftslage nach dem Kriege unbedingt notwendig gewesen, um den deutschen seewärtigen Außenhandel vom Ausland wieder unabhängig zu machen. Da nun die deutsche Handelsschiffahrt infolge des festen Rückhaltes am Auslandsverkehr des Reiches von der allgemeinen Schiffahrtskrise verhältnismäßig nur sehr wenig betroffen worden ist, so ist die ungeheuerliche Zwangsenteignung der gesamten deutschen Handelsflotte lediglich auf ihre Urheber selbst zurückgeschlagen, die einen wesentlichen Prozentsatz ihres Handelsschiffsraums jahrelang gänzlich still legen mußten, weil sie ihre Handelstonnage nicht mehr annähernd voll beschäftigen konnten.

Der Weltkrieg, der nicht zum wenigsten als letztes Notmittel gegen die von Jahr zu Jahr zunehmende Handelsbedeutung Deutschlands zur See von europäischen Mächten entfacht worden ist, hat also nicht die Vernichtung der deutschen Konkurrenz in der Weltschiffahrt zur Folge gehabt, sondern lediglich eine ganz außerordentliche Verminderung der Vormachtstellung der europäischen Handelsflotten auf Grund der mächtigen Entwicklung des Schiffsbestandes der beiden bedeutenden außereuropäischen Schiffahrtsländer. —

Diese Verschiebung des Stärkeverhältnisses der einzelnen Dampferflotten in der Weltschiffahrt seit Kriegsende hat naturgemäß auch das ganze Verkehrsbild im Nordatlantik von Grund auf verändert; inwieweit, darüber sollen die folgenden Ausführungen noch weiteren Aufschluß geben.

Neben der Feststellung der allgemeinen Veränderungen der Dampfschifffahrt ist zunächst auch gerade für die Frage des Schiffsverkehrs im Nordatlantik die Entwicklung der von ihr bevorzugten Schiffsgrößen von Interesse; dieselbe ist in der nachstehenden Tabelle 5 (S. 22) zahlenmäßig zum Ausdruck gebracht.

In dieser Tabelle drückt sich deutlich eine bestimmte Wandlung in den Größenverhältnissen der Dampfschiffsneubauten aus, die erkennen läßt, daß die Schiffahrtskreise auch in dieser Hinsicht seit dem Kriege neue Wege gegangen sind, die, was besonders hervorgehoben werden muß, hauptsächlich für den nordatlantischen Verkehr Geltung haben. Vornehmlich die Veränderungen in dem jährlichen Neubau von Schiffen über 15 000 Tonnen beziehen sich fast ausschließlich auf den nordatlantischen Passagierverkehr.

Das Hauptmerkmal der Tabelle 5 ist eine Erhöhung der Durchschnittsschiffsgröße der Neubauten in den Nachkriegsjahren, da man allgemein die höhere Rentabilität der größeren Schiffseinheiten erkannt hat. Vor dem Kriege, noch im Jahre 1914, hat die größte Zahl der Neubauten aus Schiffen der kleinsten Raumkategorie von 100—500 Tonnen bestanden. Zwischen 500—8000 Tonnen ist die Verteilung auf die einzelnen Schiffsgrößen sehr regelmäßig; dann nehmen die Zahlen naturgemäß mit zunehmender Größe der Schiffe ab, weisen jedoch Neubauten bis zu den größten Arten auf. Dabei ist darauf hinzuweisen,

Tabelle 5:

Die Veränderungen der Größenverhältnisse der jährlichen Dampfschiffsneubauten.
Zusammengestellt aus Lloyds Register[1].
Nach der Anzahl der Schiffe.

Tonnage-Größe in 1000 To	1914[2]	1919	1920	1921	1922	1923
0,1— 0,5	259	238	92	92	115	113
0,5— 1	45	88	55	105	74	74
1— 2	46	162	127	86	120	141
2— 3	31	256	103	76	{108	{69
3— 4	45	159	100	69	{	{
4— 5	81	49	37	51	{83	{45
5— 6	43	217	192	89	{	{
6— 8	38	263	160	109	81	43
8—10	20	17	24	54	34	15
10—15	8	{5	{17	32	19	13
15—20	2	{	{	25	5	1
20—30	1	{	{	6	{3	{4
30—40	1	{	{	—	{	{
40 und darüber	1	{	{	—	{	{

daß die obigen Tabellenziffern dieses Jahres nur für Großbritannien gelten, so daß sich vor allem auch die Anzahl der größten Schiffseinheiten tatsächlich noch wesentlich vermehrt, da in dieses Baujahr die Fertigstellung verschiedener ehemaliger Riesendampfer der deutschen Handelsflotte fällt. So ist das Jahr 1914 gekennzeichnet durch die Meistbegünstigung der kleinsten Größen und durch den Neubau mehrerer der größten Schiffseinheiten bei gleichmäßig ziemlich zahlreicher Herstellung der mittleren Typen.

Diese Größenverteilung hat sich bereits im ersten Nachkriegsjahr deutlich erkennbar verschoben. Die Schiffe mittlerer Größe sind unter den Neubauten mindestens ebenso oft vertreten, wie die kleinen Einheiten, dagegen sind in diesem Jahr im ganzen nur 5 Schiffe mit einem Raumgehalt von mehr als 10 000 Tonnen fertiggestellt worden, von denen keines die Größe von 40 000 Tonnen übertrifft. 1920 ist die Neubautenzahl der mittleren Schiffsgrößen klar überwiegend gegenüber denen der kleinen Einheiten unter 1000 Tonnen. Andererseits hat sich die Anzahl der Dampferneubauten über 10 000 Tonnen in diesem Jahre mehr als verdreifacht. Im folgenden Jahre ändert sich das Gesamtbild wiederum, denn die Beteiligung der mittleren Schiffsgrößen geht wieder zugunsten der kleinsten Kategorie zurück, dafür steigen aber die Neubautenzahlen der großen Schiffe ganz beträchtlich an. Nach Tabelle 5 sind 1921 fertiggestellt:

54 Schiffe von 8—10 000 Tonnen
32 Schiffe von 10—15 000 Tonnen
25 Schiffe von 15—20 000 Tonnen
6 Schiffe von 20—30 000 Tonnen.

---

[1] Die Zahlen der Jahre 1914 und 1919 gelten auch für die Motorschiffe, sind jedoch bei ihrer geringen Bedeutung in diesen Jahren für die Tabellen-Ziffern ohne Einwirkung.
[2] Die Angaben gelten nur für Großbritannien.

Mit diesem Neubautenergebnis steht das Jahr 1921 allen andern hinsichtlich der größten Schiffseinheiten weit voran. Diese Größenverteilung bleibt auch 1922 noch ziemlich die gleiche, doch nimmt die Anzahl der größten Schiffstypen wieder erheblich ab, und im Jahre 1923 endet die Entwicklung wieder mit einer Bevorzugung der großen Schiffseinheiten.

In den Ursachen dieser stark veränderlichen Entwicklung spiegelt sich der klaffende Gegensatz der Weltschiffahrtslage vor und nach dem Kriege. Bis zum Ausbruch desselben hat die Weltschiffahrt außerordentlich günstigen Wirtschaftsverhältnissen gegenübergestanden. Welttonnage und Warenverkehr sind in ihrem Umfang so sehr ausgeglichen gewesen, daß die Schiffahrt mit leichten Verdiensten zu arbeiten vermochte. Infolge dieser außergewöhnlich günstigen Lage hat sich die Schiffahrt vor dem Kriege einmal in dem Bau luxuriösester Riesendampfer größten Raumgehalts gegenseitig zu überbieten versucht; andererseits sind im Frachtverkehr noch die kleineren Schiffseinheiten bevorzugt worden, da für diese trotz ihrer geringeren Rentabilität der Vorteil besteht, daß sie viel leichter und schneller volle Ladung finden, als z. B. ein großer 10 000 Tonnen Frachtdampfer. Nach dem Kriege jedoch haben die Schwierigkeiten in der internationalen Schiffahrt die einzelnen Länder veranlaßt, möglichst wirtschaftlich arbeitende Schiffstypen herzustellen. So sind die Neubauten von den kostspieligen, unrationellen Schiffskolossen über 40 000 Tonnen seit dem Krieg ganz fortgefallen; als neuer Schiffstyp hat sich dafür der Dampfer mittleren Raumgehalts entwickelt, der eine Kombination eines Passagier- und Frachtschiffes darstellt, und der ganz besonders in den Neubauten der deutschen Nachkriegsflotte ausgeprägt ist. Aber auch für die reinen Frachtdampfer sind in dieser Zeit Raumgrößen von 6—10 000 Tonnen und vereinzelt noch darüber hinaus bevorzugt worden — so sind 1924/25 zwei Erzfrachtschiffe von je 21 000 Tonnen erbaut worden[1] —, da diese natürlich bei voller Ladung bedeutend wirtschaftlicher arbeiten, als eine entsprechende Tonnage an kleineren Schiffen. Daß nun in den letzten Berichtsjahren die kleinen Größen unter den Neubauten wieder vorherrschend geworden sind, muß mit der Übersättigung der Welthandelsflotte an neuem Schiffsraum erklärt werden. Der Bedarf an größeren Schiffen ist durch die angestrengte Bautätigkeit in den ersten Nachkriegsjahren überreichlich gedeckt worden, und bei dem anhaltenden Darniederliegen der Schiffahrt seit 1922 hat dieselbe nun wieder mehr auf den leichter Ladung findenden, kleineren Schiffstyp zurückgegriffen, da es für einen großen Frachter seit Beginn der Schiffahrtskrise im Jahre 1922 nahezu aussichtslos ist, seinen Schiffsraum voll auszunutzen.

Aus dieser Notwendigkeit der Schiffahrt, daß sie infolge der ungleich geringeren Verdienstmöglichkeiten während der Jahre nach dem Kriege weit mehr als in der Vorkriegszeit auf die Rentabilität der Schiffe Bedacht nehmen muß, hat sich auch ein ganz neuer Schiffstyp entwickelt, der sich in kürzester Zeit einen bevorzugten Platz im modernen Schiffbau gesichert hat, nämlich die Motorschiffe, die durch ihre plötzliche mächtige Ausbreitung ebenfalls das Bild gerade des nordatlantischen Verkehrs ganz wesentlich umgestaltet haben, zumal sie von diesem Verkehrsgebiet aus ihren Ursprung genommen haben. Die Entwicklung dieser neuen Schiffsart ist in dem folgenden Abschnitt behandelt worden.

---

[1] Vgl. die Zeitschrift: „Werft, Reederei, Hafen" 1925, S. 288.

2. Die Entwicklung der Motorschiffahrt von 1919—1924.

Die durch Verbrennungsmotoren angetriebenen Schiffe, allgemein als Motorschiffe bezeichnet, haben erst in den Jahren nach Beendigung des Weltkrieges neben den Dampfschiffen eine erhöhte Bedeutung erlangt. Ihre Geburtsstätte ist, wie oben schon ausgeführt, das Verkehrsgebiet des Nordatlantik, dessen Randländern das alleinige Verdienst der Entwicklung der neuen Schiffsart zukommt: der deutsche Schiffbau hat die Schiffsdieselmotoren während des Krieges zu der Vollkommenheit gebracht, daß sie jetzt allen praktischen Anforderungen des Schiffsbetriebes genügen, und die ersten größeren Schiffe dieser Bauart sind mit dem Bau der großen amerikanischen Flotte in den ersten Jahren nach Kriegsende entstanden, da die Union das weitaus größte, führende Produktionsland der schweren Erdöle, des Kraftstoffs der Ölmotorenschiffe, ist. Zu höchster Vollendung aber haben dann die europäischen Schiffahrtsländer den neuen Schiffstyp gebracht, vermöge ihrer langen, erprobten Erfahrungen im Schiffbau, so daß seit 1923 selbst die größten Schiffseinheiten mit Motorenantrieb versehen werden konnten. Da überdies auch die Bunkerungsmöglichkeit für die Motorschiffe unter allen Verkehrsgebieten am vollkommensten im Nordatlantik ausgebildet ist, so ist derselbe mit der Entwicklung der Motorschiffahrt aufs engste verwachsen.

Vor dem Kriege, im Jahre 1914, und auch noch im ersten Nachkriegsjahr 1919, ist der Schiffsbestand dieses modernen Verkehrsmittels noch ganz unbedeutend gewesen; erst seit 1920 haben die Motorschiffe sich in nennenswertem Umfange entwickelt, wie die folgende Tabelle 6 zum Ausdruck bringt.

Tabelle 6:
Die Entwicklung der Motorschiffstonnage in der Zeit von 1914—1926.
Übernommen aus der Zeitschrift „Nautische Rundschau"[1].
(Angaben in 1000 Tonnen Brutto.)

	1914	1919	1920	1921	1922	1923	1924	1925	1926
Tons	234,3	752,6	955,8	1248,8	1542,2	1666,4	1975,8	2714,1	3493,3
Zahl der Schiffe	297	912	1178	1473	1620	1795	1950	2145	2343

Da bis 1924 über die Motorschiffstonnage der einzelnen Länder keine weiteren Angaben bestehen, können sich die folgenden Betrachtungen im großen ganzen nur auf die Entwicklung der Motorschiffsneubauten stützen, die aus der nachstehenden Tabelle 7 (S. 25) ersichtlich ist.

Diese vier Jahre stellen die erste Entwicklungszeit der Motorschiffahrt dar; der Umfang ihrer Neubautentonnage hält sich noch in ziemlich beschränkten Grenzen, doch beträgt derselbe immerhin schon im Jahre 1923 ca. ein Sechstel der Dampfschiffstonnage. Dieses anfängliche Entwicklungsstadium muß mit dem Jahre 1924 als beendet angesehen werden. Von diesem Zeitpunkt an, nachdem die Lösung aller Probleme der Konstruktionsgrundlagen in praktisch befriedigender Weise durchgeführt worden ist, hat ein plötzlicher, über-

---
[1] Vgl. „Nautische Rundschau", Jahrg. 1926.

Tabelle 7:
Die jährlichen Neubauten an Motorschiffen in der Zeit von 1920—23.
Zusammengestellt nach Lloyds Register.
(Angaben in 1000 Tonnen Brutto.)

	1920		1921		1922		1923	
	Sch.	Tons	Sch.	Tons	Sch.	Tons	Sch.	Tons
Großbritannien	25	86,9	28	102,4	17	78,3	21	87,2
Verein. Staaten	13	29,2	14	31,8	8	3,4	14	16,3
Deutschland	—	—	22	33,3	18	47,0	19	46,9
Frankreich	2	0,4	—	—	6	1,2	2	8,9
Norwegen	2	1,3	6	11,1	7	9,5	5	4,5
Holland	7	18,2	9	14,0	7	5,1	3	5,9
Schweden	11	10,0	9	35,2	9	27,8	6	17,6
Dänemark	8	24,4	17	30,9	6	19,8	8	23,2
Spanien	1	0,1	—	—	—	—	—	—
Italien	22	14,8	18	18,4	9	11,3	2	6,9
Japan	—	—	—	—	7	1,1	3	1,0
Übrige Länder	49	4,6	13	29,6	10	5,0	19	7,5
	140	189,9	136	306,7	104	209,5	102	226,0

aus starker Aufschwung der Motorschiffstonnage eingesetzt, wie aus der folgenden Tabelle 8 zu erkennen ist.

Tabelle 8:
Motorschiffe, die Anfang 1924 und 1925 in einzelnen Ländern in Bau gewesen sind.
Zusammengestellt nach „Bureau Veritas".
(Angaben in 1000 Tonnen Brutto.)

	1. 1. 1924		1. 1. 1925	
	Schiffe	Tons	Schiffe	Tons
Großbritannien	55	323,4	50	320,1
Verein. Staaten	14	33,8	2	0,5
Deutschland	27	135,6	47	274,1
Norwegen	2	3,7	3	3,7
Schweden	10	35,5	12	50,7
Dänemark	8	34,5	19	75,4
Holland	9	34,8	14	76,9
Frankreich	1	8,5	6	47,5
Italien	13	17,7	10	61,9
Total:[1]	151	634,0	170	923,7

Aus der obigen Tabelle 8 geht die zunehmende Bedeutung der Motorschiffe ganz deutlich hervor. Ihre aufsteigende Entwicklung seit 1924 bringt weiterhin die nachstehende Zusammenstellung zum Ausdruck:

[1] Einschließlich aller übrigen Länder.

	Motorschiffe im Bau	Dampfschiffe im Bau
31. XII. 1924	923,7	1 530,9
31. III. 1925	1 021,6	1 357,8
31. VI. 1925	1 129,9	1 212,5
31. XII. 1925	1 007,4	1 041,8

Die Nachkriegsentwicklung der beiden Schiffsarten wird noch im folgenden Diagramm 3 besonders veranschaulicht, in dem die jährlichen Motorschiffs- und Dampferneubauten über den einzelnen Jahren graphisch aufgetragen sind[1].

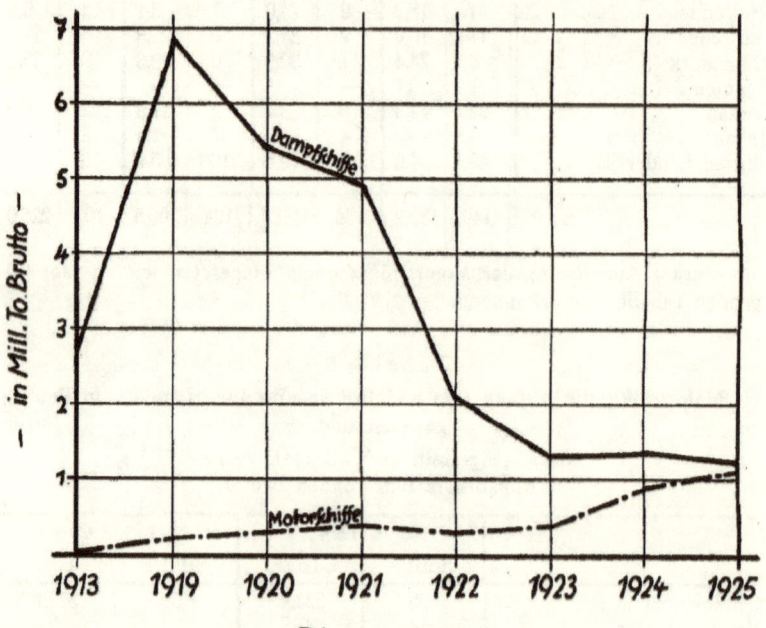

Diagramm 3:
Die Nachkriegsentwicklung der gesamten Motor- und Dampfschiffsneubauten.
Aufgezeichnet nach Angaben von Lloyds Register.

Dieses Diagramm zeigt eindeutig, daß die Motorschiffe in einer Entwicklungszeit von nur einigen Jahren den Dampfschiffen vollkommen ebenbürtig und gleichwertig geworden sind. Der Verbrennungsmotor ist also auch auf dem Spezialgebiet der Seeschiffahrt der ernsteste Konkurrent der Kolbendampfmaschine geworden.

Über das Verhältnis der Motorschiffs- zur Dampfertonnage der einzelnen Länder, sowie über den Motorschiffsbestand der verschiedenen Handelsflotten in den beiden Jahren 1924 und 1925 gibt die folgende Tabelle 9 einen Überblick.

---
[1] Ein sehr ähnliches Diagramm befindet sich auch in Nr. 3 des Literatur-Verzeichnisses.

Tabelle 9:
Die Motorschiffstonnage in den Jahren 1924/25, sowie ihr Verhältnis
in diesen Jahren zur Dampfertonnage.
Zusammengestellt nach Lloyds Register.

	1924		1925		in % d. Dampfertonnage	
	Sch.	Tons	Sch.	Tons	1924	1925
Großbritannien	173	507,3	220	733,7	2,8	3,9
Verein. Staaten	119	190,7	128	216,0	1,6	1,9
Deutschland	61	113,6	78	233,6	4,3	8,6
Norwegen	126	192,0	156	324,6	8,3	14,1
Schweden	117	196,0	120	259,9	20,4	26,0
Dänemark	47	167,8	56	172,0	20,7	20,2
Holland	55	69,5	64	124,3	3,0	5,0
Frankreich	27	25,9	27	34,8	0,9	1,07
Italien	33	73,2	41	124,9	2,7	4,5
Spanien	15	16,8	17	18,4	1,5	1,6
Japan	26	6,7	42	41,4	0,18	1,06
Total:	953	1654,5	1116	2403,1	2,75	4,01

Auch innerhalb der verschiedenen Motorschiffsflotten der nordatlantischen Randstaaten nimmt die britische Handelsflotte eine alle anderen Länder weit überragende Stellung ein: besitzt sie im Jahre 1925 doch 30,6 % der gesamten Motorschiffstonnage der Weltschiffahrt. Einen wie bedeutenden Anteil der neue Schiffstyp bereits an dem Gesamtergebnis des britischen Schiffbaus hat, wird aus einem Vergleich mit Tabelle 3 (S. 8) erkennbar, die zeigt, daß die Neubautenziffer der Motorschiffe dem Umfang der Dampferneubauten bereits im Jahre 1924 sehr nahe kommt; sie beträgt schon über 60 % der Bauziffer der Dampfschiffe für das Jahr 1925.

Die amerikanische Motorschiffsflotte hat sich seit 1920 auffallend wenig vergrößert. Die Zahlen der jährlichen Neubauten sind verhältnismäßig sehr gering; von 1920 bis 1923 sind im ganzen nur ca. 80 000 Tonnen an Motorschiffen neu erbaut worden. Die Vereinigten Staaten haben demnach bereits vor dem Jahre 1920 einen größeren Bestand an Motorschiffen im Besitz gehabt, der sich zu rund 160 000 Tonnen ergibt. Die Amerikaner sind in der Tat, wie auch schon erwähnt worden ist, die ersten gewesen, die in größerem Umfange den Bau von Motorschiffen betrieben haben, was durch die Tabellen 7 und 9 erhärtet wird. Der Stillstand in der weiteren Entwicklung der amerikanischen Motorschiffsflotte seit 1920 ist durch die große Krise verursacht worden, in die sich die gesamte Schiffahrt der Vereinigten Staaten bereits kurz nach ihrem mächtigen Aufschwung verkettet sieht. Daher haben die Motorschiffsflotten von Norwegen, Deutschland und selbst von Schweden diejenige der Vereinigten Staaten schon 1925 überflügelt.

Die drei nordischen Länder nehmen in der Motorschiffahrt eine ganz besondere Stellung ein. Bereits 1924 folgen sie in der allgemeinen Rangfolge an 3. bis 5. Stelle, und im Verhältnis zu ihren Dampferbeständen behauptet die Motorschiffstonnage der drei skandinavischen Staaten einen Umfang, der von keiner anderen Handelsflotte der Weltschiffahrt auch nur annähernd erreicht wird. Die norwegische Motorschiffstonnage ist bis 1925 so beträchtlich geworden, daß sie in diesem Jahr schon auf den 2. Platz unter allen übrigen Handelsflotten aufgerückt ist. Daß dabei das Tonnageverhältnis der norwegischen Motorschiffahrt zur Dampfschiffstonnage hinter dem der beiden anderen nordischen Flotten zurücksteht, wird also lediglich durch die umfangreichen Dampfschiffsbestände der norwegischen Handelsflotte bedingt. Die schwedischen und dänischen Verhältniswerte aber sind für die hervorragende Bedeutung der Motorschiffahrt für die moderne Schiffahrtsentwicklung geradezu charakteristisch, denn es ist ein ganz außerordentliches Ergebnis, daß 5 Jahre nach dem eigentlichen Beginn des Bestehens der Motorschiffahrt schon 26 % der gesamten schwedischen, und mehr als $^1/_5$ der ganzen dänischen Handelsflotte aus Motorschiffen besteht. Die Ursache dieser bemerkenswerten Entwicklung ist wohl in dem Umstand zu suchen, daß die nordischen Staaten überhaupt keine Kohlevorkommen besitzen, und deshalb die Motorschiffe bei ihren großen Vorteilen gegenüber den Dampfschiffen, die sich auf betriebstechnische, wärmewirtschaftliche und auch räumliche Momente beziehen, ganz besonders bevorzugen können.

Die Entwicklung der deutschen Motorschiffahrt fällt zeitlich später als die der anderen Länder. Sie beginnt erst im Jahre 1921, und dennoch hat die deutsche Motorschiffstonnage, ihren bedeutenden Neubauten in den darauffolgenden Jahren zufolge, bereits 1924 die 6. Stelle und 1925 schon den 4. Platz unter den Motorschiffsflotten aller Länder erreicht. Von wesentlichem, ausschlaggebendem Einfluß auf ihre Entwicklung ist die Bindung der deutschen Schiffahrt nach Kriegsende an das Wiederaufbauprogramm auf Grund des Reichsentschädigungsgesetzes gewesen, durch welches das Reich die Schiffahrtsunternehmen unter dem Druck der staatlichen Entschädigungen auf den Bau ganz bestimmter Schiffstypen festgelegt hat, und in welchem der Bau von Motorschiffen nur in geringfügigem Umfang berücksichtigt worden ist (11). Da die deutschen Werften im Motorschiffsbau von höchster Leistungsfähigkeit sind, wie auch in Tabelle 8 zum Ausdruck kommt, so wird sich bei der allmählich wiedergewonnenen Bewegungsfreiheit der deutschen Schiffahrt auch ihre Motorschiffsflotte weiterhin günstig entwickeln.

In größerem Umfange haben sich fernerhin noch die Motorschiffsflotten Hollands und Italiens entwickelt, während diejenigen der übrigen Länder bisher noch ohne höhere Bedeutung sind. Selbst die französische Schiffahrt, die sich nach dem Kriege so außerordentlich ausgedehnt hat, bleibt noch im Jahre 1925 mit einem Bestand an Motorschiffen von nur ca. 35 000 Tonnen weit hinter der Motorschiffstonnage vieler ganz erheblich kleinerer Handelsflotten zurück: wird sie doch z. B. von der dänischen Motorschiffahrt um das 5½fache übertroffen. Erst das Jahr 1926 zeigt Ansätze eines lebhafteren Aufschwunges der französischen Motorschiffahrt.

Ebenso gering ist auch bisher die Motorschiffstonnage der japanischen Handelsflotte. Noch für das Jahr 1925 ist dieselbe trotz der großen Entwicklung der Gesamtflotte in den Kriegs- und Nachkriegsjahren mit nur 41 000 Tonnen angegeben. Die Motorschiffsflotte Japans ist demnach auch für den nordatlantischen Verkehr ohne jede Bedeutung.

So ist also zu erkennen, daß in den verschiedenen Schiffahrtsländern der Ausbau der neuesten Schiffsart jede Gleichmäßigkeit vermissen läßt. Die Grundlagen dieser Entwicklung sind in den einzelnen Staaten zu unterschiedlich gewesen, als daß der Motorschiffsbau in allen Ländern in einem dem gegenseitigen Verhältnis der einzelnen Handelsflotten entsprechenden Umfange in gleicher Weise und zu gleicher Zeit aufgenommen worden wäre. Die Verteilung der Schiffsgrößen der Motorschiffahrt auf die Gesamtneubauten hat nach Tabelle 10 in der Zeit von 1920 bis 1923 folgende Entwicklung genommen.

Tabelle 10:
Die Veränderungen der Größenverhältnisse der jährlichen Motorschiffsneubauten in der Zeit von 1920—1923.
Zusammengestellt nach Lloyds Register.

Tonnagegröße in 1000 Tonnen	1920	1921	1922	1923
0,1—0,5	42	21	48	40
0,5— 1	12	2	8	14
1— 2	7	6	15	10
2— 3	2	1	} 8	} 12
3— 4	2	3		
4— 5	1	2		
5— 6	6	5	13	17
6— 8	3	17	8	5
8—10	1	9	3	4
10—darüber	—	—	—	—

Die Entwicklung der Motorschiffsneubauten zeigt also bis zum Jahre 1923 keine wesentlichen Veränderungen in der Verteilung der Schiffsgrößen. Erst mit dem plötzlichen Aufschwung der Motorschiffahrt im Jahre 1924 setzt auch in der Größenentfaltung der Schiffe eine bedeutsame Verschiebung ein, denn in diesem Jahre ist der Motorenantrieb, wie schon betont wurde, so weit vervollkommnet worden, daß er auch für die größten Schiffseinheiten, insbesondere auch für die mächtigen, im Überseeverkehr eingestellten Passagierschiffe, Verwendung gefunden hat. Bereits im Jahr 1925 sind schon 30 000 Tonnen-Schiffe im Bau gewesen; nichts kann treffender als diese Tatsache den vollständigen Erfolg des Schiffsdieselmotors kennzeichnen. Sie beweist, daß derselbe fortan für alle Schiffe ohne Unterschied der Größe eine gleich vorteilhafte Antriebsmaschine darstellt. Diese Entwicklung bedeutet zugleich eine wesentliche weitere Veränderung im Verkehrsbild des nordatlantischen Ozeans.

3. Die Entwicklung der Segelschiffahrt von 1913 bis 1925.

In vollständigem Gegensatz zu der siegreichen Entwicklung der Motorschiffe verläuft nun diejenige des ältesten, bewährten Verkehrsmittels auf den Weltmeeren, der Segelschiffe, denen, nachdem sie über einen Zeitraum von Jahrtausenden der einzige Schiffstyp im Seeverkehr gewesen sind, das moderne technische Zeitalter zum Verhängnis geworden ist. Die Segelschiffe sind in ihrem Gesamtbestande in ununterbrochener, stetiger Abnahme begriffen und im nordatlantischen Verkehr, ihrem früheren Haupttätigkeitsgebiet, immer seltener geworden. Nicht erst seit dem Weltkriege, sondern seit

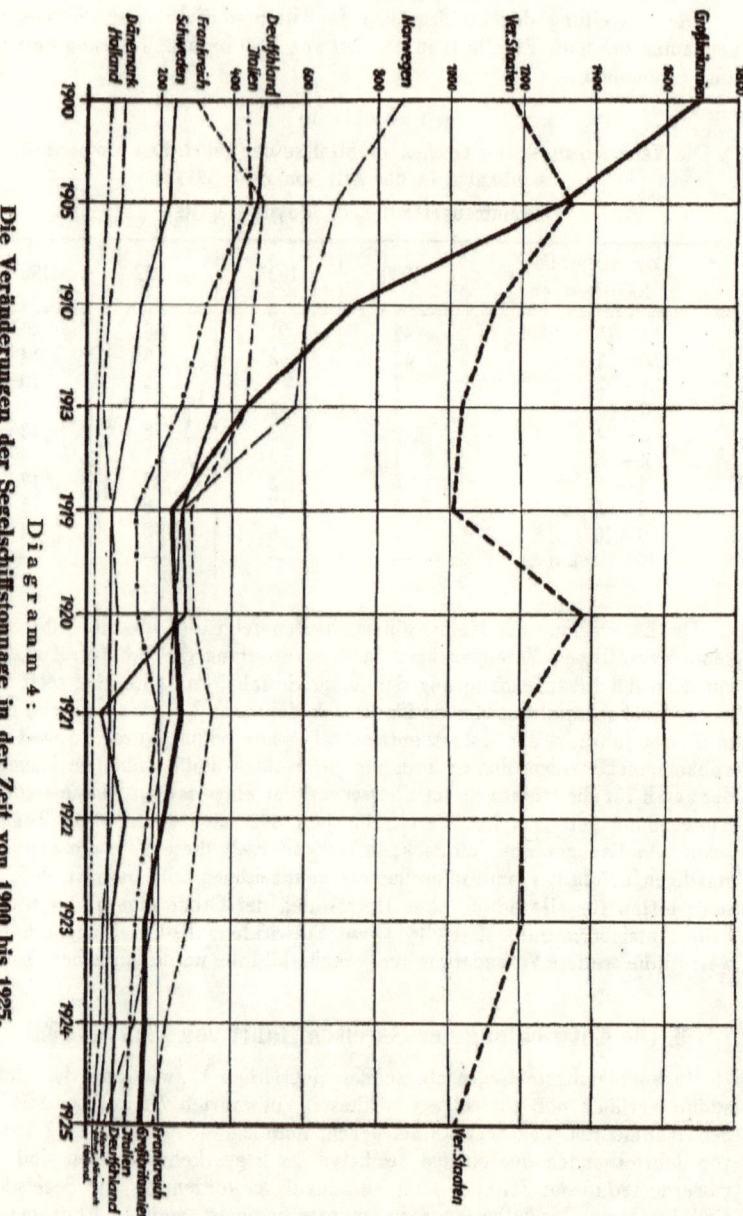

Diagramm 4:
Die Veränderungen der Segelschiffstonnage in der Zeit von 1900 bis 1925.
Aufgezeichnet nach den Angaben von Lloyds Register.

einer Zeitdauer von ungefähr 40 bis 50 Jahren. Die Entwicklung der Seglertonnage in dem Jahrzehnt von 1913—1923 ist also lediglich eine Fortsetzung der allgemein rückläufigen Bewegung dieser alten Schiffsart, wie in der nachstehenden Tabelle 11 zum Ausdruck kommt.

Tabelle 11:
Die Veränderungen der Segelschiffstonnage in der Zeit von 1900—1925.
Zusammengestellt aus Lloyds Register.
(Angaben in 1000 To. Br.)

	1900	1905	1910	1913	1919	1920	1921	1922	1923	1924	1925
Großbritannien	1728	1306	749	422	211	220	252	207	166	152	136
Verein. Staaten[1]	1156	1311	1120	1027	1009	1383	1186	1162	1171	1100	1017
Deutschland	490	471	374	339	256	253	63	101	80	81	68
Norwegen	876	695	593	587	261	240	213	183	176	113	62
Schweden	219	212	136	103	76	77	74	75	72	63	47
Dänemark	107	89	65	51	71	84	81	75	52	46	38
Holland	63	42	32	23	18	20	17	15	19	14	13
Frankreich	298	467	434	408	272	282	353	308	284	208	192
Spanien	53	38	19	15	42	60	54	68	62	52	42
Italien	443	448	333	248	132	124	183	168	153	114	98
übrige Länder	632	1404	1100	411	387	358	329	354	303	299	282
Total:	6588	6035	4622	3389	3029	3409	3128	3028	2831	2509	2261

Um über diese Entwicklung der Segelschiffstonnage einen besseren Überblick zu erhalten, sind die Angaben der obigen Tabelle zu einem Diagramm zusammengefaßt worden, aus dem der rastlose Niedergang der Segelschiffsflotte ganz besonders deutlich zum Ausdruck kommt (vgl. Diagr. 4, S. 30).

Die Gesamttonnage ist in dem Zeitraum von 1900 bis 1925 also um fast ⅔ ihres Bestandes zur Jahrhundertwende zurückgegangen. Dabei ist zu beachten, daß der Abfall der Tonnageziffern in der Zeit bis zum Weltkrieg ein viel intensiverer gewesen ist, als in den Nachkriegsjahren, wie das Diagramm 4 klar erkennen läßt. Diese Verzögerung des Tonnagerückganges beweist jedoch lediglich, daß in den Jahren seit Kriegsende die Verminderung des Segelschiffsraums bereits so weit fortgeschritten gewesen ist, daß die Zahl der seetüchtigen Segelfahrzeuge auf ein Minimum herabgesunken ist, denn der Kern der 1925 noch bestehenden Seglerflotte setzt sich zum größten Teil aus kleinen Schiffen zusammen, die meist nur noch im Küstenverkehr Verwendung finden, deren Tonnage sich aber nur sehr allmählich verringern wird.

Die Gesamttonnage der Segelschiffe wird in den Nachkriegsjahren in ihrer bestehenden Höhe vor allem noch durch den in seinem Bestand fast unveränderlichen, beträchtlichen Segelschiffsbestand der amerikanischen Handelsflotte gehalten. Die Vereinigten Staaten behaupten seit 2 Jahrzehnten bereits ohne Unterbrechung weitaus die führende Stellung unter allen Segelschiffsflotten, die mit dem zunehmenden Rückgang derselben in den anderen Ländern eine immer ausgesprochenere wird: beträgt doch der amerikanische Seglerbestand im Jahre 1925 schon 45 % der gesamten Segelschiffstonnage der

---

[1] Ohne Seengebiet.

Welthandelsflotte. Die Ursache dieses Festhaltens der amerikanischen Schiffahrt an diesem Schiffstyp findet ihre Begründung in der Vergangenheit ihrer Handelsflotte, auf die schon in früheren Ausführungen eingegangen ist (vgl. S. 14). Die Erfahrungen der Amerikaner in Schiffahrt und Schiffbau beschränken sich auf die aus Holz erbauten Segelfahrzeuge, die bis zur Entwicklung der Dampfschiffe in so hoher Blüte gestanden haben, daß die amerikanischen Segelschiffe Weltruf genossen haben (25, 28, 37, 38, 39, 41). Und dennoch würden die Vereinigten Staaten in der heutigen Zeit nicht mehr einen so bedeutenden Segelschiffsbestand beibehalten haben, wenn nicht die geographische Lage des Nordatlantik: die langgestreckte, ausgedehnte Küste der Vereinigten Staaten und ihre inselreiche Umgebung mit den Bahama-Inseln, den kleinen und gros-

Tabelle 12:
Die jährlichen Neubauten an Segelschiffen in der Zeit von 1914—1923.
Zusammengestellt nach Lloyds Register.
(Angaben in 1000 To.Br.)

	1914		1919		1920		1921		1922		1923	
	Sch.	T.	Sch.	T.	Sch.	T.	Sch.	T.	Sch.	T.	Sch.	T.
Großbritannien .	35	10	71	36	37	16	27	6	10	2	22	5
Verein. Staaten[1]	26	19	92	117	50	54	23	19	20	17	19	13
Deutschland . .	5	2	?	?	?	?	19	8	7	3	1	0,1
Norwegen . . .	5	1	—	—	—	—	—	—	—	—	1	0,3
Schweden	3	0,4	7	1	7	1	5	2	4	1	1	0,1
Dänemark . . .	4	1	14	3	2	1	6	1	2	0,4	2	0,5
Holland	60	9	—	—	1	1	3	1	4	2	8	3
Frankreich . . .	9	2	12	3	5	2	12	7	7	2	3	2
Italien	37	9	10	3	36	9	31	8	13	3	6	1
Spanien	2	0,5	12	3	—	—	—	—	—	—	—	—
Total:	225	68	488	356	196	119	172	67	107	41	81	28

sen Antillen, die Verwendungsmöglichkeit der Segelschiffe ganz außerordentlich begünstigte, denn in dem nordamerikanischen „großen Küstenverkehr" können dieselben infolge der nicht sehr bedeutenden Entfernungen und der vorteilhaften Wind- und Strömungsverhältnisse noch in umfangreichem Maße benutzt werden. Im übrigen liegen auch sämtliche anderen Segelschiffsrouten des Weltverkehrs im Gebiete des nordatlantischen Ozeans, so daß derselbe als Hauptverkehrsgebiet der Segelschiffahrt zu betrachten ist. —
Mit Ausnahme der amerikanischen Segelschiffsflotte zeigen die Tonnagebestände aller übrigen Länder fast sämtlich ganz außerordentlich große Rückgänge ihrer Tonnage. Die verhältnismäßig geringste Verminderung weist die französische Segelschiffsflotte auf, die sich seit 1905 nur um etwas mehr als die Hälfte verringert hat, und dadurch 1925 die zweitgrößte Segelschiffstonnage besitzt. Bei allen anderen Ländern sind die Tonnagerückgänge der Segelschiffahrt ganz gewaltige: in der Zeit von 1900 bis 1925 betragen sie für Großbritannien 92%, für Deutschland 86%, für Norwegen 91%, für Schweden 77%; selbst für Holland, dessen Schiffahrt von jeher nur einen sehr geringen

---
[1] Ohne Seengebiet.

Segelschiffsbestand besessen hat, belaufen sie sich noch auf 79 % des Tonnagestandes im Jahre 1900 (vgl. Tab. 11, S. 31). Diese Ziffern zeigen eindringlich, daß der Niedergang der Segelschiffsflotte ein unaufhaltsamer ist, eine Tatsache, die noch weiterhin durch die Entwicklung der jährlichen Segelschiffsneubauten unterstrichen wird (vgl. Tab. 12, S. 32).

Diese Neubautenziffern sind so gering, daß sie eindeutig erweisen, daß die Schiffahrt für die Segelschiffe keinen nennenswerten Verwendungswert mehr hat. Lediglich die Vereinigten Staaten sind auch in den Nachkriegsjahren noch mit einer umfangreichen Neubautonnage hervorgetreten.

Die Größenverhältnisse der in den Nachkriegsjahren erbauten Segelschiffe gehen aus der folgenden Tabelle 13 hervor.

Tabelle 13:
Die Größenverhältnisse der jährlichen Neubauten in der Zeit von 1919—1923.
Zusammengestellt nach Lloyds Register.

Tonnagegröße in 1000 Tonnen	1919	1920	1922	1923
0,1 – 0,5	157	96	86	56
0,5 – 1	39	32	14	19
1 – 2	53	18	4	6
2 – 3	59	12	3	—
3 – 4	8	—	—	—
4 – 5	1	1	—	—

Die Ziffern der obigen Tabelle zeigen die überwiegende Bevorzugung der kleinsten Schiffsgrößen, die für die atlantische Fahrt überhaupt nicht mehr verwendbar sind. Die Neubauten der größeren Segelschiffe aber sind fast vollständig für die amerikanische Schiffahrt gebaut worden, wie in Tabelle 12 zum Ausdruck kommt, denn ihre Durchschnittstonnage pro Schiff beträgt in den Jahren 1919 und 1920, also in der Zeit, in der allein überhaupt noch in größerem Maße Schiffe über 2000 Tonnen gebaut worden sind, mehr als 1000 Tonnen, so daß unter den gesamten Neubauten der amerikanischen Segelschiffsflotte eine große Zahl von Schiffen höherer Raumkategorie enthalten sein muß. —

Das Gesamtbild der Veränderungen in der Segelschiffahrt zeigt also die eindeutige Tendenz eines allseitigen Rückganges, sowohl nach der Tonnagemenge, als auch nach der Zahl der Schiffe und der jährlichen Neubauten. Trotzdem wird, wie auch G. S c h o t t ausgeführt hat (17), noch in der nächsten Zeitperiode nicht damit zu rechnen sein, daß der altehrwürdige Schiffstyp der Segler gänzlich von den Meeren, insbesondere auf dem Atlantischen Ozean, verschwinden wird. Die modernen Vollschiffe, die aus Eisen oder Stahl hergestellt sind und ein Raumdeplacement von mehreren Tausend Tonnen haben, werden sich auf einigen Spezialrouten infolge ihrer billigen Frachtsätze noch auf lange Zeit hinaus gegen die Maschinenschiffe behaupten können. Diese Verhältnisse im Zusammenhang mit den Ursachen des Niedergangs der Segelschiffstonnage sind in späteren Ausführungen eingehender behandelt worden (vgl. S. 51). —

Während die drei bisher betrachteten Schiffsarten nach der Eigenart ihres Fahrtantriebes unterschieden werden, haben sich in der neuesten Zeit auch gewisse Schiffstypen entwickelt, die zwar hinsichtlich ihres Maschinenantriebes auch unter die Klasse der Dampf- oder Motorenschiffe fallen, darüber hinaus jedoch noch weiterhin nach ihrem Verwendungszweck bezeichnet werden, denn sie haben eine ganz besondere, eigens nach einem ganz bestimmten Zweig der Warenförderung konstruierte Bauart erhalten. So kennt man neuerdings folgende Spezialschiffstypen in der Seeschiffahrt: Kühlraumschiffe, einmal für den Fleischtransport, und zum anderen für Fruchtladungen, Erzschiffe für die Stahlindustrie, — sowohl für den Transport von Eisenerz wie auch zur Versendung fertiger Erzeugnisse, — und endlich Tankschiffe für die Beförderung der ungeheuren Bedarfsmengen an Erdöl.

Auch für diese Spezialschiffsarten ist der Nordatlantik das Hauptverkehrsgebiet. Die Tankflotte der Weltschiffahrt ist fast vollständig in den Uferstaaten desselben beheimatet; die Gefrierschiffe für Fruchttransporte sind hauptsächlich im Besitz der amerikanischen Handelsflotte, die für die bedeutenden Fruchtausfuhren der Vereinigten Staaten eigene Großreedereien dieser Spezialschiffe mit einer Tonnage von mehreren 100 000 Tonnen besitzt (4). Der Fleischtransport zur See läuft zum größten Teil von Nord- und Südamerika nach den großen Konsumtionsländern Europas; und die Stahltransportschiffe endlich werden wohl nahezu ausschließlich im Besitz der britischen und amerikanischen Handelsflotte sein.

Unter diesen Spezialschiffen haben die Tankschiffe seit dem Kriege eine so erhöhte Bedeutung erlangt, daß sie im folgenden Kapitel etwas näher betrachtet werden mögen.

4. Die Veränderungen der Tankschiffsflotte seit dem Kriege.

Die Entwicklung der Tankschiffsbestände seit Ausbruch des Weltkrieges ist in der nachstehenden Tabelle 14 zur Darstellung gebracht.

Tabelle 14:
Die Entwicklung der Tankschiffstonnage von 1914 bis 1926.
Zusammengestellt nach verschiedenen Quellen[1].
(Angaben in 1000 Tonnen Brutto.)

Jahre	Tons Brutto
1914	1478,0
1919	2929,0
1920	3354,3
1921	4418,7
1922	5062,7
1923	5203,6
1924	5287,6
1925	5384,3
1926	5664,8

[1] Vgl. „Nautische Rundschau", Jahrg. 1926, Nr. 27.

Die Tankschiffsflotten der einzelnen Länder haben sich bis zu der Zeit von 1924/25 zu folgendem Umfang entwickelt.

Tabelle 15:
Die jährlichen Neubauten von Tankschiffen in der Zeit von 1921 bis 1923 und deren Tonnagebestand seit 1924.
Zusammengestellt nach Lloyds Register.
(Angaben in 1000 Tonnen; nur Schiffe über 1000 Tonnen Raumgehalt.)

	1921		1922		1923		Gesamttonnage	
	Sch.	Tons	Sch.	Tons	Sch.	Tons	1924	1925
Großbritannien	38	250,9	42	262,8	9	59,2	1739,0	1709,0
Verein. Staaten	92	690,3	3	14,4	2	9,9	2412,2	2281,3
Deutschland	3	7,2	1	3,2	3	22,4	35,5	55,8
Norwegen	—	—	2	3,5	—	—	199,3	243,5
Schweden	1	5,5	—	—	1	3,7	10,3	4,9
Dänemark	2	6,2	—	—	—	—	11,6	9,6
Holland	1	1,1	2	2,5	3	4,1	120,2	148,1
Italien	4	24,5	3	15,2	2	12,5	100,6	128,9
Spanien	1	4,6	—	—	—	—	30,6	30,6
Japan	3	21,1	2	12,5	—	—	20,0	47,1
Frankreich	3	23,0	4	28,3	2	12,4	111,0	151,1
Total:	151	1050,4	61	355,9	23	126,2	5193,7	5177,6

Ein Vergleich der Gesamttonnage und der jährlichen Neubauten der einzelnen Länder läßt nach obiger Tabelle 15 erkennen, daß die Entwicklung der Tankschiffsflotten zeitlich verschieden liegt. Die beiden Flotten Großbritanniens und der Vereinigten Staaten, die alle übrigen weit überragen und allein ca. 80 % der gesamten Tankschiffsbestände besitzen, sind zum weitaus größten Teil bereits vor 1921 entstanden und haben sich seither nicht mehr wesentlich vergrößert, desgleichen diejenigen Norwegens und Hollands. Die Tankschiffflotten Frankreichs und Italiens haben sich in allen Jahren bis 1925 stetig weiter ausgedehnt, sind also noch mitten im Entwicklungsprozeß begriffen. Die deutsche und in noch ausgeprägterem Maße die japanische Handelsflotte hat bisher von einer nennenswerten Ausdehnung ihrer Tankschiffstonnage noch gänzlich Abstand genommen.

Im ganzen hat sich die Tonnage der Welttankflotte seit dem Kriege so stark vermehrt, daß sie bereits 1925 mit fast 5,2 Millionen Tonnen ca. 8,1 % der gesamten Welthandelstonnage für sich beansprucht und damit zugleich ein wesentlicher Bestandteil des nordatlantischen Verkehrs geworden ist. Dieses auffallend hohe Verhältnis erklärt sich durch den stets anwachsenden Bedarf der Welt an Erdöl (16), der einmal zu einem erheblichen Teil durch den Aufschwung der Motorschiffahrt hervorgerufen, zum andern jedoch auch durch die außerordentliche Entfaltung des Automobilverkehrs in der ganzen Welt und der zunehmenden Verwendung des Erdöls als Kraftstoff in den Industrien verursacht worden ist. Wie sich die Tanktonnage auf Dampf- und Motorenantrieb verteilt, ist nicht festzustellen. Da aber ihre Entwicklung zum größten Teil früher fällt, als diejenige der Schiffsmotoren, so ist anzunehmen, daß die meisten Tankschiffe mit Dampfmaschinen — und zwar infolge der Eigenart ihrer Ladung — naturgemäß überwiegend mit Ölfeuerung ausgerüstet sind.

* * *

Die vorstehenden Betrachtungen der einzelnen Schiffsarten lassen demnach in allen ihren Teilen erhebliche, oft sogar die ungewöhnlichsten Veränderungen innerhalb der Welthandelsflotte erkennen, die sämtlich in bedeutsamstem Maße in dem nordatlantischen Verkehr der Nachkriegsjahre zur Auswirkung gekommen sind. Das Jahrzehnt von 1913—1923 ist aber auch in der Geschichte aller Zeiten und in seinen Wechselwirkungen auf die wirtschaftlichen, politischen und kulturellen Beziehungen der Völker so einzigartig gewesen, daß es auch zwangsläufig diese ausgedehnten Umwälzungen und Erschütterungen innerhalb der Weltschiffahrt nach sich ziehen mußte.

b) Die Ursachen der Veränderungen der Verkehrsmittel seit dem Kriege.

Drei Hauptursachen sind für die im vorhergehenden Kapitel dargelegten Veränderungen der Handelsflotten seit dem Kriege bestimmend gewesen. Einmal hat der Weltkrieg außergewöhnliche Umschichtungen innerhalb der großen Wirtschaftspole der Erde nach sich gezogen und dadurch die allgemeine Lage der Weltwirtschaft nachhaltig beeinflußt, da ihr kompliziertes, feinverzweigtes Gefüge diesen gewaltsamen Eingriff nicht ohne die schwersten Erschütterungen zu überstehen vermochte. Zum anderen haben Ursachen politischer Art größere Verschiebungen unter den Handelsflotten hervorgerufen. Drittens aber, fast völlig unabhängig vom Weltkrieg selbst, hat die sich ständig weiterentwickelnde Technik die Wirtschaftlichkeit der einzelnen Schiffsarten sehr stark verändert. Die Ursachen wirtschaftlicher Art und die politischen Maßnahmen haben die Gesamtbestände der Handelsflotten, die Ursachen technischer Natur aber das quantitative Verhältnis der einzelnen Schiffsarten untereinander gerade auch im Bereich des Nordatlantik verändert.

1. Ursachen weltwirtschaftlicher Veränderungen.

Da die Handelsschiffahrt eines der wichtigsten Glieder der Weltwirtschaft ist, stehen auch ihre Schwankungen und Änderungen in einem gewissen zwangsläufigen Verhältnis zueinander. Demnach sind Vergrößerungsbestrebungen der Handelsschiffahrt mehrerer Staaten, wie schon betont worden ist, häufig nicht einer allgemeinen wirtschaftlichen Notwendigkeit entsprungen, sondern vielmehr lediglich aus nationalpolitischen Beweggründen heraus durchgesetzt worden (vgl. S. 16). Die Welthandelstonnage zeigt in dem Zeitraum von 1913 bis 1923 unter Abzug der Tankschiffstonnage eine Steigerung von 13,8 Millionen, also von 45 Millionen auf 58,8 Millionen Tonnen, somit von ca. 30 %, was den Anschein erwecken könnte, als ob ein entsprechend vermehrter Güteraustausch der Weltwirtschaft diese Zunahme bedingt hätte. Tatsächlich aber hat die Weltschiffahrt ganz unabhängig, ja in direktem Gegensatz zu jedem wirtschaftlichen Erfordernis, ihre Handelstonnage seit Kriegsende — die amerikanische Schiffahrt, wie gezeigt wurde, bereits seit 1917 — aus eigenem

Antrieb vergrößert, lediglich in der spekulativen Voraussicht, daß nach dem fünfjährigen, fast völligen Darniederliegen des Außenhandels der europäischen Wirtschaft mit Kriegsende ein umso stärkerer Güterverkehr wiedereinsetzen würde. Aber schon sehr bald nach der Wiederaufnahme der abgebrochenen Wirtschaftsbeziehungen der Völker, nämlich nach der Unterzeichnung des Versailler Vertrages, wurde es offenbar, daß der Warenverkehr der Weltwirtschaft die so außerordentlich vermehrte Handelstonnage nicht voll zu beschäftigen vermochte. Nicht zuletzt war dies eine Folge des wirtschaftlichen Niederganges und dementsprechenden Ausfalles des Außenhandelsverkehrs der mitteleuropäischen Staaten durch die Inflation ihrer Währung, denn diese ist ja nur eine Folgeerscheinung der fortdauernden wirtschaftlichen Fesselung dieser Länder, namentlich des Deutschen Reiches, seitens der alliierten Mächte gewesen, die in der Ruhrbesetzung im Jahre 1923 ihren krisenhaften Höhepunkt gefunden hat[1]. Dieser Gegensatz von verfügbarer Tonnage und ihrer Nachfrage seitens der Wirtschaft hat sich bis 1925 noch so wenig wieder ausgeglichen, daß in den Nachkriegsjahren gegenüber dem Jahre 1913 einer ca. 30 % höheren Welthandelstonnage ein 5—10 % geringerer Güterverkehr entgegensteht (11). Außer diesem Bestreben der einzelnen Länder, sich möglichst umfangreich an dem mit Kriegsende erwarteten, mächtig wiedereinsetzenden Verkehr zu beteiligen, hat sich jedoch noch ein weiteres Moment ergeben, um die Bautätigkeit vieler Länder trotz der zunehmenden Verschlechterung der Seeschiffahrtslage, die sich in einer verheerenden Frachtratendepression ausgedrückt hat, noch weiterhin hochzuhalten. Der Widersinn, der in solcher Vergrößerung liegt, ist allein durch die übermäßige Ausdehnung der amerikanischen Handelsflotte herbeigeführt worden.

Die Schiffahrt der Vereinigten Staaten ist der eigentliche Urheber eines mit seltener Erbitterung durchgeführten Konkurrenzkampfes gewesen, denn ihre ungeheure Ausdehnung hat eine förmliche Invasion in die Interessengebiete der europäischen Schiffahrt zur Folge gehabt. Diese hat bis zum Kriege durch ihren großen Bestand an Handelsschiffen, der weit über den eigentlichen Bedarf des heimischen Handels hinausgegangen ist, den gesamten Weltverkehr und auch — dies ist das wesentliche Moment — den Verkehr der Vereinigten Staaten beherrscht, der schon vor dem Kriege durch seinen außerordentlichen Umfang für die internationale Schiffahrt von der größten Bedeutung gewesen ist[2].

Um diese Vormachtstellung ist nach dem Kriege unter den verschiedenen Handelsflotten der große Kampf entstanden, der sich noch mehr verschärfen mußte, als die amerikanische Handelsflotte nicht nur den eigenen Handel an sich zu reissen, sondern sogar auch in die Verbindungen der europäischen Verkehrslinien einzudringen versucht hat[3]. England selber mußte damals seine in Jahrhunderten unbestrittene Vormacht auf den Meeren durch den neuen Konkurrenten ernstlich in Frage gestellt sehen; die britische Schiffahrt hat es nicht verhindern können, daß die amerikanischen Linien sich in ihre heimischen Routen eingedrängt hatten. In eine ganz ähnliche Lage haben sich auch die Handelsflotten der meisten anderen europäischen Staaten versetzt gesehen. Besonders die deutsche Schiffahrt hat nach Kriegsende nach dem Ver-

---

[1] Vgl. Archivalien des Kieler Instituts, Mappe 500 v 13.
[2] Zahlenmäßig zu belegen nach der amerikanischen Seeverkehrsstatistik (109).
[3] Vgl. „Werft, Reederei, Hafen", Jahrg. 1920, S. 249 ff., sowie „Wirtschaftsdienst", Jahrg. 1919, Nr. 21.

lust ihrer gesamten Handelsflotte machtlos zusehen müssen, wie die amerikanische Handelsschiffahrt in ausgedehntem Maße die vielen wertvollen Verkehrsverbindungen, die sie in einzigartiger Vollkommenheit bis zum Kriege aufgebaut hatte, fortan mit ihren eigenen Schiffen befahren hat.

Es ist also geradezu eine Art Selbsterhaltungstrieb der europäischen Handelsflotten und eine Verteidigung ihrer wichtigsten Wirtschaftsinteressen und ihres langjährigen Einflusses im Weltverkehr gewesen, wenn dieselben ihren Handelsschiffsraum trotz des bereits bestehenden Tonnageüberflusses noch weiterhin gesteigert haben. Die Vergrößerung der Handelsflotte aus diesen Beweggründen heraus haben jedoch nur diejenigen Länder durchführen können, die sich auf einen bedeutenden seewärtigen Eigenhandel zu stützen vermögen, und die dadurch wenigstens einigermaßen das enorme Überangebot an Schiffsraum in der Weltschiffahrt zu neutralisieren in der Lage gewesen sind. Tatsächlich sind auch Deutschland, Frankreich, Holland und Italien, also diejenigen Länder, deren Handelsflotten sich seit Kriegsende ganz besonders stark ausgedehnt resp. wieder vergrößert haben, die einzigen europäischen Staaten, die ihre Handelsflotte fast ausschließlich oder zum größten Teil im Eigenverkehr beschäftigen. Die Handelsflotte Norwegens aber verfügt nicht über einen genügend ausgedehnten Eigenhandel, und die britische Flotte unterhält neben diesem einen zu umfangreichen Trampverkehr zwischen auswärtigen Ländern, als daß diese beiden Handelsflotten in der Lage gewesen wären, sich diesen Vergrößerungsbestrebungen als einem Kampfmittel gegen die amerikanische Konkurrenz irgendwie anzuschließen, da für dieselben überhaupt keine Aussicht besteht, daß ihre Tonnage dann noch einigermaßen vollständig in den Verkehr eingesetzt werden könnte.

Der Verlauf dieses Kampfes hat nun gezeigt, daß die europäischen Handelsflotten mit der Verteidigung ihrer Interessen durch eine größtmögliche Ausdehnung ihres Handelsflottenschiffsraums gegen die amerikanische Schiffahrt bisher einen absoluten Erfolg erzielt haben insofern, als die Vereinigten Staaten mit ihrem Schiffahrtsexperiment, das die Durchführung des amerikanischen Seeverkehrs mittels einer eigenen Handelsflotte zum Ziele gehabt hat, und das bei dem außerordentlichen Umfang des Außenhandels der Union theoretisch sehr wohl möglich gewesen wäre, vorderhand einen vollständigen Zusammenbruch erlitten haben (33, 36, 37). Trotz ihres mächtigen Einflusses auf den Welthandel, trotz der bewundernswerten Initiative der amerikanischen Schiffahrtsunternehmen, ihr vorgestecktes Ziel selbst unter größten Opfern zur Durchführung gelangen zu lassen, trotz der unerhörtesten staatlichen Subventionsunterstützungen konnten die Vereinigten Staaten es dennoch nicht verhindern, daß der Verkehr seit 1921 allmählich wieder immer mehr auf die europäische Schiffahrt zurückgegriffen hat.

So ist also das eine Ergebnis der Entwicklung dieses gewaltigen Konkurrenzkampfes, daß das gewaltige Schiffahrtsunternehmen der Vereinigten Staaten an der Unmöglichkeit, ihre neugeschaffene Riesenflotte reibungslos in das Gefüge der Weltschiffahrt einzuordnen, vorläufig gescheitert ist. Das zweite Ergebnis aber ist der Umstand, daß auch die europäischen Handelsflotten in ihrer überwiegenden Mehrzahl unter den Folgen dieses verheerenden Kampfes schwer zu leiden gehabt haben[1], da unter der Auswirkung der fortdauernden Bautätigkeit der immer größer und umfangreicher werdende Tonnageüberfluß

---

[1] Vgl. „Wirtschaftsdienst", Jahrg. 1925, S. 619.

der Welthandelsflotte beide Teile betroffen hat. Auch die Schiffahrtsländer Europas haben sich, wie bereits betont worden ist, gezwungen gesehen, in immer stärkerem Umfange neben der amerikanischen Schiffahrt ihre Schiffe aufzulegen, um einen vollständigen Zusammenbruch der Frachtraten zu verhindern. Allerdings zeigt die nachstehende Tabelle 16, daß die amerikanische Tonnage im Vergleich zu den einzelnen europäischen Handelsflotten weitaus am meisten unter der Beschäftigungslosigkeit zu leiden gehabt hat. Sie zeigt auch zahlenmäßig das vollkommene Fiasko der amerikanischen Handelsflotte nach ihrer plötzlichen mächtigen Entfaltung. Aber gleichzeitig erhellen die Zahlen der Tabelle scharf die unhaltbare Lage, in die sich die ganze Weltschiffahrt durch diese gegenseitigen Übertrumpfungsversuche und durch ihre Befehdungen bis zum letzten Einsatz der Kräfte gebracht hat. Die Auswirkungen dieser Verhältnisse sind im wahrsten Sinne verheerend gewesen.

Tabelle 16:
Die seit dem 1. Januar 1922 aufliegende Tonnage der einzelnen Länder.
Zusammengestellt nach verschiedenen Quellen[1].
(Angaben in 1000 Tonnen Brutto.)

	1.1.22	1.7.22	1.1.23	1.7.23	1.1.24	1.7.24	1.1.25
Großbritannien	1961	1667	1010	1064	909	700	705
Frankreich	1085	1200	730	725	450	317	311
Italien	585	585	472	559	427	252	225
Spanien	530	530	520	241	128	98	60
Holland	327	330	330	250	235	129	65
Norwegen	207	112	53	78	50	23	25
Schweden	204	114	22	—	—	—	20
Dänemark	161	33	17	7	13	—	—
Japan	120	79	99	36	29	29	25
zusammen[2]	5625	5016	3800	3470	2610	1860	1755
Vereinigte Staaten ..	5309	4724	5328	4575	4273	4265	4223
Total:	10 934	9740	9128	8045	6883	6125	5978

Besonders kennzeichnend ist an der vorstehenden Tabelle, daß die aufliegende Tonnage zu Beginn des Jahres 1922 in Höhe von fast 11 Millionen Tonnen angenähert genau der Vermehrung der amerikanischen Flotte bis 1922 entspricht. Das bedeutet also, daß die Welthandelstonnage auch dann den Anforderungen des Weltverkehrs noch völlig gewachsen gewesen wäre, wenn der amerikanische Flottenausbau ganz unterblieben wäre. Auch unterstreicht die Tabelle nochmals die Schwierigkeiten der britischen Schiffahrt, die trotz ihrer geringen Ausdehnung in den Nachkriegsjahren noch einen so großen Teil ihrer Tonnage auflegen mußte. Auch die Beschäftigungslosigkeit in der französischen Handelsflotte ist Anfang 1922 ganz außerordentlich groß gewesen, da ungefähr ⅓ der Gesamttonnage zu der Zeit außer Fahrt gesetzt werden mußte; doch hat

---

[1] Angaben vom 1. 1. 22 bis 1. 7. 24 nach dem „Fairplay", diejenigen für den 1. 1. 25 aus „Wirtschaftsdienst".
[2] Einschließlich aller übrigen Länder.

sich dieses Verhältnis in den folgenden Jahren wieder auf nur weniger als $^1/_{10}$ gebessert. Die aufliegende Tonnage der 3 nordischen Staaten ist nur im Jahre 1922 von größerem Umfang gewesen; bis 1925 konnte nahezu die gesamte Tonnage wieder in Dienst gestellt werden. Bei diesen hohen Ziffern der überzähligen Tonnage ist die bereits erwähnte Tatsache, daß die deutsche Handelsflotte jegliche Außerdienststellung ihres Schiffsraums vermeiden konnte, von ganz besonders bemerkenswerter Bedeutung; dieselbe wird auch nicht dadurch geschmälert, daß die deutsche Schiffahrt natürlich immerhin mit einem recht erheblichen, sehr ernsten Frachtenmangel zu kämpfen gehabt hat (11).

Die gewaltsame Ausdehnung der Handelstonnage der einzelnen Länder ist eine der besonders hervorstechenden, charakteristischen Erscheinungen in der Entwicklung der Seeschiffahrt, insbesondere auch des nordatlantischen Schiffsverkehrs, in den Nachkriegsjahren. Sie ist überhaupt nur dadurch möglich gewesen, daß nahezu alle bedeutenden seefahrenden Nationen, mit alleiniger Ausnahme von Deutschland, ihre Schiffahrt durch direkte oder indirekte Subventionen in großzügigster Weise unterstützt haben, und daß die Schiffahrt vieler Länder zudem während der Kriegsjahre so außerordentlich gewinnbringend gearbeitet hat, daß sie längere Zeit ihre Handelsflotte von diesen Überschüssen stützen konnte. So zeigt die ganze Entwicklung der Schiffahrt nach dem Kriege, hauptsächlich aber diejenige der Vereinigten Staaten, ihre weitgehende Unabhängigkeit von allgemein normalen, wirtschaftlichen Verhältnissen, doch beweist sie gleichzeitig, daß die Schiffahrt sich nicht, ohne Schaden zu nehmen, allzuweit von den Geboten wirtschaftlicher Einsicht auf die Dauer entfernen kann.

Der erste Anstoß zu dem Ausbau der amerikanischen Handelsflotte ist allerdings vollkommen aus wirtschaftlich triftigen Gründen erfolgt. Die Kriegsjahre sind für die amerikanische Industrie eine Zeit der Hochkonjunktur gewesen. Als Hauptlieferanten der Kriegsgegner des Deutschen Reiches hat die amerikanische Wirtschaft einen ganz außerordentlichen Bedarf an Schiffsraum für den Güterverkehr über den Nordatlantik gehabt. Als dann der deutsche Unterseebootkrieg unter den Handelsflotten der alliierten Mächte immer ausgedehntere Verluste hervorgerufen hat, hat sich die amerikanische Kriegsindustrie allmählich einer so ernsten Schiffsraumnot gegenübergesehen, daß die Vereinigten Staaten eine Erweiterung der Handelsflotte auf Staatskosten im Jahre 1917 beschlossen haben, zumal sie in diesem Jahre selbst handelnd in die Kriegsereignisse eingegriffen haben[1]. Zu diesem Zwecke mußten nun eine große Zahl neuer Werften gebaut werden, da die seinerzeit vorhandenen nicht annähernd in der Lage gewesen sind, einen ebenso schnellen, wie umfangreichen Ausbau der Flotte herbeizuführen. Diese Vermehrung der Werften in der Kriegszeit geht aus der Zusammenstellung der Tabelle 17 (S. 41) hervor.

Diese außergewöhnliche Vermehrung der Werften in den Jahren 1917/18 ist unbedingt notwendig gewesen, wenn die Durchführung des umfangreichen Neubauprogramms der Vereinigten Staaten in jenen beiden Kriegsjahren, das für Deutschlands Gegner damals von ganz ungeheurer, entscheidender Wichtigkeit gewesen ist, noch zur rechten Zeit erfolgen sollte. Sie ist aber wohl zugleich letzte Ursache dafür gewesen, daß das amerikanische Schiffbauprogramm nach dem Kriege noch in so ausgedehntem Maße fortgesetzt worden ist, denn es ist

---

[1] Vgl. Archivalien des Kieler Instituts, Mappe ee IV c 8.

Tabelle 17:
Die Vermehrung der amerikanischen Werften in der Zeit von 1914—1918.
Übernommen aus dem Hamburger Korrespondenten[1].

Jahre	Werften	Helgen
1914	61	234
1918	223	1100

lediglich eine Zweifelsfrage, ob die Amerikaner das große, in den vielen neuen Werften investierte Kapital brachliegen lassen oder dasselbe durch weitere Neubautenaufträge ausnutzen sollten. Die letztere, und dann auch zur Ausführung gekommene Lösung des unüberwindbar schwierigen Problems ist für die Amerikaner nun zwar mindestens ebenso verlustbringend geworden, als wenn sie den Ausbau unterlassen hätten, aber sie sind dafür auch im Besitze einer mächtigen Handelsflotte, die sich nach Überwindung der ersten schwierigen Jahre sicherlich zu einem weiteren Machtfaktor des amerikanischen Wirtschaftslebens entwickeln wird.

Der **britischen** Schiffahrt hat, wie bereits erwähnt, jeder Beweggrund gefehlt, ihre Handelstonnage in ähnlichem Umfange zu erweitern. Die Trampschiffahrt Großbritanniens hat vor dem Kriege eine Tonnage von ca. 60 % der Gesamtflotte, das sind ungefähr 11—12 Millionen Tonnen, umfaßt (34 und 48). In den Nachkriegsjahren aber hat die englische Schiffahrt den Verkehr mit einer gleich hohen Tonnage wie in der Vorkriegszeit überhaupt nur durch eine umfangreiche Umstellung auf den Liniendienst aufrechterhalten können, so daß die führende Stellung der britischen Handelsflotte in der Trampschiffahrt, die vor dem Kriege ihre besondere Stärke gewesen ist, eine sehr schwere Einbuße erlitten hat, und zwar ganz besonders im nordatlantischen Schiffsverkehr. Die britische Schiffahrt hat nach dem Kriege selbst die auf 7—8 Millionen Tonnen verminderte Tramptonnage[2] nicht mehr voll beschäftigen können. Eine übermäßige Ausbreitung des Liniendienstes aber, der mit einem Tonnageumfang von ca. 13 Millionen Tonnen in den letzten Jahren schon einen ganz außerordentlich hohen Wert erreicht hat, findet auch einmal ihre natürliche Begrenzung in der Beschränkung der Anzahl regelmäßiger Schiffsverbindungen. Ihre Lage hat sich aber bereits wieder wesentlich gebessert, da sich die aufliegende Tonnage der britischen Flotte nach Tabelle 16 (S. 39) bis 1925 stetig verringert hat, so daß in diesem Jahr nur noch ca. 4 % des Gesamtschiffsraums aus dem Verkehr gezogen gewesen sind, gegen mehr als 9 % im Jahre 1922. Bei solchen Verhältnissen ist es jedoch erklärlich, daß sich die britische Handelstonnage seit 1921 wieder um fast 800 000 Tonnen verringert hat. Dieser Rückgang beweist überdies, daß die Verminderung der aufliegenden britischen Tonnage nicht auf eine allgemeine Besserung der Weltschiffahrtslage zurückzuführen ist, sondern daß dieselbe zum großen Teil von der englischen Schiffahrt kurzerhand in irgendeiner Form abgestoßen ist. Diese Maßnahme der führenden Schiffahrtsnation zeigt die Einsicht der britischen Reederkreise, daß binnen kurzem mit einer grundlegenden Änderung der bestehenden traurigen Verhältnisse in der Schiffahrt nicht zu rechnen sein wird.

---

[1] Vgl. Nr. 462, vom 23. 9. 1920.
[2] Vgl. „Wirtschaftsdienst", Jahrg. 1925, Nr. 34, S. 1298.

Die Tonnageverringerung der Handelsflotten anderer Länder seit 1922 entspricht den gleichen Beweggründen, wie sie für die britische Schiffahrt maßgebend gewesen sind. Die amerikanische Flotte hat seit 1922 wieder einen Schiffsraum von über 1,1 Millionen Tonnen abgewrackt, die norwegische und italienische Flotte ca. 200 000 Tonnen (vgl. Tab. 2, S. 17). Den Vorteil dieser Rückgänge, die für die genannten 5 Länder allein schon ca. 2,6 Millionen Tonnen betragen, haben naturgemäß die beiden Handelsflotten gehabt, die sich ungeachtet dieser Schwierigkeiten in allen Nachkriegsjahren stetig vergrößert haben, also die deutsche und japanische Handelsflotte, deren Lage sich mit jeder Verminderung der überzähligen Schiffsräume leichter gestalten mußte.

Unter allen europäischen Handelsflotten ist die n o r w e g i s c h e Schiffahrt am meisten durch die ungesunden Verhältnisse in der Weltschiffahrt benachteiligt gewesen, denn ihr Schwerpunkt beruht bei einem nur geringen Eigenverkehr überwiegend auf der Trampschiffahrt[1]. Da aber der Weltverkehr den Trampreedereien in der Nachkriegszeit nur überaus geringe Gewinnmöglichkeiten geboten hat[2], ist die langsame, anderen Ländern nachstehende Entwicklung der norwegischen Handelsflotte vollkommen verständlich. Diese feine Anpassung der norwegischen Schiffahrt an die jeweiligen Zeitverhältnisse kommt auch fernerhin darin zum Ausdruck, daß sie, sobald sich die Weltschiffahrtslage in den Jahren 1924/25 wieder etwas gebessert hat, auch sofort wieder mit einem umfangreichen Neubautenprogramm auf den Plan getreten ist.

Die f r a n z ö s i s c h e Schiffahrt mußte den mit dem Jahre 1919 wiedereinsetzenden Friedensverkehr mit einer durch die Kriegsereignisse stark dezimierten Handelstonnage wieder aufnehmen, welche zu dem durch die industrielle Entwicklung und den wirtschaftlichen Wiederaufbau stark vermehrten Außenhandel Frankreichs in großem Mißverhältnis gestanden hat. Einen Teil der Kriegsverluste konnte die französische Schiffahrt allerdings wieder durch den abgelieferten deutschen Schiffsraum ausgleichen, doch ist noch eine weitere umfangreiche Vermehrung der Handelstonnage notwendig gewesen, um den Aufschwung des französischen Überseeverkehrs bewältigen zu können. Mit dieser Vergrößerung der Handelsflotte hat Frankreich einen ausgedehnten Liniendienst ausgebaut, um neben einem engeren Zusammenschluß des französischen Kolonialreiches mit dem Mutterlande namentlich auch im Gebiete des Nordatlantik eine Festigung der französischen Wirtschaftsinteressen in Nordamerika zu erzielen (42). Die anfänglich vorhandene Notwendigkeit der Flottenvergrößerung ist dann jedoch in den folgenden Jahren von der französischen Schiffahrt derart übertrieben worden, nicht zuletzt infolge der wirtschaftlich sinnlosen Subventionspolitik des französischen Staates, daß die Handelsflotte bereits 1922 trotz der ganz erheblichen Ausdehnung des französischen Außenhandels zu 30 % wieder aufgelegt werden mußte. Erst allmählich in den letzten Berichtsjahren konnte die umfangreiche Tonnage, nachdem ein Dampferschiffsraum von über 250 000 Tonnen wieder veräußert werden mußte, zu ca. 90 % in den Verkehr eingestellt werden.

Die h o l l ä n d i s c h e Schiffahrt, die in den Kriegsjahren als neutrale Organisation ganz außerordentlich gewinnbringend gearbeitet hat, ist nach dem Kriege, gestützt auf ihre Kapitalkraft, um eine ausgedehnte Ausbreitung

---
[1] Nach der „Nautical Gazette", Jahrg. 1924, vom 23. September.
[2] Vgl. „Berliner Börsenzeitung", Nr. 375, Jahrg. 1925, nach Angaben des „Economist".

ihrer Seegeltung bemüht gewesen, wie auch um deren Verteidigung gegen die mächtige Konkurrenz der amerikanischen Schiffahrt. Ihre Basis ist namentlich der Verkehr mit den wertvollen niederländischen Kolonien und die immer günstigere Entwicklung des holländischen Transithandels mit dem rheinisch-westfälischen Industriegebiet, so daß sich die Vergrößerung der Handelsflotte durch eine gesteigerte Beschäftigung im Eigenverkehr auswirken konnte, ohne allerdings eine zeitweise, nicht unbeträchtliche Außerdienststellung der Handelstonnage vermeiden zu können.

Auf die Entwicklungsursachen der italienischen Schiffahrt ist teilweise bereits hingewiesen worden. Ihre Vergrößerung ist im wesentlichen auf die Übernahme ehemals österreichischer und deutscher Handelstonnage zurückzuführen, doch hat sie sich auch in den folgenden Jahren noch unter Aufwendung ganz erheblicher Unterstützungen seitens des Staates auf recht gewaltsamem Wege weiter ausgedehnt. Die Erweiterung der italienischen Handelstonnage ist jedoch auch durch eine gleichzeitige, bemerkenswerte Entwicklung der heimischen Industrie sehr begünstigt worden, umso mehr, als bei der Kohlenarmut Italiens der gesteigerte Kohlenbedarf des Landes einen erheblichen Prozentsatz der gesamten Tonnage zu beschäftigen vermag. Da aber die Kohle zum größten Teil aus England eingeführt wird, so ist es eine Frage, inwieweit die italienische Schiffahrt sich gegen die übermächtige britische Konkurrenz behaupten kann. Die außerordentliche Höhe der 1922 aufgelegten italienischen Tonnage läßt zum mindesten darauf schließen, daß sie in dieser Zeit noch in dem Verkehr auf dieser wichtigsten italienischen Frachtroute gegen die britische Schiffahrt einen sehr schweren Stand gehabt hat.

Die außerordentliche Ausdehnung der japanischen Handelsflotte, deren Betätigungsgebiet nach dem Kriege, wie schon erwähnt, in erheblichem Umfange auf den Nordatlantik übergegriffen hat, bedeutet einen weiteren Schritt in der zunehmenden Industrialisierung und wirtschaftlichen Expansion des ostasiatischen Reiches. Die Gelegenheit, die der Weltkrieg der japanischen Schiffahrt geboten hat, um mühelos ihre Handelstonnage zu vergrößern[1], ist von derselben auch in weitestem Ausmaße ausgenutzt worden. Seither liegt nicht allein der ostasiatische Verkehr überwiegend in den Händen der japanischen Schiffahrt, sondern auch in die europäischen Verkehrsverbindungen ist die japanische Flagge mit wachsendem Erfolge eingedrungen, so daß sie in den nordatlantischen europäischen Welthäfen, in denen sie vor dem Kriege noch vollkommen unbekannt gewesen, seit Kriegsende häufig vertreten ist (21, 127 u. 128). Ursache der japanischen Flottenvergrößerung sind demnach hauptsächlich die zielbewußten Ausdehnungsbestrebungen des sich immer stärker europäisierenden asiatischen Weltreiches, die sich zwar namentlich auf das Gebiet Ostasiens und des Stillen Ozeans erstrecken, gleichzeitig jedoch auch Anschluß suchen an das große nordatlantische Verkehrs- und Wirtschaftsgebiet.

Zuletzt sind noch die Veränderungsursachen in der deutschen Handelsflotte zu betrachten. Wirtschaftlichen Ursprungs sind lediglich die Bestrebungen der deutschen Schiffahrt, ihre Handelstonnage nach der Enteignung wieder neu erstehen zu lassen. In den ersten Nachkriegsjahren ist der Neuaufbau auf Grund des Reichsentschädigungsgesetzes erfolgt, nach dem die deutschen Schiffahrtsunternehmen bei Annahme des Reedereiabfindungsvertrages verpflichtet gewesen sind, für die vom Reich zur Verfügung gestellte

---

[1] Vgl. „Werft, Reederei, Hafen", Jahrg. 1921, S. 156.

Bausumme eine Tonnage von ca. 2,5 Millionen Tonnen wieder aufzubauen (23). Diese staatliche Entschädigung hat natürlich mit irgendeiner Art von Subvention nicht das Geringste gemein. Da die abgelieferte deutsche Handelstonnage dem Reich auf Reparationskonto gutgeschrieben worden ist, so ist es nichts als eine Pflicht des Staates gewesen, der Schiffahrt die enteignete Flotte im Gegenwert zurückzuerstatten. Mit Hilfe des derart zum Teil wiedererlangten Schiffsraums sind die deutschen Reedereien, und ganz besonders die großen Schiffahrtsgesellschaften, schon bald wieder in der Lage gewesen, darüber hinaus aus eigener Kraft den Flottenaufbau weiterzuführen, trotzdem die mannigfaltigsten, ernstesten Hemmnisse entgegengestanden sind. In den ersten Nachkriegsjahren ist der deutschen Schiffahrt die Konkurrenz der ausländischen Handelsflotten übermächtig gewesen, da es denselben nur zu leicht gewesen ist, die deutschen Verkehrslinien nach Kriegsende an sich zu reißen. In der Folgezeit haben sich dann die Schwierigkeiten noch vermehrt durch die verheerende Depression der Weltverkehrslage, die durch den großen Tonnageüberfluß hervorgerufen worden ist, und die zeitlich ungefähr mit den Hauptbaujahren des Wiederaufbaus der deutschen Flotte zusammengefallen ist, sowie auch durch die mangelnde Unterstützung der deutschen Schiffahrt seitens des Reiches, das außer dem Reedereiabfindungsvertrag kaum weitere Schritte zur Hebung der Schiffahrt unternommen hat. Endlich ist der Schiffahrt durch den Weltkrieg und dessen Folgen ihre ganze Kapitalkraft verloren gegangen, deren Wiedererringung noch überdies durch die rigorose Steuerpolitik des Reiches verhindert worden ist (11). Der Rückgang des deutschen Außenhandels infolge des Niederganges der Wirtschaft des Deutschen Reiches endlich hat die Hindernisse für den Wiederaufstieg der deutschen Schiffahrt vervollständigt. Dennoch haben alle diese Hemmnisse, wie bereits gezeigt werden konnte, nicht im geringsten zu einem Auflegen von Schiffsraum geführt; sie haben lediglich die Entwicklung des Ladungsverhältnisses, d. h. der Tonnagebilanz der Schiffe, beeinflußen können, unter dem der Wert:

Ladungsmenge (in Tonnen)

Nettoraumgehalt (in Netto-Register-Tonnen)

verstanden wird, und der sich in der Zeit von 1913 bis 1925 wie folgt verändert hat (vgl. Tab. 18).

Tabelle 18:
Die Entwicklung des Ladungsverhältnisses in der Zeit von 1913—1925.
Zusammengestellt nach der Zeitschrift „Wirtschaft und Statistik"[1].
(Angaben nach obigem Verhältniswert.)

Verkehrsrichtung	1913	1921	1922	1923	1924	1925
Ankommender Verkehr	1,45	1,02	1,23	1,24	1,05	0,87
Abgehender Verkehr	1,03	0,61	0,62	0,63	0,68	0,55

Diese Ziffern zeigen deutlich den Einfluß des Schiffsraumüberflußes in der Nachkriegszeit auf den deutschen Seeverkehr, wie auch den bedeutenden Rück-

[1] Vgl. „Wirtschaft und Statistik", Jahrg. 1925, S. 125.

gang des Warenhandels des Deutschen Reiches, da in dem Zeitraum von 1913 bis 1925 einer Verschlechterung des Ladungsverhältnisses von rund 40—45 % nur eine Erhöhung der Verkehrsfrequenz von höchstens durchschnittlich 10 bis 15 % entgegensteht.

2. Die Veränderungen der Handelsflotten auf Grund politischer Maßnahmen.

Der vernichtende Rückgang des deutschen Handelsschiffsraums nach Kriegsende bis auf einen gänzlich unbedeutenden Rest der einst so blühenden Flotte ist bekanntlich 'ausschließlich durch politische Triebkräfte veranlaßt worden, ebenso wie die Einfügung der österreichischen Handelsflotte in die italienische Schiffahrt und die Vergrößerung mehrerer Flotten auf Grund der abgetretenen deutschen Tonnage rein politische Momente darstellen. Die Folgen der Versailler Vertragsbestimmungen auf den Bestand der deutschen Handelsflotte kommen klar in der Tabelle 2 (S. 7) zum Ausdruck. Die Übernahme des deutschen Schiffsraums durch die Kriegsgegner des Deutschen Reiches gliedert sich zeitlich in zwei Abschnitte: der erste, kleinere Teil der deutschen Flotte ist bereits bei Kriegsbeginn und während des Krieges durch die Beschlagnahme der Schiffe, die in feindlichen Häfen lagen, in den Besitz der alliierten Mächte gelangt; die übrige, während des Kriegs in den Heimathäfen liegende deutsche Handelstonnage ist nach Kriegsende auf Grund des Friedensvertrages abgeliefert worden. Die Höhe des während der Kriegsjahre annektierten und versenkten deutschen Schiffsraums läßt die nachstehende Tabelle 19 erkennen.

Tabelle 19:
Der in feindlichen Häfen während des Krieges beschlagnahmte deutsche Schiffsraum.
Zusammengestellt nach Schiffahrtsjahrbuch 1920.

Verein. Staaten	623 800 Tonnen
Großbritannien und Kolonien	381 000 Tonnen
Brasilien	235 200 Tonnen
Italien	155 000 Tonnen
Frankreich	36 000 Tonnen
Portugal	242 000 Tonnen
Rußland	127 000 Tonnen
Übrige Länder und Versenkungen	447 000 Tonnen
	2 247 000 Tonnen.

Die in Deutschland nach dem Kriege noch verbliebene Tonnage von insgesamt 2 883 200 Tonnen ist namentlich unter Großbritannien, Frankreich, Italien und Belgien aufgeteilt worden. Der britischen Schiffahrt ist entsprechend ihrer riesigen Kriegsverluste der Hauptanteil mit einer Tonnage von 1 933 300 Tonnen zugefallen, Frankreich hat einen Schiffsraum von 540 000 Tonnen und Italien einen solchen von 236 900 Tonnen aus dem deutschen Schiffsbestand erhalten.

Die in englischen Besitz gelangte Tonnage ist in kürzester Zeit durch eine aufsehenerregende Verauktionierung in Privatbesitz übergeführt. Nach anfänglichem Versuch, zu dieser Versteigerung nur britische Käufer zuzulassen, mußte jedoch auch sehr bald ausländischen Unternehmen der Zutritt gestattet werden, da die Tonnage bei ihrem großen Umfang geradezu eine Gefahr für die Aufrechterhaltung der Ratenhöhe der britischen Schiffsräume zu werden drohte. Damit hat sich auch der deutschen Schiffahrt die Gelegenheit geboten, einen Teil ihrer eigenen Flotte, im ganzen 491 567 Tonnen[1], wieder zurückzukaufen.

Frankreich ist zudem noch in der Ausnutzung seiner politischen Machtstellung gegenüber dem Deutschen Reich nach dem Kriege so weit gegangen, daß es, um seine stark vergrößerte Handelsflotte wenigstens vor der Konkurrenz der wiederaufblühenden deutschen Schiffahrt sicherzustellen, derselben noch bis 1923 das Anlaufen französischer Häfen untersagt hat. In Anbetracht dessen, daß die deutsche Handelsflotte vor dem Kriege in größerem Umfange am französischen Verkehr beteiligt gewesen ist, hat diese politische Maßnahme in den Jahren 1922/23, als die deutsche Flotte wieder konkurrenzfähig geworden ist, auf den Beschäftigungsgrad der französischen Schiffahrt einen nicht unwesentlichen Einfluß gehabt.

Italien ist durch die Erwerbung der österreichischen Adriaküste ohne weiteres in den Besitz ungefähr der ganzen Handelsflotte der ehemaligen Donaumonarchie gelangt, da dieselbe fast vollständig in den beiden Haupthäfen Triest und Fiume beheimatet ist, die beide unter italienische Staatszugehörigkeit gekommen sind.

3. Veränderungen der Flottenbestände auf Grund der Verschiebungen der Wirtschaftlichkeit der Schiffsarten.

So ist schon die allgemeine Lage der Schiffahrt im Nordatlantik, wie überhaupt in der ganzen Welt, in den Jahren nach dem Kriege durch Verschiebungen wirtschaftlicher und politischer Faktoren eine ungewöhnlich verworrene und schwierige gewesen. Die in dieser Zeit durch technische Neuerungen herbeigeführten Umwälzungen der Wirtschaftlichkeit der einzelnen Schiffstypen haben aber diese Lage teilweise noch viel komplizierter gestaltet. Trotzdem der moderne Schiffbau in seiner Nachkriegsentwicklung ganz erheblich billiger und rationeller arbeitende Verkehrsmittel geschaffen hat, die sehr wesentlich zur Entlastung der darniederliegenden Schiffahrt beigetragen haben, ist die Qualität des Schiffsmaterials durch diese Verbesserungen wiederum zu unterschiedlich, der Gegensatz von alter und neuer Tonnage zu groß geworden. Um denselben etwas zu mildern, sind vielfach ältere Schiffe umgebaut, d. h. mit modernen, neuwertigen Antriebsmaschinen ausgestattet worden, um so ihre Wirtschaftlichkeit zu steigern. Letzten Endes aber haben die neuzeitlichen, außerordentlich leistungsfähigen Schiffstypen bei dem scharfen Konkurrenzkampf auf dem Frachtenmarkt der veralteten Tonnage das Urteil gesprochen. Dieser Qualitätsunterschied in der Welthandelstonnage ist die Hauptursache gewesen, daß eine so große Tonnagemenge seit Kriegsende zur Verschrottung gekommen ist, oder beschäftigungslos in den Häfen liegt.

Eine Änderung der Wirtschaftlichkeit der verschiedenen Schiffstypen kann natürlich lediglich ihr quantitatives Verhältnis innerhalb der Gesamtflotte beeinflussen, denn dieselbe kann sich ausschließlich bei der Auftragserteilung

---
[1] Vgl. Archivalien des Kieler Instituts, Mappe 500 v 13.

von Neubauten oder bei Umbauten von Schiffen auswirken. Je nach den Anforderungen, die an ein Schiff gestellt werden, fällt die Wahl auf den Schiffstyp, der unter gegebenen Verhältnissen der zweckentsprechendste ist. Das fogende Diagramm 5 (S. 48) läßt in dem Verlauf der jährlichen Neubautenergebnisse sehr treffend die Verwertungsmöglichkeit jeder der drei Schiffsarten erkennen. Dagegen zeigt Diagramm 6 (S. 49) die relativen Veränderungen der Schiffsarten in der Welthandelsflotte.

Aus diesen beiden Kurvenbildern geht die Entwicklungstendenz der 3 Schiffsarten anschaulich hervor. Während die Segelschiffe in den Jahren seit dem Kriege einen ständigen Rückgang ihrer Tonnage aufweisen, sind die Dampfschiffe bis 1923 das überwiegend bevorzugte, wichtigste Verkehrsmittel der Weltschiffahrt, so daß sie auch an der außergewöhnlichen Bautätigkeit der Nachkriegsjahre weitaus den Hauptanteil haben. Zwar entwickelt sich schon in dieser Zeit die Motorschiffsflotte in stetig ansteigender Linie, jedoch noch in Ausmaßen, die im Vergleich zur Dampfertonnage sehr gering sind. Von 1923 ab ändert sich aber dieses beiderseitige Verhältnis grundlegend, und nach dem Diagramm 5 wird es offenbar, daß mit diesem Zeitpunkt die Überlegenheit des Dampfertyps und seine führende Stellung im nordatlantischen Verkehr vom Motorschiff eingeholt worden ist. Die intensive Steigerung der Kurve der Motorschiffsbauten seit 1923 und die gleichzeitige rückläufige Bewegung der Dampfschiffskurve im Diagramm 5 zeigen, daß die Verwendungsmöglichkeit der Motorschiffe von dieser Zeit an ganz erheblich zugenommen haben muß. Woher ist nun diese plötzliche Änderung entstanden, da der Motorschiffstyp doch seit dem Kriege schon bestanden hat?

Es sind 2 Momente zusammengetroffen, um den Wert dieses modernen Verkehrsmittels plötzlich so sehr zu steigern. Wie schon oben angedeutet, ist das Motorschiff als seetüchtiger Schiffstyp erst eine Entstehung der Kriegs- und Nachkriegsjahre. Jede neue Schöpfung der Technik aber hat erst eine gewisse Schwächeperiode zu überwinden, bis sie durch weitere Verbesserungen so vervollkommnet ist, daß sie den Anforderungen praktischen Gebrauchs voll und ganz genügt. Diese Entwicklung ist auch kennzeichnend für den Motorschiffsbau[1]. Erst nach mehrjährigen Versuchen und Erfahrungen ist der zweckentsprechende Schiffsdieselmotor entstanden, der dann in Verbindung mit anderen wesentlichen technischen Neuerungen, wie z. B. dem Vulkan-Flüssigkeitsgetriebe, der Umsteuerbarkeit der Motoren u. a. seit ungefähr 1923 endlich eine wirklich vollkommene Schiffsantriebsmaschine darstellt. Durch diese stetig verbesserte Durchbildung des Motors sind auch gleichzeitig die ihm innewohnenden äußeren und inneren Vorteile, die für einen Ölmotor charakteristisch sind, immer mehr zur praktischen Auswirkung gekommen, nämlich der stark verringerte Raum- und Brennstoffkostenverbrauch. Ist also die Nutzbarmachung dieser absoluten Vorteile des Dieselmotors vor der Kolbenmaschine — die Dampfturbine wird in der Handelsschiffahrt nur ganz vereinzelt in den großen Passagierdampfern verwendet — seit ungefähr 1923 zu einer praktisch befriedigenden Lösung gediehen, so ist der Weg zur freien, dem Verwendungswert der Motorschiffe entsprechenden Entwicklung erst wirklich geebnet worden durch die gleichzeitige Lösung der Schwierigkeit der Brennstoffeinnahme. Die Ölquellen von großer Ergiebigkeit sind auf der Erde nur

---
[1] Vgl. Nr. 14, 15, 16 des Literatur-Verzeichnisses sowie „Nautical Gazette", Abschnitt: technical section.

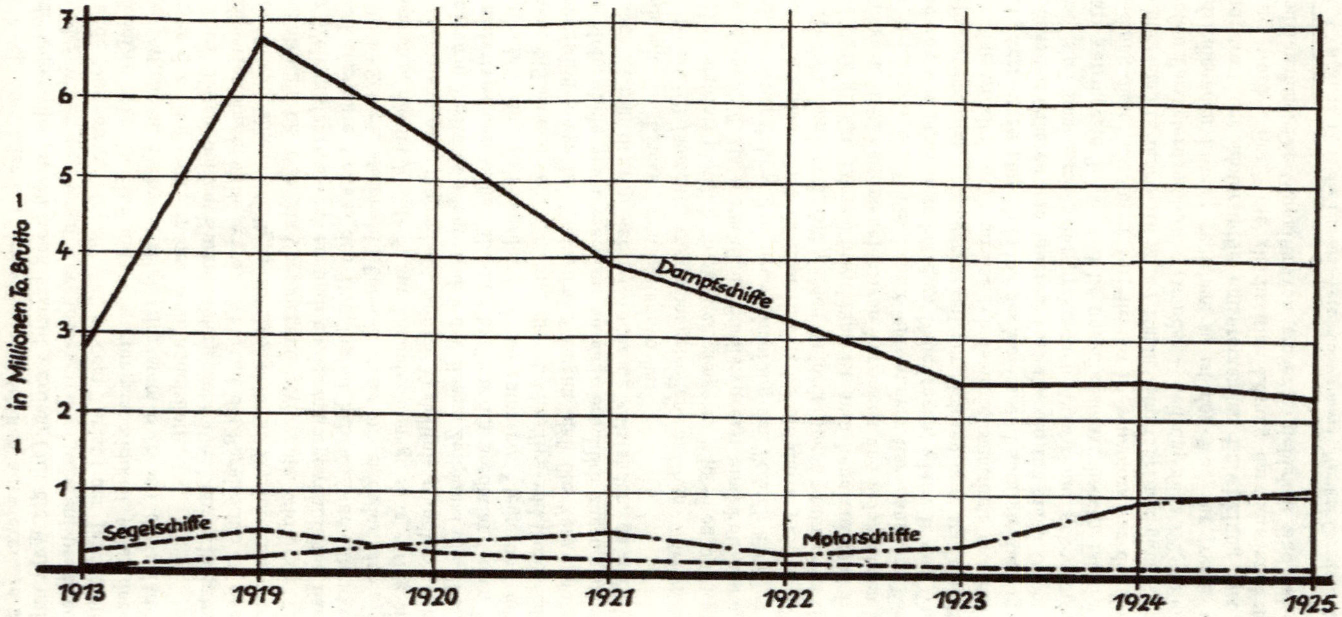

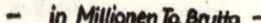

Diagramm 5:
Der Neubautenverlauf der 3 Schiffsarten in der Zeit von 1913—1923.
Aufgezeichnet nach Angaben der Tabellen 3, 7 und 12.

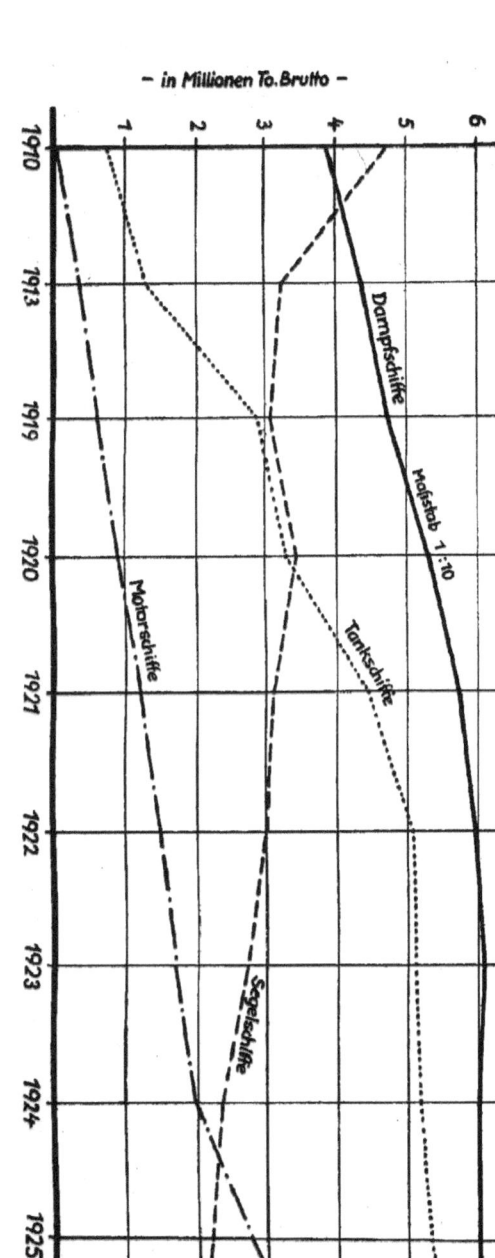

Diagramm 6:
Die Entwicklung der Gesamttonnage der 3 Schiffsarten in der Zeit von 1913—1925.
Aufgezeichnet nach Angaben der Tabellen 2, 6 und 11.

ganz vereinzelt; die wichtigsten sind im Besitze von nur 4 Staaten, nämlich der Vereinigten Staaten, Mexikos, Persiens (Mesopotamiens) und Südrußlands (16). Es ist deshalb erklärlich, daß die amerikanische Schiffahrt als erste in größerem Maße bei Handelsschiffen den Motorenantrieb eingeführt hat, während das ganze verkehrsreiche Nordwesteuropa mit seinen großen Handelsflotten, das ausgesprochen arm an Ölvorkommen, dafür aber umso reicher an Kohle ist, in den ersten Nachkriegsjahren die Dampfschiffe bevorzugt hat, bis auch die europäischen Länder allmählich einen regelmäßigen Betrieb mit Motorschiffen aufnehmen konnten. In allen Ländern sind deshalb an den wichtigsten Knotenpunkten des Verkehrs Ölbunkerstationen angelegt worden, die, besonders soweit sie im Gebiet des Nordatlantik gelegen sind, an Hand von Spezialkarten im einzelnen verfolgt werden können (6, 20). Die Versorgung dieser Tankstellen der Weltschiffahrt geschieht durch die ausgedehnte Tankschiffsflotte (vgl. S. 34 ff.), so daß auch die starke Zunahme dieser Spezialschiffahrt gleichzeitig in dieser Entwicklung ihre Begründung findet. Nachdem diese also im Jahre 1923 nun im wesentlichen als abgeschlossen zu betrachten ist, sind die Grundlagen zu einem außerordentlich erfolgreichen Aufschwung der Motorschiffahrt gegeben.

Wie sich jedoch nun bei den absoluten Vorteilen des Motorenantriebs in wärme- und betriebstechnischer Hinsicht gegenüber der Dampfmaschine das zukünftige Verhältnis dieser beiden Schiffsarten gestalten wird, bleibt noch ziemlich ungewiß. Einmal muß berücksichtigt werden, daß bei der zunehmenden Verwendung von Öl als Betriebsstoff auch die Dampfschiffe in ganz erheblichem Verhältnis mit Ölfeuerungen ausgestattet bzw. umgebaut worden sind, wodurch sich der Vorteil der Motorschiffe in bezug auf Billigkeit des Brennstoffverbrauches beträchtlich verringert. Zweitens werden auch die Dampfmaschinen durch Erhöhung ihres wärmewirtschaftlichen Wirkungsgrades — die technische Entwicklung der Dampfmaschinen ist noch keineswegs als abgeschlossen zu betrachten — noch stets weiterhin verbessert. Vor allem aber bleibt die Frage noch offen, inwieweit die Länder, die über große Kohlenlager verfügen, also namentlich die europäischen Staaten, die Kohle trotz mancher Nachteile auch in Zukunft noch als Betriebsstoff in der Schiffahrt benutzen wollen, denn es ist jetzt noch nicht abzusehen, wie sich bei der zunehmenden Ausnutzung der „weißen Kohlen", d. h. der Wasserkraft, sowie der Erdöle als Kraftstoff und der Elektrifizierung der Industrien die zukünftige Preisgestaltung der Bunkerkohle entwickeln wird, zumal, da die Seeschiffahrt einer der wichtigsten Konsumenten der Kohlenproduktion ist. Außerdem besteht die große Gefahr, daß die im Vergleich zur Kohle ganz wesentlich weniger leistungsfähigen Erdölvorkommen bei dem plötzlichen ungeheuer angewachsenen Weltverbrauch in kürzester Zeit erschöpft sind, wenn dieser moderne Kraftstoff nicht auf andere Weise gewonnen werden kann[1]. Unter Berücksichtigung dieser Erwägungen und Zusammenhänge darf wohl angenommen werden, daß beide Schiffstypen als gleichwertige Verkehrsmittel in der Folgezeit nebeneinander bestehen werden; mit Bestimmtheit läßt sich aber diese Entwicklung bei den vielen ungeklärten Faktoren, die in sie hineinspielen, nicht vorhersagen. —

[1] Seit außerdem im Jahre 1926 die aufsehenerregenden und hochbedeutsamen Versuche der „Kohlenverflüssigung" sich als praktisch durchführbar erwiesen haben, erhalten diese Verhältnisse wieder ein ganz neues Gesicht, denn diese Erfindung wird auch für die Schiffahrt von ganz außerordentlicher Bedeutung werden.

Gegenüber der stetigen Verbesserung der Wirtschaftlichkeit der Maschinenschiffe ist die Bedeutung der Segelschiffe, wie gezeigt worden ist, in der heutigen Zeit immer mehr zurückgegangen. Ihr wesentlicher Vorteil gegenüber den Dampf- und Motorschiffen ist der nahezu gänzliche Ausfall der Betriebsstoffkosten. Durch ihre geringere Lebensdauer, die höheren Versicherungsspesen und einen im Verhältnis erhöhten Mannschaftsbedarf sind die Betriebskosten der 3 Schiffsarten im ganzen genommen schon vor dem Kriege völlig ausgeglichen gewesen. Damit fällt der entscheidende Nachteil der Segelschiffe, ihre geringe relative Fahrtgeschwindigkeit und große Abhängigkeit von klimatischen und Witterungsverhältnissen, so ausschlaggebend ins Gewicht, daß ihre Verwendung nur noch für den Transport gewisser Güterarten in Betracht kommt, für die nämlich eine schnelle Beförderung nicht wesentlich ist, sowie für bestimmte feuergefährliche Ladungen. So pflegt der Handel sich z. B. noch bei den Salpetertransporten von Chile nach Europa, bei Getreide- und Bauholzfrachten, bei Sand- und Gesteinsladungen vielfach der Segelschiffe zu bedienen, die jedoch auf ganz bestimmte Routen im Weltverkehr beschränkt sind: neben der Hauptsegelschiffsroute des heutigen Verkehrs, derjenigen zwischen Europa und der Westküste Südamerikas um Kap Horn, existieren eigentlich nur mehr 2 weitere Segelschiffswege, nämlich die Routen zwischen Europa und Australien und Europa-Westindien, die aber somit auch noch immer für den nordatlantischen Verkehr in Betracht kommen. Im übrigen ist die Segelschiffahrt fast vollständig von den Meeren verschwunden.

Aus den genannten betriebswirtschaftlichen Gründen heraus ist die rückgängige Entwicklung der Segelschiffahrt entstanden, wie sie im Diagramm 5 (S. 48) zum Ausdruck gebracht ist. Damit ist das Schicksal dieser alten, auf eine stolze Vergangenheit zurückblickenden Schiffsart im großen ganzen vorgezeichnet, wenn sie sich auch noch eine Zeitlang in begrenztem Umfange in der Weltschiffahrt erhalten wird. Sie werden auf Grund wirtschaftlicher Notwendigkeit immer mehr aus dem Verkehr auf den Weltmeeren verschwinden, da ihre Zeit abgelaufen und das technische Zeitalter mit seinen modernen Schiffstypen ihr übermächtig geworden ist. Ihr Niedergang ist ein äußerer Ausdruck des Wandels der Zeiten. Bis zuletzt aber wird es der Nordatlantik sein, der diese stolzen, schönen Schiffe auf ihren Reisen tragen wird, denn ausschließlich in seinen Häfen sind sie noch heimatberechtigt, und werden sie solange erhalten werden, bis die Zeitereignisse ihre völlige Aufgabe erzwingen werden.

Daß die der Schiffahrt kostenlos unbeschränkt zur Verfügung stehende Naturkraft des Windes von den Segelschiffen nicht soweit ausgenutzt werden kann, um gegen die Maschinenkraft zu bestehen, hat Veranlassung gegeben, um auf neue Mittel zu sinnen, diese billige Schiffsantriebskraft in anderer Form auf ein Schiff einwirken zu lassen, und so ist im Jahre 1925 als Resultat langjähriger wissenschaftlicher Forschungen das Flettnersche Windkraftschiff entstanden, bei dem statt der Segeltakelung zylindrische Rotoren auf Grund eines ärodynamischen Effekts die Kraftübertragung und Vorwärtsbewegung des Schiffes vermitteln (13). Wenn diese interessante, hochbedeutsame Erfindung praktisch so weit verbessert werden kann, daß die nötige Betriebssicherheit und ein gewisses Mindestmaß der Fahrtgeschwindigkeit eingehalten werden kann, so dürfte das Rotorschiff berufen sein, Nachfolger der Segelschiffe zu werden, mit dem es aufs engste verwandt ist. Dann ist es nicht unmöglich, daß der Wind noch einmal in der Seeschiffahrt seine Geltung als Treibkraft der Verkehrsmittel zurückgewinnt. Das Windkraftschiff, ein Produkt wissenschaftlichen Fleißes, ein Beweismittel stetigen Fortschritts unseres erfindungsreichen Zeitalters, ist in jedem Falle eine der bemerkenswertesten Erscheinungen in der für die Seeschiffahrt an Veränderungen so überreichen Zeit der Jahre nach Beendigung des Weltkrieges. —

Die Veränderungen in der Zusammensetzung der verschiedenen Handelsflotten und ihrer Entwicklung seit dem Kriege sind also so überaus mannigfaltig und umfangreich und rein quantitativ genommen so umwälzend in dem Aufbau und der Abwicklung des Schiffsverkehrs im Nordatlantik gewesen, daß es ganz offenbar ist, eine wie einzigartige Einwirkung der Weltkrieg und die Fortschritte der Technik auf denselben gerade in dem Zeitraum von Kriegsbeginn bis zur Gegenwart ausgeübt haben. In der Entwicklung der Welthandelstonnage, des Flaggenanteils an derselben und in den qualitativen Veränderungen der Verkehrsmittel, in allen einzelnen Elementen der Weltschiffahrt sind ganz grundlegende Verschiebungen und Neuerungen seit dem Kriege aufgetreten, die dem nordatlantischen Seeverkehr ein völlig verändertes Gesicht und Gepräge gegeben haben.

Zweiter Teil.

Die Veränderungen der Betriebsarten.

Ebenso wie in der äußeren Struktur sind seit 1913 auch in der Art des Schiffahrtsbetriebes im nordatlantischen Verkehr ganz erhebliche Änderungen eingetreten. Bevor die verschiedenen Betriebsarten, die „Verkehrsorganisation" der Seeschiffahrt, für die einzelnen Handelsflotten betrachtet werden, seien dieselben zuerst im allgemeinen nähert erläutert.

a) Allgemeine Veränderungen der Betriebsarten und ihre Ursachen.

Die Seeschiffahrt gliedert sich einmal ganz allgemein ihrem besitzrechtlichen Charakter nach in die private und die Staatsschiffahrt, andererseits nach der Eigenart ihrer Betriebsweise in die Linien- und Trampschiffahrt. Die Linienschiffahrt unterhält regelmäßige, genau festgelegte Dienste auf ganz bestimmten Schiffsrouten, so daß für den Verkehr schon weit im voraus die Fahrtzeiten eines Liniendampfers feststehen, und derselbe sich also darnach ganz einstellen kann. So ist die Linienschiffahrt eine neuzeitliche Errungenschaft des Seeverkehrs, die sich erst mit der Entwicklung der modernen, schnellaufenden Schiffsarten herausgebildet hat, während die Trampschiffahrt die ursprüngliche, uralte Betriebsart des Seeverkehrs ist, die ihren Schiffsraum nur in freier Fahrt beschäftigt, d.h. an einem beliebigen Ort Ladung für ein beliebiges Reiseziel sucht, lediglich den Gesetzen von Angebot und Nachfrage, dem Verhältnis der Verkehrsgütermenge zu dem vorhandenen Trampschiffahrtsraum in einem bestimmten Verkehrsgebiet folgend. Unter den Liniendampfern wiederum werden ihrem Beförderungszweck entsprechend 3 besondere Typen auseinandergehalten: die reinen Passagierschiffe, die kombinierten Personen- und Frachtschiffe, und die reinen Frachtschiffe, für die auch, weil sie dadurch kurz und treffend gekennzeichnet werden, die englischen Fachausdrücke angeführt sein mögen (34): Express Liners, Combination Liners und Cargo Liners. Diese Bezeichnungen heben in kürzester Weise die besondere Eigenart dieser 3 Schiffstypen hervor. Die erste Schiffsart sind die großen Schnelldampfer, deren riesiger Raumgehalt nahezu ausschließlich zur Unterbringung der Passagiere und für deren Komfort bestimmt ist. Ein Beispiel dieser Schiffe ist der englische Schnelldampfer „Mauretania" der Cunardlinie, der bei einem Gesamtdeplacement von 32 000 Brutto Tonnen nur über einen Frachtladeraum von 1500 Netto Tonnen verfügt (34). Die zweite Schiffsgattung ist für den Güter- und Personenverkehr zugleich eingerichtet; die ausgesprochenen Passagierschnelldampfer sind bei ihrer Luxusausstattung und den außerordentlichen Betriebsunkosten lediglich für den ausgedehnten Personenverkehr auf den wenigen Hauptrouten des Seeverkehrs verwendbar, die die Welthäfen der Kontinente miteinander verbinden, hauptsächlich also im europäisch-nordamerikanischen, und daneben noch in beschränktem Maße im europäisch-ostasiatischen und -südamerikanischen Verkehr. Auf allen anderen Routen würden diese Schiffe vollkommen unrationell arbeiten, so daß für diese Verkehrswege die kombinierten Schiffstypen die zweckmäßigen Verkehrsmittel sind. Diese sind in den letzten Jahren zudem so vollendet durchgebildet, daß sie selbst im Monopolverkehr der großen Passagierschnelldampfer, im europäisch-nordamerikanischen Verkehr, mit durchschlagendem Erfolge eingestellt worden sind. So sind sämtliche großen Überseedampfer der deutschen Nachkriegsflotte, besonders typisch ausgeprägt bei der Deutschland-Klasse der Hamburg-Amerika-Linie, als sogenannte „Combination Liners" gebaut worden. Die dritte Sonderart unter den Liniendampfern, die „Cargo Liners", befördern, wie der Name schon sagt, ausschließlich Frachten, halten aber natürlich ebenfalls einen genau festgelegten, regelmäßigen Fahrtdienst inne auf stets der gleichen Verkehrsroute.

Zwischen dem seegängigen Güterverkehr und den beiden Arten des Schiffsbetriebes, also der Linien- und Trampschiffahrt, bestehen gewisse Zusammenhänge. Ihrer spezifischen Eigenart zufolge können sich die beiden Betriebsarten nämlich nur in ganz bestimmten Grenzen in ernstem Konkurrenzkampf berühren. Die Liniendampfer eignen sich neben ihrer ausgesprochenen Monopolstellung im Personenverkehr infolge ihrer regelmäßigen, periodischen Fahrten nur zur Verschiffung ganz bestimmter Warengruppen, deren Transport sich nach der festgesetzten Fahrtzeit, also nach dem Ladeschluß des Dampfers, richten kann, oder für welche die Schnelligkeit der Beförderung von wesentlicher Bedeutung ist. Für andere Güterarten jedoch, vor allem sämtliche auf Termin oder auf Order gehandelten Waren, wie Baumwolle, Getreide u. a., für die zu jeder Zeit und nach jedem Platz eine bedeutende Schiffsräumte verfügbar sein muß, ist ausschließlich der Trampverkehr zu benutzen, ebenso auch für die Verschiffung von Kohle, die wegen ihres täglichen Bedarfs in allen Teilen der Welt nur durch die frei zur Verfügung stehende Tramptonnage bewältigt werden kann. Auf so ausgedehnte Sondergebiete im Warenverkehr fußend, hat die Trampschiffahrt namentlich seit dem Ausbau des Weltkabelnetzes und der drahtlosen Telegraphie, die den Terminhandel überhaupt erst ermöglicht haben, einen ganz außerordentlichen Aufschwung bis zur Zeit des Ausbruchs des Weltkrieges erfahren (8, 34, 47, 48).

Nur außerhalb dieser beiderseitigen Interessensphären sind Veränderungen zugunsten der einen oder anderen Betriebsart möglich. In dem Wettkampf um diesen strittigen Teil des Weltverkehrs ist die allgemeine Weltschiffahrtslage selber von entscheidender Bedeutung. Durch die bereits erwähnte Vervollkommnung der Kommunikationsmittel, wie der drahtlosen und der Kabeltelegraphie, hat die Trampschiffahrt vor dem Kriege im Warenverkehr den überragenden Platz eingenommen. Nach dem Kriege aber haben sich die Verhältnisse grundlegend geändert. In der nachstehenden Tabelle 20 sind die angenäherten Verhältniswerte der beiden Betriebsarten für die verschiedenen Staaten zusammengestellt. Dieselben geben zwar nur ein sehr rohes Bild über die gegenseitigen Verschiebungen seit dem Kriege, doch läßt sich das genaue Verhältnis überhaupt nicht bestimmen, da bei den kleinen Schiffahrtsunternehmen der Charakter einer Tramp- oder Linienreederei gar nicht festzustellen ist, außerdem die großen Liniengesellschaften vielfach einige Schiffe auch im Trampdienst arbeiten lassen. Aber dennoch gehen die typischen Veränderungen zugunsten der Linienschiffahrt klar aus der Tabelle 20 hervor.

Tabelle 20:

Anteil der Tramp- und Linientonnage an der Gesamthandelsflotte der einzelnen Länder in Prozent nach dem Stande der Jahre 1913 und 1924.

Geschätzt auf Grund der Tonnage der bedeutenden Schiffahrtsgesellschaften der einzelnen Länder[1].

	1913		1924	
	Linien-schiffahrt	Tramp-schiffahrt	Linien-schiffahrt	Tramp-schiffahrt
Großbritannien	40	60	65	35
Deutschland	88	12	80	20
Verein. Staaten	20	80	75[4]	25[4]
Frankreich	35	45	50	50
Norwegen[2]	10	90	25	75
Schweden	15	85	30	70
Holland	80	20	85	15
Spanien	25	75	35	65
Italien[3]	35	65	50	50
Japan	45	55	55	45
Dänemark	30	70	40	60
Weltflotte:	36	64	72	28

Ein genaueres und zutreffenderes Bild über diese Entwicklung und ganz besonders über die außerordentliche Ausbreitung der Linienschiffahrt seit dem Kriege ergibt eine Untersuchung des amerikanischen Schiffahrtskommissars aus dem Jahre 1922, der für die Hauptrouten des Seeverkehrs, die alle im Bereich des Nordatlantik liegen, den Anteil der Linienschiffahrt ermittelt hat. Darnach gestaltete sich in diesem Jahre das Verhältnis zwischen Linien- und Tramptonnage auf den verschiedenen nordatlantischen Routen wie folgt (Tab. 21, S. 56).

Auf den nordatlantischen Hauptschiffahrtswegen ist demnach die Überlegenheit der Linienschiffahrt noch viel beträchtlicher als innerhalb des Weltverkehrs in seiner Gesamtheit. Eine verhältnismäßig starke Position hat die Trampschiffahrt nur mehr, soweit das Gebiet des Nordatlantik in Betracht gezogen wird, auf den 3 Hauptrouten: Europa-Ostindien, Europa-Australien, Europa-Amerikanische Westküste.

[1] Vgl. Nr. 4 und 7 des Literatur-Verzeichnisses.
[2] Die norwegischen Schätzungswerte nach der „Nautical Gazette" vom 23. August 1924.
[3] Die italienischen Schätzungswerte von 1913 inklusive der Triester Schiffahrtsgesellschaften.
[4] Die Zahlen gelten für das Jahr 1921.

Tabelle 21:
Die Linien- und Tramptonnage im überseeischen Gütertransport im Jahre 1922.
Übernommen aus der Zeitschrift „Wirtschaftsdienst"[1].
(Angaben in Prozent der Gesamttonnage.)

	Linientonnage	Tramptonnage
A) Zwischen Nordamerika und: Europa	80	20
Südamerika	85	15
Südafrika	72	28
Australien	77	23
Asien über Pan. u. Suez	94	6
Asien, Paz.-Küste	75	25
B) Zwischen Europa und: Asien über Suez	95	5
Afrika, Süd- u. Westküste	80	20
Australien	87	13
Südamerika	44	26
	81	19

Die Ursache des auffallenden Rückganges der Bedeutung der Trampschiffahrt liegt vor allem in der zerrütteten, schwierigen Weltschiffahrtslage in den Nachkriegsjahren, durch die der Frachtenmarkt so völlig verdorben und erschüttert worden ist, daß sich der Trampverkehr für die Schiffseigner größtenteils nicht mehr gewinnbringend zu gestalten vermocht hat. Diese Tatsache hebt auch die folgende Zusammenstellung (Tab. 22) hervor, die für je 10 der erstklassigsten britischen Tramp- und Liniengesellschaften den jährlich errechneten Reinertrag nachweist.

Tabelle 22:
Die Jahresgewinne einiger britischer Tramp- und Liniengesellschaften in den Nachkriegsjahren.
Übernommen aus der „Berliner Börsenzeitung"[2].
(Angaben in £ Sterling.)

	Jährliche Gewinne der:	
	10 Liniengesellschaften	10 Trampgesellschaften
1920	4560,637	1360,783
1922	4428,014	315,708
1923	4466,930	132,300
1924	4732,778	243,489

[1] Vgl. „Wirtschaftsdienst", Jahrg. 1925, Nr. 34, S. 1298.
[2] Vgl. „Berliner Börsenzeitung" 1925, Nr. 375, nach Angaben des „Economist".

Während also die Liniengesellschaften in diesen für die Schiffahrt so kritischen Jahren stets die gleiche Höhe des Reingewinns aufweisen konnten, ist derselbe bei den Trampgesellschaften ganz außerordentlich, im Jahre 1923 bis auf weniger als 10 % des Jahres 1920, gesunken. Die Frachtsätze im Trampverkehr basieren nämlich in ungleich stärkerem Maße als diejenigen des Linienverkehrs auf dem Gleichgewicht von Tonnage und Warenmenge. Gegen einen Ratenverfall, wie ihn die Nachkriegsjahre mit allen ihren verheerenden Folgen gezeigt haben, können sich lediglich die Liniengesellschaften bis zu einem gewissen Grade schützen, und zwar durch das Konferenzsystem. Bei zurückgehenden Frachtraten oder bei einem Unterbieten derselben durch Außenseiter sichern sich nämlich alle an einer Konferenz beteiligten Schiffahrtsunternehmungen gegenseitig die Einhaltung gewisser Mindestraten auf einer bestimmten Route zu. Da nun in diesen Konferenzen hauptsächlich die führenden Schiffahrtsgesellschaften aller Länder vertreten sind, so ist es klar, daß denselben eine außerordentliche Machtstellung in der Gestaltung der Frachttarife zukommt (49, 50). So haben sich bei dem unaufhaltsamen Niedergang der Frachtraten seit den Jahren 1921/22 infolge des enormen Tonnageangebots von Trampschiffen die Konferenzen der Liniengesellschaften immer mehr zu einem ausgesprochenen Kampfmittel gegen die Trampschiffahrt herausgebildet. Da sich nun der Wettstreit der Schiffahrt am allerschärfsten auf den großen Verbindungsstraßen des Weltverkehrs auswirken muß, die größtenteils im Gebiet des nordatlantischen Ozeans liegen, so ergibt sich ohne weiteres, daß die Interessengegensätze und die darauffolgenden Frachtenkämpfe im Nordatlantik ganz besonders stark ausgeprägt sind. Damit ist aber offenbar, daß der Umschlag zugunsten des Linienverkehrs auf den mit Nordamerika und Europa in Verbindung stehenden Schiffahrtswegen in diesen kritischen Jahren ganz besonders groß werden mußte. Außerdem hat sich die Linienschiffahrt durch ausgedehnte Konzentrationsbewegungen in immer grösserer Zahl zu machtvollen Schiffahrtsgruppen zusammengeschlossen, wie in der nachstehenden Aufstellung (Tab. 23, S. 58) zum Ausdruck kommt. So ist es erklärlich, daß die Trampschiffahrt diesem geschlossenen Zusammengehen der Liniengesellschaften gegenüber in dem Kampfe um die Beschäftigungsmöglichkeit ihrer Tonnage unterliegen mußte.

Die sämtlichen obengenannten Konzernbildungen der großen Liniengesellschaften entstammen erst der Nachkriegszeit, als unmittelbare Folgeerscheinung der krisenhaften Schiffahrtslage. Durch diese Zusammenschließungen ist es den Gesellschaften ermöglicht worden, ihre Tonnage nach einheitlichem, vereinfachten Betriebssystem und ihre großartige Betriebsorganisation in rationellster Weise auszunutzen.

Eine weitere Ursache des Rückganges der Trampschiffstonnage ist die fortschreitende Spezialisierung des Schiffsraums, denn durch die zunehmende Zahl der Tankschiffe und der Kühlraumschiffe für den Transport von Fleisch- und Fruchtladungen, die natürlich für den Trampverkehr völlig ausscheiden, gehen denselben ganz bedeutende Tätigkeitsgebiete verloren.

Deshalb ist es der Trampreederei trotz des ganz erheblichen Rückganges ihrer Tonnage infolge der Umstellung der nordatlantischen Schiffahrt auf den Liniendienst nicht einmal möglich gewesen, die noch bestehende Tonnage an Trampschiffen in der schwierigen Zeit seit 1922 voll zu beschäftigen. Der weitaus größte Teil der in den verschiedenen Ländern aufgelegten Tonnage setzt

Tabelle 23:
Die großen Schiffahrtskonzerne der Liniengesellschaften im Jahre 1926.
Übernommen aus der Zeitschrift „Nautische Rundschau"[1].

Konzerne	Zahl der Schiffe	Gesamttonnage
A) In Großbritannien: P. & O. Konzern (genannt nach der seiner größten Gesellschaft, der Peninsular und Oriental St. N. Co.)	382	2052,300 To. Br.
Royal Mail Konzern (nach der Hauptgesellschaft, der Royal Mail Packet Steam Navig. Co. genannt)	265	1821,800 To. Br.
White Star Konzern (zur International Merchant Marine Co. gehörig, dem sogenannten Morgan Trust)	113	1219,100 To. Br.
Cunard Konzern (nach der Cunard Linie genannt)	104	1000,100 To. Br.
Ellerman Konzern (nach der Ellerman Linie genannt	220	984,900 To. Br.
B) In Deutschland: Hapag-Deutsche Levante Linie	?	544,000[2] To. Br.
Norddeutscher Lloyd (Roland Linie, Hamburg Bremer Afrika Linie, Horn Lübeck)	?	613,000 To. Br.
Deutsch-Austral-Kosmos-Stinnes	?	354,700 To. Br.

sich aus Trampschiffen zusammen, so daß das Tonnageverhältnis der tatsächlich im Verkehr befindlichen Schiffe noch ein ganz bedeutend ungünstigeres ist, als die Tabelle 20 (S. 55) angibt. Dieser gewaltige Umschlag im nordatlantischen Verkehr zugunsten der Linienschiffahrt seit dem Weltkrieg ist geradezu erstaunlich, wenn man berücksichtigt, daß die Trampschiffahrt vor dem Kriege noch zu ⅔ an der Gesamttonnage der Welthandelsflotte beteiligt gewesen ist. Er ist deshalb als ein weiteres wesentliches Charakteristikum der Schiffahrtsentwicklung der Nachkriegszeit zu werten, der vor allem auch deshalb so besonders hervorgehoben ist, weil diese Verschiebung innerhalb der beiden Arten des Schiffahrtsbetriebes, wie bereits betont, ihren Schwerpunkt im Verkehrsgebiet des nordatlanischen Ozeans gehabt hat.

[1] Vgl. „Nautische Rundschau", Jahrg. 1926 vom 30. 4.
[2] Dieser Wert ist in der Aufstellung nur geschätzt.

b) Die Veränderungen der Betriebsarten innerhalb der einzelnen Handelsflotten.

1. Die Handelsflotten, deren Betrieb ganz oder teilweise staatlich ist.

Die Regierungsschiffahrt ist in größerem Ausmaße erst eine Erscheinung der Kriegs- und Nachkriegsjahre. Anfangs der Weltkrieg, späterhin der Niedergang der Weltschiffahrt und nationale, machtpolitische Interessen haben die Staatsflotten entstehen und bestehen lassen. In den letzten Jahren des Weltkrieges ist die Schiffsraumnot unter den Feindstaaten des Deutschen Reiches so groß geworden, daß sich mehrere Länder veranlaßt gesehen haben, auf Staatskosten für die Herstellung der erforderlichen Tonnage Sorge zu tragen. So sind, wie zum Teil schon bei anderer Gelegenheit gestreift wurde, die Regierungsflotten der Vereinigten Staaten und Frankreichs, sowie die der britischen Dominions Kanada und Australien geschaffen worden. Als dann in den Nachkriegsjahren infolge der allgemeinen Frachtenkrise die Handelsflotten aller Länder in eine überaus ernste Lage geraten sind, haben die Staaten immer ausgiebiger zu dem Zwangsmittel gegriffen, ihre Schiffahrt durch Unterstützungen in finanzieller Form oder auch mit indirekten Mitteln aufrechtzuerhalten, so daß die Entwicklung der Weltschiffahrt in immer ausgeprägterem Maße zu einer gezwungenen, nicht mehr auf rein privatwirtschaftlichen Grundlagen basierenden umgestaltet worden ist. Der finanzielle Rückhalt der Schiffahrt der meisten Länder ist nicht mehr ihr eigenes Betriebskapital gewesen, sondern die zum Teil maßlose Subventionspolitik ihres Staates, durch welche die Schiffahrt auf eine durchaus ungesunde Basis abgewichen ist, die von allen Ländern der nordatlantischen Verkehrszone eigentlich nur die deutsche Schiffahrt zu umgehen vermocht hat.

In diesen Jahren sind also die Regierungsflotten nichts anderes als eine bestimmte Form einer Unterstützung der nationalen Schiffahrt gewesen, denn ausnahmslos haben dieselben mit einem ganz außerordentlichen Defizit gearbeitet, sind aber trotzdem vom Staat gehalten worden, weil national-politische Interessen die Aufrechterhaltung einer bedeutenden Handelsflotte erforderlich machten. Daß nun sämtliche in der Nachkriegszeit bestandenen Staatsflotten fast ohne Ausnahme mit ganz ungeheuren Verlusten abgeschlossen haben, liegt nicht allein an der Ungunst der zerrütteten Schiffahrtsverhältnisse, sondern im wesentlichen an der Unmöglichkeit, einen Schiffahrtsbetrieb mit dem schwerfälligen staatlichen Verwaltungsapparat erfolgreich durchführen zu können. Ein Musterbeispiel dafür ist die Regierungsflotte der Vereinigten Staaten.

Der bereits im ersten Teil der Arbeit betrachtete Aufschwung der amerikanischen Handelsflotte und deren Auswirkung auf den nordatlantischen Verkehr begründet sich hauptsächlich auf die Entstehung und mächtige Entfaltung der Regierungsschiffahrt der Union, wie die folgende Tabelle 24 (S. 60) erkennen läßt, in der die Entwicklung der staatlichen und privaten Schiffahrt zahlenmäßig dargestellt ist.

Es ist ganz klar, daß bei diesem außerordentlichen Tonnagebestand der amerikanischen Staatsflotte, der „Emergency Fleet Corporation", ihre leitende

Tabelle 24:
Die Entwicklung der Privat- und Regierungsflotte der Vereinigten Staaten in der Zeit von 1917—1924.
Übernommen aus Berichten des amerikanischen Schiffahrtskommissars[1].
(Angaben in 1000 Tonnen Brutto.)

	Regierungsflotte		Privatflotte		Gesamtflotte	
	Sch.	Tons	Sch.	Tons	Sch.	Tons
1917	17	76,2	1552	3564,2	1569	3640,4
1918	235	939,1	1649	3813,3	1884	4752,4
1919	982	3827,2	1676	3927,7	2658	7754,9
1920	1630	6903,1	1774	4375,6	3404	11278,7
1921	1798	7993,8	1925	5240,6	3723	13234,4
1922	1711	7686,9	1933	5664,3	3644	13351,3
1923	1498	6861,2	2035	6242,5	3733	13103,7
1924	1339	6290,3	1983	6244,6	3322	12534,9

Schiffahrtsbehörde, das „United States Shipping Board" (U.S.S.B.) vor unüberwindbaren Schwierigkeiten gestanden hat, als sie nach Kriegsende die Aufgabe übernehmen mußte, diesen Schiffsraum in den Verkehr der Weltschiffahrt einzuordnen. Sie hat sowohl darauf Bedacht nehmen müssen, nicht ihrer eigenen privaten Handelsflotte Konkurrenz zu machen, als auch die vereinigte Abwehr fast aller übrigen Schiffahrtsnationen überwinden müssen. Im ersten Nachkriegsjahr 1919 ist diese Aufgabe für das Shipping Board noch verhältnismäßig einfach zu lösen gewesen, denn in jener Zeit der ersten Wiederanbahnung der durch den Krieg abgerissenen, normalen Wirtschaftsbeziehungen der einzelnen Völker haben alle Märkte eine ganz außerordentliche Aufnahmefähigkeit gezeigt und in Auswirkung derselben aufs höchste gesteigerte Frachtraten hervorgerufen, welche die Bewältigung der Warenverschiffung im Trampverkehr ganz besonders begünstigt haben[2]. In diesem Jahr hat auch das Shipping Board den größten Teil seiner Frachtschiffstonnage im Trampdienst arbeiten lassen. Als jedoch in den folgenden Jahren bei der rasch zunehmenden Entwicklung der Welthandelsflotte die Frachtraten in schnellem Sturze bis auf einen Satz heruntergingen, daß die Frachteinnahmen der Reeder unten den Betriebskosten der Schiffe blieben, hat sich das Shipping Board allmählich fast vollständig auf die Linienschiffahrt umgestellt und in diesen Jahren eine große Zahl von Verkehrslinien eingerichtet, wie aus der nachstehenden Zusammenstellung (36) hervorgeht:

Jahre	Verkehrslinien
1919	41
1920	209
1921	410
1922	78
1923	78
1924	32

[1] Vgl. Nr. 32 des Literatur-Verzeichnisses.
[2] Vgl. Archivalien des Kieler Instituts, Mappe: U. S. Shipping Board, sowie Nr. 66 des Literatur-Verzeichnisses.

Nach dieser Aufstellung erklärt sich die ganz außerordentlich hohe Steigerung des Verhältnisses der Linientonnage der gesamten, und damit auch der nordatlantischen Flotte der Vereinigten Staaten in der Zeit von 1913 bis 1921 von 20 auf 75 % (Tab. 20, S. 55). Daß diese große Tonnage aber vom Schifffahrtsamt nicht vollkommen im Linienverkehr untergebracht werden konnte, ist bei der besonderen Dichte des von der gesamten übrigen Linienschiffahrt im Nordatlantik bereits ausgebauten Verkehrsnetzes nur zu erklärlich. Schon die hohe Zahl der im Jahre 1921 vom Shipping Board unterhaltenen regelmäßigen Schiffsverbindungen hat nur mehr ein Florieren der staatlichen Schifffahrt vorgetäuscht. Die ganze Betriebsorganisation ist damals nur mehr ein hohles Gebäude gewesen, das unweigerlich in sich zusammenfallen mußte. So hat sich das amerikanische Schiffahrtsamt auch bereits im nächsten Jahr schon gezwungen gesehen, die Anzahl der Verkehrslinien auf $^1/_3$ des vergangenen Jahres zu reduzieren. Nach dem vergeblichen Versuch, die restliche Tonnage von ungefähr 300 Schiffen im Trampverkehr zu beschäftigen (36), mußte das Shipping Board schließlich diese Schiffe auflegen, da bei dem völligen Darniederliegen des Frachtenmarktes an einen staatlichen Trampschiffahrtsbetrieb überhaupt nicht gedacht werden konnte. Der weitere Rückgang der Anzahl der Linien im Jahre 1924 hängt dann jedoch lediglich mit einem großzügigen Reorganisationsversuch des Schiffahrtsamtes zusammen, auf Grund dessen mehrere Linien zu einer neuen vereinigt worden sind, wobei zugleich diesen zusammengeschlossenen, sogenannten „konsolidierten" Linien als reine Äußerlichkeit, nur um eine einer Privatgesellschaft ähnliche Organisation zu fingieren, eigene selbständige Namen gegeben worden sind (36). Immerhin ist durch diese Umstellung ein betriebsfähigerer Organismus geschaffen worden.

Außerdem hat das Schiffahrtsamt einen weiteren Teil seiner Schiffe privaten Gesellschaften zur Benutzung überlassen, nachdem das eigentliche Ziel der amerikanischen Staatsschiffahrt, ihre Tonnage allmählich in den Besitz der amerikanischen Privatgesellschaften überzuleiten, selbst zu den geringsten Spottpreisen nicht durchführbar gewesen ist. Bei dieser Sachlage ist es nur bedingt möglich, den Prozentsatz von Linien- und Tramptonnage für das Jahr 1924 anzugeben. Unter der Annahme, daß die aufliegende Tonnage noch als Trampschiffsraum, die den Privatgesellschaften überlassene Tonnage aber als zur Linientonnage gehörig angesehen wird, dürfte das Verhältnis ungefähr 40—45 % der Gesamtflotte, bezogen auf die Linientonnage, betragen, da die im Jahre 1924 aufliegenden Schiffe ca. 30 % der Gesamthandelsflotte eingenommen haben und dieselben überwiegend zur Staatsschiffahrt gehören, wie die folgende Zusammenstellung[1] zum Ausdruck bringt:

Aufgelegte Tonnage der:	1. 1. 22	1. 7. 22	1. 1. 23	1. 7. 23	1. 1. 24	1. 7. 24
Privatflotte	781	523	703	468	541	312
Staatsflotte	4528	4201	4625	4037	3727	3953

Genau genommen kann aber die aufgelegte Tonnage der Staatsflotte keiner der beiden Betriebsarten mehr direkt zugeordnet werden; sie stellt eigentlich nur noch eine Reserve an Schiffsraum dar, die bei Besserung der

---
[1] Nach „Fairplay".

Schiffahrtsverhältnisse je nach der Verfügung des Schiffahrtsamtes sowohl im Linien- wie im Trampverkehr eingestellt werden kann. In jedem Falle bleibt aber ein ganz erheblicher Rückgang der amerikanischen Trampschiffahrt bestehen im Vergleich zur Vorkriegszeit, und zwar aus den folgenden Gründen: einmal und hauptsächlich infolge der zu außerordentlicher Ausdehnung gelangten Staatsschiffahrt, die ihrem ganzen Aufbau nach sich nur wenig zum Trampbetrieb eignet; zweitens wegen der ungesunden Verhältnisse des Frachtenmarktes auf Grund des Tonnageüberflusses in der Weltschiffahrt, weiterhin infolge der Ausbreitung des Linienverkehrs im Stillen Ozean und endlich durch die Vermehrung der Spezialschiffstonnage. Diese Entwicklung des amerikanischen Schiffahrtsbetriebes ist in der Tabelle 25 zum Ausdruck gebracht.

Tabelle 25:
Die Entwicklung der einzelnen Schiffsarten in der amerikanischen Handelsschiffahrt.
Übernommen aus der Zeitung „Journal of Commerce" New York[1].
(Angaben in 1000 Tonnen Brutto, enthalten nur Schiffe über 1000 Tonnen.)

	Passag. Schiffe		Frachtschiffe		Tankschiffe		Gefrierdampf.	
	Sch.	Tons	Sch.	Tons	Sch.	Tons	Sch.	Tons
Juli 1919	208	887,3	1328	4821,8	179	981,9	14	75,3
Juli 1920	200	877,7	1985	7854,9	239	1370,4	18	100,8
Juli 1921	238	1271,1	2145	8619,5	351	2124,3	18	100,8
Juli 1922	196	1214,5	2118	8610,7	377	2330,3	15	82,6

Die Passagierdampfer, die Tank- und Gefrierschiffe werden ausschließlich im Linienverkehr verwendet, und die Frachtschiffe zum großen Teil ebenfalls, soweit sie nämlich dem Shipping Board unterstellt sind und privaten Frachtlinienreedereien angehören; für die staatlichen Frachtschiffe gilt dies allerdings erst seit ungefähr 1921.

So ist also der Linienverkehr in der amerikanischen Schiffahrt vorherrschend. Die weitere Entwicklung des Schiffahrtsbetriebes unter staatlicher Leitung, der mit der Linienschiffahrt aufs engste verkettet ist, wird zeigen, ob derselbe sich trotz aller Schwierigkeiten durchzusetzen vermag und seine Schiffe in einigermaßen befriedigendem Umfange in der nächsten Zeit wieder in Fahrt setzen kann. Bis 1925 ist dies dem Shipping Board noch nicht gelungen, denn zu dieser Zeit sind noch 64% seiner gesamten Tonnage außer Dienst gestellt gewesen[2].

Die amerikanische Privatschiffahrt hat sich, allerdings auch auf Grund staatlicher Unterstützungen, in der Nachkriegszeit im Gegensatz zu der Regierungsflotte, sehr vorteilhaft entwickelt. Ihre Handelstonnage allein würde der Schiffahrt der Vereinigten Staaten heutzutage schon bei weitem den zweiten Platz unter allen Handelsflotten sichern, wie Tabelle 24 (S. 60) erkennen läßt. Die Tatsache, daß die Privatflotte Anfang 1925 bereits wieder zu 93% in Fahrt gestellt werden konnte, beweist einwandfrei, daß der private Schiffahrtsbetrieb dem staatlichen weit überlegen ist, da seine führenden Leiter vermöge

[1] Vgl. Journal of Commerce, New York, Nr. 8874, vom 6. September 1922.
[2] Vgl. Archivalien des Kieler Instituts, Mappe 500 v 13.

ihrer Einsicht und Erfahrung im Schiffahrtsleben die Feinheiten der sich bietenden Vorteile weit besser wahrzunehmen verstehen, und die Organisation einer Privatgesellschaft ungleich wirtschaftlicher arbeitet, als der schwerfällige Organismus eines Staatsbetriebes. —

Die französische Staatsflotte ist ebenfalls in den letzten Kriegsjahren entstanden, in denen sich für Frankreich die politische Notwendigkeit ergeben hat, eine umfangreiche Schiffstonnage herzustellen, um die Kriegsverluste zu ersetzen und die Zufuhren an Kriegsartikeln und Nahrungsmitteln vom Ausland sicherzustellen. Da sich die Privatschiffahrt trotz der bedeutendsten Subventionsversprechungen des Staates nicht zu diesen Neubauten verstehen wollte, ist der Regierung keine andere Wahl geblieben, als die Schiffe auf Staatskosten zu erbauen und zu unterhalten. Nach Kriegsende hat die Regierungsschiffahrt jedoch lediglich mit den größten Zuschüssen aus der Staatskasse ihren Betrieb aufrecht erhalten können, so daß der Staat im Jahre 1921 den Beschluß gefaßt hat, sie zur Liquidation zu führen. Da fast der gesamte Schiffspark der Staatsflotte aber nur von ganz minderwertiger Qualität gewesen ist, vermochte er nur zu Schleuderpreisen an Privatfirmen veräußert zu werden, so daß dem französischen Staat aus dieser Versteigerung allein ein Verlust von ca. 1 Milliarde Francs erwachsen ist[1]. So ist die französische Regierungsschiffahrt nur eine vorübergehende kurzlebige Erscheinung im Seeverkehr gewesen, eine Kriegsblüte, die seit ihrem Entstehen schon zu einer baldigen Auflösung verurteilt gewesen ist.

Der Aufschwung der französischen Handelsflotte stützt sich demnach lediglich auf die Privatschiffahrt. Wie die Tabelle 20 (S. 55) schon zum Ausdruck gebracht hat, hat sich die französische Trampschiffstonnage in der Nachkriegszeit etwas günstiger entwickelt, als die Linienschiffsräume. 1924 sind die Anteile beider Betriebsarten an der Gesamtflotte ungefähr gleich groß; die Trampschiffahrt nimmt also in der französischen Handelsflotte noch eine sehr bedeutende Stellung ein. Die Linienschiffahrt stützt sich namentlich auf die ausgedehnten Verkehrsverbindungen Frankreichs mit seinen Kolonien und mit Nordamerika, mit dem es, seit der Zeit, als Kanada noch französischer Kolonialbesitz war, in regen Wirtschaftsbeziehungen steht. Diese Hauptverbindungen des französischen Seeverkehrs liegen namentlich in den Händen der größten Liniengesellschaften der französischen Schiffahrt, deren Schiffstonnage sich in der Zeit von 1913—1924 wie folgt vergrößert hat:

	1913[2]	1924[3]
	in 1000 Tonnen Brutto	
Comp. Générale Transatlantique	399,5	522,7
Comp. des Messageries Maritimes	346,2	405,8
Chargeurs Réunis Cie Franc. de Navig. à Vapeur	134,1	329,0
	879,8	1257,5

Ein Vergleich mit Tabelle 2 (S. 7) läßt erkennen, daß diese drei größten französischen Schiffahrtsbetriebe im Jahre 1913 ca. 50 %, und 1924 noch ungefähr 40 % der gesamten Dampfschiffstonnage besessen haben, so daß sich durch den

---

[1] Vgl. Archivalien des Kieler Instituts.
[2] Vgl. Nr. 7 des Literatur-Verzeichnisses.
[3] Vgl. Nr. 4 des Literatur-Verzeichnisses.

Rückgang ihres Anteils gleichzeitig auch derjenige der französischen Linienschiffahrt überhaupt verringert hat. —

Außer den beiden Staatsflotten Frankreichs und der Vereinigten Staaten haben nicht weniger als drei britische Dominions während des Krieges oder in der Nachkriegszeit staatliche Schiffahrtsbetriebe eingerichtet, die über eine sehr beträchtliche Handelstonnage verfügen. Die kanadische Staatsschiffahrt besitzt 1924 einen Schiffsraum von 1 132 700 Brutto Tonnen (1), den sie trotz ihres gleich fast allen anderen Regierungsflotten mit ständigem Verlust arbeitenden Betriebes bis 1925 noch in unvermindertem Umfang gehalten hat, da die kanadische Regierung von der Ansicht ausgeht, daß der Besitz einer größeren Handelsflotte dem Lande einen erheblichen indirekten Vorteil bietet durch die Anbahnung neuer Wirtschaftsbeziehungen und Verkehrsverbindungen, die eine beträchtliche Vermehrung des Außenhandels nach sich ziehen müssen (30).

Auch die Staatsschiffahrt des australischen Dominions, die zum größten Teil in den Dienst mit dem Mutterlande eingesetzt ist, und die im Jahre 1924 eine Tonnage von 799 800 Tonnen umfaßt hat (1), ist durch den Betrieb des schwerfälligen staatlichen Verwaltungsapparates in allen Jahren seit Kriegsende lediglich ein das Staatsbudget außerordentlich belastendes Unternehmen gewesen. Sie hat das gleiche Resultat gezeitigt, wie alle anderen Versuche, die Staatsschiffahrt wirtschaftlich zu gestalten. Bei diesem ständig negativen Ergebnis des Betriebes hat sich die australische Regierung im Jahre 1925 entschlossen, die Flotte allmählich wieder in Privatbesitz überzuführen[1].

Die südafrikanische Staatsschiffahrt, die ebenfalls mit dem britischen Verkehr in engster Fühlung steht und daher auch für die nordatlantische Schiffahrt in Frage kommt, ist größtenteils aus beschlagnahmten deutschen Handelsschiffen zusammengestellt worden. Sie zeichnet sich sehr wesentlich dadurch aus, daß sie die einzige Regierungsflotte ist, die mit einer Gewinnbilanz zu arbeiten vermag. Sie ist allerdings in ihrem Betriebe nicht mit den anderen Regierungsflotten zu vergleichen; denn die Schiffe der südafrikanischen Staatsschiffahrt fahren ausschließlich für Regierungszwecke. Diese verständige Maßnahme der Regierung ist gerade die Ursache gewesen, daß der Betrieb sich gewinnbringend gestalten konnte, denn so ist die übermächtige Konkurrenz der privaten Schiffahrt gänzlich von der südafrikanischen Staatsflotte ferngehalten worden[2]. —

Die hier genannten fünf staatlichen Schiffahrtsbetriebe sind die einzigen in der Weltschiffahrt geblieben, denen eine größere Bedeutung zuzusprechen ist; die Handelsflotten aller übrigen Länder umfassen ausschließlich private Schiffahrtsunternehmungen.

2. Handelsflotten, die ausschließlich in Privatbesitz sind.

Das Betriebssystem der deutschen Schiffahrt, die im nordatlantischen Verkehr besonders fest verankert ist, wurzelt in dem Linienverkehr so ausgesprochen, daß es in ähnlicher Art in keinem anderen Lande eine Parallele findet. Dieses System: Vereinigung einer großen Zahl von Verkehrslinien

---

[1] Vgl. Archivalien des Kieler Instituts, Mappe 500 v 13; vgl. auch Nr.2 des Literatur-Verzeichnisses.
[2] Vgl. „Wirtschaftsdienst", Jahrg. 1924, Nr. 37.

unter der einheitlichen Leitung eines mächtigen Unternehmens, kein vollkommen starres Verkehrsnetz, sondern Ausnutzung aller Verkehrsmöglichkeiten durch Einstellen einer jeweils erforderlichen Tonnagemenge auf einer bestimmten Linie, erfordert ganz besondere Organisationsfähigkeiten, die jedoch gerade dem Deutschen eigen sind. Die Trampschiffahrt dagegen verlangt von den Reedern die Begabung individueller Behandlung und Erkenntnis der im Seeverkehr auszunutzenden Möglichkeiten und Konjunkturen (48). Da nun diese Eigenschaften dem deutschen Volkscharakter viel weniger innewohnen, so findet der bemerkenswerte Rückstand der Trampschiffahrt in der deutschen Handelsflotte in diesen besonders ausgeprägten Stammeseigenschaften des Deutschen seine Hauptbegründung und Ursache.

Die typische Bevorzugung des Linienverkehrs kommt in der folgenden Zusammenstellung der bedeutenden deutschen Großreedereien, die ausschließlich Liniendienste unterhalten, eindringlich zur Geltung:

Tabelle 26:

Die Entwicklung der deutschen Liniengesellschaften über 100 000 Tonnen in der Zeit von 1913 bis 1925.

Zusammengestellt nach verschiedenen Quellen[1].

(Angaben in 1000 Tonnen Brutto.)

Gesellschaft	1913	1921	1922	1925	1926[2]
Hamburg-Amerika-Linie	1235,5	12,6	202,8	349,6	544,0
Deutsche Lev. Linie[3]	149,0	1,6	20,8	31,6	
Norddeutscher Lloyd	821,0	9,3	151,7	347,2	613,0
Roland-Linie[4]	174,5	0,3	28,8	102,2	
Kosmos-Linie	200,5	0,1	18,1	72,8	
Deutsche Austral-Linie	285,4	—	41,1	77,3	360,0[5]
Stinnes-Linien	26,8	—	93,2	121,0	
Hamburg-Südamerika-Linie	331,5	0,4	95,3	129,5	
Dampfschiffsgesellschaft „Hansa"	410,2	3,1	115,5	142,6	
Deutsch-Amerikan. Petroleumges.	219,1	—	1,9	18,6	
Deutsch-Ostafrika-Linie	103,6	?	35,6	43,0	
Woermann-Linie	113,0	?	23,5	43,4	
	4070,5	27,4	828,3	1478,8	1517,0[6]

Diese führenden deutschen Schiffahrtsgesellschaften haben im Jahre 1913 mit einer Tonnage von fast 4,1 Millionen Tonnen ungefähr ⁴/₅ der gesamten Handelsflotte vertreten. Der zuerst außerordentlich hoch erscheinende Wert der Tabelle 20 (S. 55), nach dem sich der Anteil der deutschen Linienschiffahrt an der Gesamtflotte vor dem Kriege auf 88 % gestellt hat, ist auf Grund der obigen Zahlenangaben durchaus erklärlich. Nach dem Kriege haben die deutschen Linienreedereien entsprechend dem Rückgang der ganzen Handelsflotte

---

[1] Vgl. Nr. 4, 5 und 7 des Literatur-Verzeichnisses.
[2] Die Werte für 1926 gelten für den Stand nach dem Monat Juli und können nur für die drei großen Schiffahrtskonzerne angegeben werden auf Grund eines Berichts der „Hamburger Nachrichten" vom 28. 7. 1926.
[3] Zusammengeschlossen mit der Hamburg-Amerika-Linie.
[4] Zusammengeschlossen mit dem Norddeutschen Lloyd.
[5] Die Kosmos-, Deutsch Austral- und Stinnes-Linien sind seit 1926 ein gemeinsamer Konzern.
[6] Diese Zahl gibt die Tonnage der 3 großen Schiffahrtskonzerne allein an.

außergewöhnlich große Verluste erlitten, sind ihnen doch nach Ablieferung der Flotte nicht viel mehr geblieben als einige Tender, Schleppschiffe und Leichter. Der im ersten Teil der Arbeit besprochene Wiederaufbau der deutschen Flotte hat erst deshalb 1922 in größerem Umfang wieder eingesetzt, weil, wie in Tabelle 26 (S. 65) zum Ausdruck kommt, die großen Reedereien erst in diesem Jahre die Tonnage neu herzustellen begonnen haben. Aber selbst mit dem 1922 erbauten Schiffsraum haben auch die größten Gesellschaften einen geregelten Liniendienst, der auch nur annähernd dem Vorkriegsumfange entsprochen hätte, noch in keinem Falle wieder aufnehmen können. Bis zu diesem Jahre ist der deutsche Verkehr nahezu vollständig von der ausländischen Schiffahrt getragen worden. So haben sich z. B. noch im Jahre 1920/21 die von Hamburg verkehrenden regelmäßigen Linien nach Tabelle 27 auf die verschiedenen Flaggen verteilt.

Tabelle 27:
Die Anzahl der im Jahre 1920/1921 von Hamburg verkehrenden regelmäßigen Schiffahrtsdienste nach Flaggen.
Übernommen aus „Wirtschaftdienst"[1].

Nationalität der Gesellschaften	Anzahl der Linien	
	1920	1921
deutsche	8	12
deutsche und amerikanische . . .	2	4
deutsche und holländische	1	1
deutsche und skandinavische . . .	—	1
amerikanische	6	17
britische	11	13
holländische	11	9
französische	5	5
japanische	4	4
dänische	—	2
schwedische	2	—
norwegische	1	1
italienische	1	1
übrige	4	10
fremde Gesellschaften	48	68
Total:	56	80
% der rein deutschen Gesellschaften:	14,3	15

Um die völlige Zurückdrängung der deutschen Liniengesellschaften in den Jahren bis 1921 ganz verstehen zu können, muß berücksichtigt werden, daß die deutschen Liniengesellschaften vor dem Kriege im europäischen und außereuropäischen Verkehr von den deutschen Häfen insgesamt 116 Linien mit einer Verkehrsziffer von 6 717 000 Tonnen Netto beschäftigt haben, während die fremden Reedereien an demselben nur mit 51 Linien und einer Tonnage von 2,2 Millionen Tonnen beteiligt gewesen sind[2]. Bis 1924/25 jedoch hat

---
[1] Vgl. „Wirtschaftsdienst", Jahrg. 1921, S. 176 ff.
[2] Vgl. Archivalien des Kieler Instituts, Mappe 500 v 13.

die deutsche Linienschiffahrt nach Wiederherstellung eines für die Rückerkämpfung des ehemaligen Liniennetzes ausreichenden Schiffsbestandes die von den deutschen Häfen ausgehenden Liniendienste ungefähr in vollem Umfang wieder aufgenommen; nur die außerdeutschen Linien, meist Anschlußverbindungen für die Hauptlinien, welche für diese Zubringerdienste leisten und für den deutschen Verkehr von hoher Bedeutung sind, sind von den Liniengesellschaften noch nicht wieder in der damaligen Vollständigkeit eingerichtet worden. Trotz der umfangreichen Wiederaufnahme der Vorkriegsverbindungen haben die in der Tabelle 26 (S. 65) aufgeführten Schiffahrtsgesellschaften aber erst ⅔ der Vorkriegstonnage bis zum Jahre 1925 wieder aufbauen können. Deshalb können auch die Schiffsdienste von den Gesellschaften noch nicht wieder so intensiv wie in der Vorkriegszeit auf den verschiedenen Routen betrieben werden, obgleich der große Rückstand in ihrem Schiffspark zum Teil auch wieder dadurch ausgeglichen wird, daß die deutschen Reedereien sich bei dem Neuaufbau ihrer Schiffsbestände in Anbetracht ihrer schwierigen wirtschaftlichen und finanziellen Lage ausschließlich auf die Herstellung möglichst rationell arbeitender Schiffe beschränkt haben. Der Neubau der Riesendampfer, wie sie die deutsche Vorkriegsflotte enthalten hat, ist vollständig unterlassen worden. Außerdem hat die größte deutsche Schiffahrtsunternehmung, die Hamburg-Amerika-Linie, in diesen Jahren, in denen sie keine Seeschiffe mehr im Besitz gehabt hat, gestützt auf ihre weltberühmte Betriebsorganisation und ihre hervorragenden, wertvollen Erfahrungen im Schiffahrtswesen, einen Gemeinschaftsdienst mit dem amerikanischen Harriman-Konzern auf der Grundlage abschließen können, daß die deutsche Gesellschaft ihre großen Betriebserfahrungen und die amerikanische Gesellschaft ihren Besitz an Passagierschiffen in den Dienst der gemeinsam unterhaltenen Schiffahrtsverbindungen gestellt hat. Einen ähnlichen Vertrag hat auch der Norddeutsche Lloyd mit einer Linie der amerikanischen Staatsflotte abzuschließen vermocht. Diese Abkommen (54) der beiden führenden deutschen Schiffahrtsunternehmen sind der eigentliche Anfang des Wiederaufstieges der deutschen Schiffahrt gewesen, denn sie sind direkt, wie auch in ihren mittelbaren Auswirkungen, von ganz hervorragender Bedeutung für die Neueinfügung der deutschen Handelsflagge in dem Verkehr auf dem Nordatlantik gewesen.

Außer der ganz besonderen Leistungsfähigkeit ihrer neuerbauten Tonnage und den Interessenverträgen mit ausländischen Reedereien haben die deutschen Liniengesellschaften noch ein weiteres Mittel angewandt, um mit dem gegen die Vorkriegszeit so stark verringerten Schiffsraum ein Höchstmaß von Leistungen zu entfalten: eine umfassende Konzentrationsbewegung unter den führenden Unternehmen durch Aufnahme der kleineren, durch den Krieg allzu sehr geschwächten Reedereien zwecks Erzielung rationellster Verwendung des vorhandenen Schiffsraums und möglichster Herabsetzung der Betriebsspesen. Durch diese Zusammenschlußbewegung der großen Schiffahrtsorganisationen ist das alte Vorkriegssystem des Schiffahrtsbetriebes, durch welches die deutsche Schiffahrt groß geworden ist, und in dem sich die langjährige Erfahrung der großen Unternehmen am erfolgreichsten auswirken kann, in einem Umfang wiederhergestellt worden, der den Vorkriegsverhältnissen bereits wieder sehr nahe kommt. Diese Fusionserscheinungen unter den Liniengesellschaften hat vor allem das Jahr 1925 gebracht; deren bedeutendste ist der Zusammenschluß des Norddeutschen Lloyds mit der Bremer Roland-

Linie, der Hamburg-Bremer-Afrika-Linie, der Dampfschiffsgesellschaft „Argo" und der Lübecker Reederei Horn zu einem Schiffahrtskonzern von insgesamt 613 000 Tonnen, wie in Tabelle 23 (S. 58) bereits zum Ausdruck gebracht worden ist (22). Damit ist die Bremer Großreederei zum ersten Male seit ihrem Bestehen weit vor der Hamburg-Amerika-Linie das führende deutsche Schiffahrtsunternehmen geworden. Daneben hat sich jedoch auch die Hapag mit der Deutschen Levante Linie zu einem Konzern zusammengefunden, und darüber hinaus im Jahre 1926 unter Kündigung des Gemeinschaftsvertrages mit dem Harriman-Konzern dessen große Passagierschiffe durch Ankauf und durch Übergabe eines gewissen Teils der Hapag-Aktien erworben, so daß die Hamburger Großreederei in diesem Jahre ihren Schiffspark wieder auf den Stand von 544 000[1] Tonnen zu erhöhen vermocht hat. Als dritte Schiffahrtsfusion ist der Deutsch-Austral-Kosmos-Stinnes-Konzern zu nennen. Die Deutsche Austral- und die Kosmos-Linie haben Anfang 1926 gemeinsam durch die Erwerbung des Aktienkapitals der Stinnes-Linien bestimmenden Einfluß auf diese große Reederei gewonnen, so daß dieses neue Unternehmen seither über einen Schiffsbesitz von 354 700 Tonnen gebieten kann[2]. Diese drei großen Schiffahrtsorganisationen haben die deutsche Flagge auf den meisten der von ihnen vor dem Kriege befahrenen Linien wieder erscheinen lassen und sind jetzt in ihrer Ausdehnung und Bedeutung allen internationalen Großschiffahrtsunternehmen wieder absolut ebenbürtig geworden.

Die Trampschiffahrt spielt nur eine untergeordnete Rolle in der deutschen Seeschiffahrt. Wesentlich für ihre Entwicklung wird auch der Umstand gewesen sein, daß der eigentliche Bedarf des deutschen Außenhandels an Trampschiffen durch Kohlen- und Getreidetransporte oder andere Massengüter keinen größeren Umfang der Trampschiffahrt erfordert hat. Diese Eigenart des deutschen seewärtigen Verkehrs ist deshalb von besonderer Bedeutung für die Trampschiffahrt gewesen, weil sie sich stets überwiegend auf den heimischen Verkehr gestützt hat. Wohl hat sie bereits in den letzten Jahren vor Kriegsausbruch als Frachtträger zwischen auswärtigen Märkten langsam eine gewisse Geltung erlangt, doch ist dieselbe im Vergleich zur britischen Trampschiffahrt verschwindend gering geblieben. Diese Erscheinung bestätigt nochmal, daß die geringe Ausdehnung der deutschen Trampschiffahrt auf die weniger ausgeprägte Begabung des Deutschen für diese Betriebsart zurückzuführen ist (vgl. S. 64 ff.).

Die deutsche Schiffahrt stützt sich also, da die Linienschiffstonnage absolut überwiegt, nahezu ganz auf den heimischen Handel, mit dem sie aufs engste verwachsen ist, da sie ungefähr vollständig in den beiden großen deutschen Welthäfen, Hamburg und Bremen, den Zentralplätzen des deutschen Außenhandels, beheimatet ist. Diese Beschränkung kann jedoch in keinem Falle als ein Mangel und Nachteil angesehen werden, sondern viel eher als eine besondere Stärke, da der deutsche seewärtige Waren- und Personenverkehr von einem so außerordentlichen Umfang ist, daß er die gesamte Handelstonnage der deutschen Schiffahrt stets mühelos, auch in den gegenwärtigen schwierigen Zeitverhältnissen, zu beschäftigen vermag. Retardierend für die Entwicklung der deutschen Trampschiffahrt ist außerdem das äußerst bewegliche System der Linienschiffahrt, das in früheren Ausführungen bereits

---
[1] Vgl. „Nautische Rundschau", Jahrg. 1926, Nr. 12.
[2] Vgl. „Hamburger Nachrichten" vom 28. 7. 1926 über Deutschlands Weltschiffahrt.

gekennzeichnet ist, und das sich auch mit Erfolg auf Spezialgebieten des Trampverkehrs bewährt hat. Allerdings hat sich nach dem Kriege der Trampschiffahrt eine sehr günstige Konjunkturperiode geboten durch den allgemeinen deutschen Wiederaufbau, den großen Bedarf an Nahrungsmitteln und späterhin noch einmal zur Zeit der Ruhrgebietsbesetzung durch die bedeutenden Kohlenimporte des Deutschen Reiches. Wenn die deutsche Trampschiffahrt auch bei ihrem überaus geringen Tonnagebestand in der Nachkriegszeit aus diesen günstigen Verhältnissen nur einen teilweisen Nutzen ziehen konnte, so haben diese Jahre die Entwicklung der deutschen Trampschiffahrt sehr gefördert, wie Tabelle 20 (S. 55) deutlich zum Ausdruck bringt. Es ist aber dennoch als sicher anzunehmen, daß der Anteil der Trampschiffahrt an der deutschen Handelsflotte bei der allgemeinen Bevorzugung des Liniensystems in der deutschen Schiffahrt und ihrem engen Verbundensein mit dem nordatlantischen Verkehr mit der Rückkehr normalerer, geordneterer Verhältnisse im nordatlantischen Seeverkehr wieder zugunsten der Linienschiffahrt abnehmen wird. —

Das b r i t i s c h e System des Schiffahrtsbetriebes steht dazu in direktem Gegensatz, denn die Stärke der britischen Schiffahrt ist gerade der Trampverkehr (vgl. S. 41), der die Stütze der britischen Vormachtstellung zur See, und in dem ihre Führung eine absolute und beherrschende ist. Der außerordentliche Umfang der britischen Handelsflotte ist nur durch diese Bedeutung der Trampschiffahrt zu verstehen, die der „Frachtträger für alle Welt", wie W. C u n o sie nennt (11), ist und weit über den eigentlichen Eigenverkehr hinaus für den gesamten Welthandel den Güteraustausch vermittelt und bedient. Ihre führende Stellung, welche selbst durch die für die britische Schiffahrt so kritischen Nachkriegsjahre nicht erschüttert wurde, wird nicht allein auf die jahrhundertalte Erfahrung der Engländer im Schiffahrtsbetrieb, sondern nicht zum wenigsten auch auf die angeborene, dem englischen Volkscharakter entspringende Begabung für dieses Betriebssystem zurückzuführen sein (48). So ist die Gegensätzlichkeit der deutschen und britischen Einstellung zu diesen beiden Betriebsarten mitbestimmend durch die Verschiedenheit der Stammeseigenschaften der beiden Völker verursacht worden. Wie aber die Fähigkeit der Engländer, jeden Vorteil, den der Frachtenmarkt bietet, zu erkennen und zu nutzen, hervorragend und eine der Hauptursachen der Erfolge der britischen Schiffahrt im Weltverkehr ist, so haben sie offen ihre Unterlegenheit auf dem Gebiete der Linienschiffahrt gegenüber der mustergültigen Organisation der deutschen Liniengesellschaften anerkannt (48). Außerdem wird die britische Trampschiffahrt jedoch ganz besonders dadurch gefördert, daß der britische Außenhandel einen sehr starken Bedarf an Trampschiffen hat. Allein seine Kohlenexporte nehmen einen Umfang von ungefähr $^3/_5$ der englischen Gesamtausfuhren ein; daneben ist noch der britische Terminhandel in Baumwolle, Getreide und vielen anderen Warenarten von großer Bedeutung.

So wird der außerordentliche Umfang der britischen Trampschiffahrt verständlich erscheinen, der 1913 60 %, also $^3/_5$ der gesamten großen Handelstonnage, oder rund 12 500 000 Tonnen Brutto eingenommen hat. Der erhebliche Rückgang ihres Anteiles an der Gesamttonnage, der im Jahre 1924 nur noch ca. 35 % betragen hat und infolge des im Vergleich zum Jahre 1913 ungefähr gleichgebliebenen Umfanges der britischen Handelsflotte auf eine absolute Verringerung der Trampschiffstonnage zurückzuführen ist, findet seine Begründung hauptsächlich in der Depression der Weltschiffahrtslage, die bereits des öfteren betrachtet worden ist. Der Rückgang des Anteils der britischen Handelsflotte an der Welthandelstonnage ist also vollkommen durch die ungünstige Entwicklung der Trampschiffahrt verursacht worden. Aber die britische Trampschiffstonnage hat nicht allein einen absoluten Rückgang in der Nachkriegszeit erfahren, sondern auch ihr Verhältnis zu dem gesamten Trampschiffsraum aller Handelsflotten ist in dieser Zeit ein ungünstigeres geworden; nach den Angaben der Tabelle 20 (S. 55) ergibt sich, daß dasselbe von 43 % im Jahre 1913 auf etwa 35 % im Jahre 1924 zurückgegangen ist.

Aus dieser rückläufigen Entwicklung der britischen Trampschiffahrt bei einer gleich gebliebenen Tonnage der Gesamtflotte folgert schon, daß sich dagegen die britische Linienschiffahrt absolut und relativ ganz außerordentlich ausgedehnt hat. Daß ihre Entwicklung im wesentlichen von den großen Liniengesellschaften beeinflußt worden ist, wird von der nachstehenden Tabelle 28 deutlich zum Ausdruck gebracht.

Tabelle 28:
Die Entwicklung der großen britischen Liniengesellschaften über 200 000 Tonnen Schiffsraum in der Zeit von 1913—1924.
Zusammengestellt nach verschiedenen Quellen.
(Angaben in 1000 Tonnen Brutto.)

Gesellschaft	1913	Rangfolge	1924	Rangfolge
1. British India Steam Navig. Co.	553,4	1	829,8	1
2. Peninsular & Oriental St. Navig Co.	538,9	2	650,7	5
3. Ellerman Lines (incl. Bucknall L.)	536,1	3	758,9	2
4. White Star Line	491,2	4	544,1	6
5. Holt Line	481,5	5	702,9	4
6. Furness, Withy & Co.	429,7	6	747,7	3
7. Union Castle Mail St. Co.	332,5	7	373,7	10
8. Elder, Dempster & Co.	328,4	8	364,9	11
9. Cunard Line	325,0	9	472,8	7
10. I. & T. Harrison	313,9	10	242,7	17
11. Leyland Line	287,9	11	279,1	16
12. Clan Line	268,8	12	307,1	14
13. Royal Mail Steam Packet Co.	246,4	13	456,6	8
14. Pacific Steam Navigation Co.	242,9	14	—	—
15. Lamport & Holt	216,9	15	322,9	13
16. Thos Wilson, Sons & Co.	207,8	16	181,2	19 [2]
17. Allan Line (Canad. Pac. Steam Co.)	200,4	17	380,7	9
18. British Tanker Co.	—	—	348,7	12
19. Commonwealth & Dominion Line	—	—	214,7	18
20. Eagle Oil Transport Co.	—	—	305,7	15
Total:	6001,7		8484,9	

[1] Vgl. Nr. 7 des Literatur-Verzeichnisses für die Angaben des Jahres 1913, und Nr. 4 für 1924.
[2] Diese Angabe aus Nr. 4 des Literatur-Verzeichnisses.

Diese 20 größten englischen Liniengesellschaften haben sich also in dem Zeitraum von 10 Jahren um rund 2,5 Millionen Tonnen auf den ganz außerordentlichen Schiffsbestand von fast 8,5 Millionen Tonnen ausgedehnt. Innerhalb der einzelnen Gesellschaften fallen die ungewöhnlichen Verschiebungen ihrer Tonnagebestände auf. Lediglich die British India Steam Navigation Co., die größte englische Reederei, und nach dem Kriege auch die größte der ganzen Weltschiffahrt, hat ihre Vorkriegsstellung in allen Jahren behaupten können, während sich die Rangfolge bei allen anderen Reedereien grundlegend geändert hat. Ganz besonders ist noch auf die Nachkriegsgründung der drei großen britischen Tankschiffsreedereien hinzuweisen (vgl. Nr. 18—20 in Tab. 28), die im Jahre 1924 zusammen über den sehr bedeutenden Schiffsbestand von 860 000 Tonnen verfügen konnten.

Diese ganz ungewöhnlichen umfangreichen Verschiebungen des Tonnageverhältnisses der britischen Tramp- und Linienschiffahrt ist die bedeutendste, auffallendste Erscheinung in der Nachkriegsentwicklung der englischen Schiffahrt. Bei der ganz besonderen Stellung der britischen Trampschiffahrt in der Welthandelsflotte, im Weltverkehr und namentlich auch im nordatlantischen Verkehr ist zudem auch die Abwanderung ihrer Tonnage auf den Linienverkehr der treffendste Beweis für die unhaltbare Lage, in der sich die gesamte internationale Trampschiffahrt seit Beendigung des Weltkrieges befindet. —

Unter allen Handelsflotten, die im Verkehrsgebiet des Nordatlantik beheimatet sind, nimmt die Trampschiffahrt in den drei n o r d i s c h e n Staaten die weitaus größte Bedeutung in der Gesamtflotte ein, wie Tabelle 20 (S. 55) erkennen läßt. Das überaus günstige Verhältnis der skandinavischen Trampschiffstonnage wird zum großen Teil durch geographische Ursachen bedingt: allen drei Ländern, hauptsächlich aber Norwegen, fehlt ein Hinterland von auch nur einiger Wichtigkeit und Bedeutung, wie es z. B. die europäischen Kontinenthäfen besitzen. Da sie selber auch nur relativ sehr schwach bevölkert sind und außerdem der Zustrom von Reisenden nicht übermäßig ist, so hat der Verkehr der drei nordischen Staaten nur einen sehr geringen Bedarf an regelmäßigen Schiffahrtslinien. Der Linienverkehr aber geht vorwiegend von den heimischen Häfen aus; nur in ihnen findet er seine Stütze und Kraft. So erklärt sich die zuerst eigentümlich anmutende Tatsache, daß die große norwegische Handelsflotte nicht eine einzige Liniengesellschaft enthält, die in den Jahren 1913 oder 1924 je einen Schiffsbestand von 100 000 Tonnen Brutto erreicht hätte. Dagegen sind in der dänischen Linienschiffahrt 2 Reedereien vorhanden, die diesen Tonnageumfang überschreiten (4 und 7):

Gesellschaft	1913	1924
Det forenede Dampskibs-Selskab	158,0	215,2
Ostasiatiske Komp.	47,7	132,6
	205,9	347,8

Und auch die schwedische Linienschiffahrt besitzt eine Gesellschaft, deren Tonnage einen Umfang von 100 000 Tonnen übertrifft (4 und 7):

Gesellschaft	1913	1924
Transatlantik Rederi, Gotenburg	25,9	129,8

Die norwegische Schiffahrt unterhält nächst der britischen bei dem absoluten Übergewicht ihrer Tramptonnage den bedeutendsten Verkehr in dieser Art des Seeschiffahrtsbetriebes, und zwar ist sie fast ausschließlich Frachtträger zwischen ausländischen Märkten. Auf ihrem Trampverkehr beruht allein die angesehene Stellung der norwegischen Schiffahrt im Seeverkehr. Daß die Trampschiffahrt dieses Landes in den Nachkriegsjahren im Verhältnis zur Gesamtflotte nicht unbeträchtlich zurückgegangen ist, ist ausschließlich, wie bei allen anderen Ländern, durch den übermäßigen Tonnageüberfluß in der Weltschiffahrt verursacht worden, gegen dessen verheerende Auswirkungen sich die Schiffahrt bis zu einem gewissen Grade allein durch den Linienverkehr schützen kann.

Schweden hat als bedeutenderes Industrieland auch im heimischen Handel einen größeren Bedarf an Trampschiffen, so vor allem für seine ausgedehnten Erz- und Holztransporte. Andererseits entfaltet die schwedische Linienschiffahrt schon einen umfangreicheren Schiffsverkehr mit regelmäßigen Diensten in der Überseefahrt (59). Daß das Tonnageverhältnis der Linienschiffahrt zur schwedischen Gesamtflotte dennoch nur ziemlich gering ist, ist eine Folge der relativen Kleinheit der schwedischen Liniendampfer (58).

In Dänemark wiederum hat die günstigere geographische Lage des Landes bereits einen bedeutenderen Linienverkehr entwickelt, als in den beiden anderen nordischen Ländern. Einmal unterhält die dänische Linienschiffahrt wohl einen ausgedehnteren regelmäßigen Frachtdienst, da Kopenhagen, der Haupthafen des Landes, wegen seiner überaus vorteilhaften Lage am Eingang zum Ostseegebiet und in seiner Eigenschaft als Freihafen der wichtigste Stapelplatz des ganzen Ostseeverkehrs ist, wie in späteren Darlegungen noch eingehender betrachtet werden wird. Umschlagshäfen aber ziehen stets regelmäßige Linien an sich, da die ankommenden Güter großenteils vor ihrer Wiederverschiffung aufgelagert werden und folglich bei ihrer Verladung vielfach einen Linienfrachtdampfer abwarten können. Außerdem läuft aber auch ein ausgedehnterer Personenverkehr über Dänemark nach den anderen Ostseeländern, denn Kopenhagen ist fast für alle Überseelinien der Zielhafen, da die großen Ozeanschiffe nicht weiter ins Ostseegebiet eindringen. Der weitere Verkehr wird dann durch Nebenlinien, sogenannte Anschlußlinien, weitergeleitet. Dieser im Vergleich zu den beiden anderen nordischen Staaten ganz erheblich umfangreichere Linienverkehr wird auch in der Tabelle 20 (S. 55) durch die Prozentziffern von 30 % im Jahre 1913, bzw. 40 % im Jahre 1924 zum Ausdruck gebracht. Die Ursache der Ausdehnung der dänischen Linienschiffahrt in der Nachkriegszeit ist einmal in Beziehung zu setzen zu der allgemeinen Schiffahrtskrise, dem bekannten, oft genannten Antriebsmoment für die günstige Entwicklung der Linienschiffahrt, daneben jedoch auch darauf zurückzuführen, daß während der Jahre nach der Beendigung des Weltkrieges die große Konkurrenz der deutschen Liniengesellschaften für die dänische Handelsschiffahrt ganz ausgefallen ist, so daß sie durch die seltene, nie wiederkehrende Gelegenheit einen Teil des Schiffsverkehrs, der normalerweise über die deutschen Nordseehäfen geleitet worden wäre, auf ihre eigenen Linien herüberzuziehen vermocht hat. Dennoch hat aber auch der

Trampverkehr für den dänischen Außenhandel seine wesentliche Bedeutung, wie auch die absolute Überlegenheit desselben vor der Linienschiffahrt durch die Ziffern der Tabelle 20 (S. 55) deutlich in die Erscheinung tritt. Als Agrarland hat Dänemark eine umfangreiche Ausfuhr an landwirtschaftlichen Produkten und andererseits einen bedeutenden Import an industriellen Erzeugnissen und vor allem an Kohle, so daß sich hierdurch der große Umfang der dänischen Trampschiffahrt zur Genüge erklärt. —

Die n i e d e r l ä n d i s c h e Schiffahrt verfügt über einen sehr erheblichen Linienverkehr. Die Linientonnage hat 1913 65 % und im Jahre 1924 sogar 75 % der gesamten holländischen Handelsflotte umfaßt. Besonders wichtig für diese Entwicklung ihrer Linienschiffahrt ist für die Niederlande der Besitz der wertvollen Kolonien in Ostasien, die mit ihrem Mutterland durch zahlreiche Schiffahrtslinien eng verbunden sind. Außerdem aber ist Holland durch eine besonders günstige geographische Lage bevorzugt, die gleicherweise dem Linienverkehr starken Vorschub leistet. Durch den Besitz der Rheinmündung und als gegebenes Verschiffungsland der seewärtigen Exporte des deutschen Industriegebiets berührt sowohl der ganz außerordentliche Frachtverkehr dieses hervorragend wichtigen Hinterlandes die holländischen Häfen, als auch gleichfalls ein sehr umfangreicher Personenverkehr. Während wohl die Exporte der Ruhrkohle und die Importe der Erze überwiegend im Trampdienst befördert werden, wird die Ausfuhr der Halb- und Fertigfabrikate der rheinisch-westfälischen Industrie dagegen hauptsächlich im Linienverkehr bewältigt werden. Absolut genommen, hat sich die holländische Linienschiffahrt, zu einem nicht unbeträchtlichen Teil wohl auch infolge des zeitweisen Ausfalls der deutschen Handelsflotte, seit dem Kriege überaus günstig entwickelt, denn trotz der 100prozentigen Vergrößerung der gesamten Handelstonnage (vgl. Tab. 2, S. 7) hat sich der Anteil der niederländischen Linienschiffahrt an der Gesamtflotte noch erhöht. Dementsprechend zeigen natürlich auch die großen holländischen Liniengesellschaften die gleiche vorteilhafte Entwicklung, wie die Tabelle 29 erkennen läßt.

Tabelle 29:
Die Entwicklung der holländischen Liniengesellschaften mit einem Schiffsbestand von mehr als 100 000 Tonnen Brutto von 1913—1924.

Zusammengestellt nach verschiedenen Quellen[1].
(Angaben in 1000 Tonnen Brutto.)

Gesellschaft	1913	1924
Stoomvaart Maatsch. Nederland	244,4	350,7
Holland-Amerika-Lijn	193,8	318,8
Rotterdamsche Lloyd	169,0	306,6
Koninklijke Paketvaart Maatsch.	162,2	203,2
Koninklijke Nederlandsche St. Maatsch.	86,9	171,6
Koninklijke Hollandsche Lloyd	91,2	106,6
Vereenigde Nederlandsche Sch. Maatsch.	—	114,2
Van Nievelt, Goudrian & Co.	27,2	110,8
	974,7	1682,5

[1] Die Angaben für das Jahr 1923 nach Nr. 7, die Angaben für das Jahr 1924 nach Nr. 4 des Literatur-Verzeichnisses.

Diese 8 holländischen Gesellschaften haben im Jahre 1924 68 % der ganzen Handelsflotte in ihrem Besitz gehabt, und im Jahre 1913 haben sogar die ersten 6 Linienreedereien 75 % der gesamten holländischen Handelstonnage vertreten. Danach ist es wohl verständlich, daß die holländische Linienschiffahrt einen so besonders hohen Anteil an der Gesamtflotte einnimmt, wie Tabelle 20 (S. 55) zum Ausdruck gebracht hat. —

Auch die italienische Handelsflotte unterhält, dem großen Fremdenverkehr des Landes entsprechend, einen sehr ausgedehnten Linienverkehr, der sich namentlich nach dem Kriege ganz besonders günstig entwickelt hat, denn nach Tabelle 20 (S. 55) hat die Tonnage der italienischen Linienschiffahrt in der Zeit von 1913 bis 1924 trotz der außerordentlichen Vergrößerung der Gesamtflotte nach dem Kriege ihren Anteil an derselben von 35 auf 50 % erhöht. An dieser Entwicklung sind auch in der italienischen Linienschiffahrt hauptsächlich die bedeutenden Großreedereien wesentlich beteiligt, wie aus Tabelle 30 ersichtlich ist.

Tabelle 30:
Die Entwicklung der italienischen Liniengesellschaften mit einem Tonnagebestand von mehr als 100 000 Tonnen Brutto von 1913—1924.
Zusammengestellt nach verschiedenen Quellen[1].
(Angaben in 1000 Tonnen Brutto.)

Gesellschaft	1913	1924
Lloyd Triestino (ehem. Oesterr. Lloyd)	241,7	178,0
„Cosulich" Soc. Triestina di Navigazione . . .	146,5	140,5
Lloyd Mediterraneo	—	123,2
Lloyd Sabaudo	34,4	116,1
Navigazione Libera-Italiana	29,4	149,9
Navigazione Generale Italiana	80,0	231,4
Soc. di Navigazione	39,9	102,0
	571,9	1041,1

Die Tabelle zeigt den außerordentlichen Aufschwung der italienischen Liniengesellschaften; nur die beiden großen Reedereien der ehemaligen österreichischen Handelsflotte haben einen Rückgang ihrer Tonnage zu verzeichnen gehabt. Auf die Bedeutung der Trampschiffahrt für den italienischen Seeverkehr ist bereits gelegentlich der Untersuchungen über die Ursachen der italienischen Flottenvergrößerungen hingewiesen worden (vgl. S. 43). Die steigenden Kohleneinfuhren, die wachsende Ausdehnung und Bedeutung der italienischen Industrie und der zunehmende Einfluß der Schiffahrt im Mittelmeerhandel erfordern eine sehr erhebliche Tonnage an Trampschiffen. Im auswärtigen Trampdienst dagegen haben die italienischen Reeder noch keinen größeren Einfluß gewinnen können. —

Auch die Nachkriegsentwicklung der japanischen Linien- und Trampschiffahrt möge im Verlaufe dieser Betrachtungen kurz angeführt werden, da sich die japanischen Schiffahrtsgesellschaften seit Kriegsende lebhaft

---
[1] Die Angaben für das Jahr 1913 nach Nr. 7, die Angaben für das Jahr 1924 nach Nr. 4 des Literatur-Verzeichnisses.

am nordatlantischen Verkehr zu beteiligen pflegen, und ganz besonders die großen japanischen Linienreedereien im Verkehrsgebiet des Nordatlantik regelmäßige Schiffahrtslinien eingerichtet haben. Vor dem Kriege ist noch der größte Teil der gesamten Linientonnage in der Hand der einen führenden japanischen Schiffahrtsgesellschaft gewesen, wie in Tabelle 31 zum Ausdruck kommt.

Tabelle 31:
Die Entwicklung der japanischen Liniengesellschaften mit einem Tonnagebestand von mehr als 100 000 Tonnen Brutto von 1913—1924.
Zusammengestellt nach verschiedenen Quellen[1].
(Angaben in 1000 Tonnen Brutto.)

Gesellschaft	1913	1924
Nippon Yusen Kaisha	417,5	516,9
Osaka Shosen Kaisha	169,9	441,2
Kokusai Kisen K. Kaisha	--	313,7
	587,4	1271,8

Nach dem Kriege weist die japanische Handelsflotte 3 Großreedereien auf, die zusammen ca. 30 % der Gesamttonnage in ihrem Besitz haben, doch hat sich in dieser Zeit die japanische Linienschiffahrt noch weiterhin bedeutend ausgedehnt, da der Gesamtanteil derselben an der ganzen Handelstonnage nach Tabelle 20 (S. 55) sich im Jahre 1924 auf 55 % gestellt hat. Ihre Entwicklung hängt aufs engste mit der Expansion der japanischen Handelsflotte seit Kriegsende zusammen, denn, nachdem dieselbe mit einem Schiffsbestand von fast 4 Millionen Tonnen in den letzten Jahren eine außerordentlich einflußreiche Stellung in der Weltschiffahrt eingenommen und das ostasiatische Inselreich mit seiner mächtig aufblühenden Wirtschaft ein immer umfangreicheres System regelmäßiger Schiffahrtsverbindungen mit den bedeutenden Wirtschaftsländern der Erde erfordert hat, ist in der Nachkriegszeit allmählich von der japanischen Linienschiffahrt ein ausgedehntes, den ganzen Erdball umspannendes Liniennetz ständiger Schiffahrtsverbindungen eingerichtet worden. Namentlich ist das natürlich in ihrem ureigensten Interessengebiet, dem Stillen Ozean, der Fall, aber auch auf den Routen zu dem verkehrsreichsten Meeresgebiet, dem Nordatlantik, und zwar auf den beiden Zufahrtsstraßen durch den Panamakanal und über Suez. Besonders ist noch auf den bemerkenswerten Umstand hinzuweisen, daß sowohl die Linien- wie die Trampschiffahrt der japanischen Handelsflotte selbst in den für die Schiffahrt so überaus ungünstigen Jahren seit 1921 stets voll beschäftigt gewesen ist, wie Tabelle 16 (S. 39) erkennen läßt. Während die Liniengesellschaften, durch staatliche Subventionen unterstützt, ihr Verkehrsnetz in allen Jahren überhaupt voll aufrechterhalten konnten, hat die Trampschiffahrt in dieser Zeit nur einen sehr kleinen Bruchteil ihrer Tonnage aufzulegen brauchen, namentlich seit der Zeit, als das furchtbare Erdbeben im Jahre 1923, das weite Teile des Landes vollständig in Trümmer gelegt hat, durch die Wiederaufbauarbeiten

---
[1] Die Angaben für das Jahr 1913 nach Nr. 7, die Angaben für das Jahr 1924 nach Nr. 4 des Literatur-Verzeichnisses.

eine ganz ausgedehnte Beschäftigung der Trampschiffahrt notwendig gemacht hat. —

Von den übrigen Handelsflotten sei noch diejenige S p a n i e n s erwähnt, deren Linienschiffahrt 2 Gesellschaften enthält, deren Tonnage einen größeren Umfang einnimmt, und in dem Jahre 1924 den Wert von 100 000 Tonnen überschritten hat, wie die folgende Zusammenstellung erkennen läßt (4 und 7):

Gesellschaft	1913[1]	1924[2]
Comp. Transatlantica	93,3	127,7
Sota y Aznar . . .	88,4	174,7
	181,7	302,4

Der Trampverkehr der spanischen Handelsflotte hat im Jahre 1913 ungefähr ¾ der Gesamttonnage beansprucht, ist aber infolge der ungünstigen Weltschiffahrtslage bis 1924 auf ⅔ derselben zurückgegangen. —

Die Ursachen der Entwicklung der Tramp- und Linienschiffahrt im nordatlantischen Verkehr seit Kriegsende stimmen natürlich mit denen der Umgruppierung ihres gegenseitigen Anteilsverhältnisses innerhalb der oben betrachteten Handelsflotten vollkommen überein. Ausschlaggebend für den außerordentlichen Rückgang des Trampverkehrs im nördlichen Atlantik sind eben die besonderen verkehrsgeographischen Verhältnisse, welche die Nordhemisphäre dieses Ozeans in so erstaunlichem Ausmaße vor den übrigen Weltmeeren hervortreten läßt.

Die weitgehende Umstellung der Handelsschiffahrt Großbritanniens und der Vereinigten Staaten, der beiden für den Seeverkehr bedeutungsvollsten Randländer des Nordatlantik, auf den Liniendienst hat allein schon genügt, um die Gruppierung der beiden Betriebsarten in diesem Verkehrsgebiet grundlegend umzugestalten. Ferner ist bereits betont worden (vgl. S. 57 ff.), daß diese Umstellung gerade auf den großen Hauptstraßen des Seeverkehrs zu besonders intensiver Auswirkung kommen mußte, weil auf diesen die Aussichten des Trampverkehrs einfach hoffnungslos geworden sind. Hier haben die Liniengesellschaften vor allem die Möglichkeit zu weitgehendster Ausgestaltung ihrer regelmäßigen Dienste gehabt; hier sind die Pools und Konferenzen wirksam gewesen, um die Linienschiffahrt im Kampf gegen die konkurrierenden Außenseiter, also namentlich gegen die Trampreeder, zu schützen. Diese Großschiffahrtsstraßen liegen aber mit nur ganz wenigen Ausnahmen im Gebiet des nordatlantischen Ozeans.

Die großen Verkehrsrouten, die mit den Ländern Nordwesteuropas und der Atlantikküste Nordamerikas in Verbindung stehen, sind also in hervorragendem Maße der Ort und Schauplatz gewesen, wo die für die internationale Schiffahrt hochbedeutsame Umgruppierung der Stärkeverhältnisse zwischen Tramp- und Linienbetrieb stattgefunden hat.

Die vielen bedeutenden Verkehrswege sind demnach auf die Entwicklung der beiden Verkehrsarten von allergrößtem Einfluß gewesen. Deshalb sind die Hauptschiffahrtswege des Nordatlantik auch im folgenden Abschnitt näher betrachtet worden.

[1] Vgl. Nr. 7 des Literatur-Verzeichnisses.
[2] Vgl. Nr. 4 des Literatur-Verzeichnisses.

Dritter Teil.

Die Veränderungen der Verkehrswege und -stätten.

a) Die Veränderungen der Verkehrswege und ihre Ursachen.

„Das 20. Jahrhundert steht im Zeichen des Verkehrs." Im Sinne der mächtigen Verkehrsentwicklung aufgefaßt, die mit Beginn desselben eingesetzt hat, gilt dieser Satz ganz besonders für den Nordatlantik. Die Verbindungen der einzelnen Randländer untereinander haben sich immer vollkommener entwickelt, immer feiner verzweigt, so daß dieser Teil des atlantischen Ozeans nicht mehr wie in früheren Zeiten völkertrennend, sondern ein im höchsten Grade völkerverbindendes Verkehrsgebiet geworden ist. Ihn überqueren nicht nur die wenigen großen Hauptverkehrsrouten, sondern darüber hinaus noch eine so außerordentliche Zahl von bedeutenden Schiffahrtswegen, daß es vor dem Krieg in seiner ganzen ungeheuren Ausdehnung kaum ein Flächenareal von größerem Ausmaße gegeben hat, das nicht von dem regen Schiffsverkehr mehr oder minder häufig berührt zu werden pflegte.

Diese großartige Entwicklung des Seeverkehrs im nordatlantischen Ozean ist durch den Ausbruch des Weltkrieges jäh unterbrochen worden. Der große Hauptteil seines Schiffsverkehrs, der mit den mächtigen Wirtschaftsstaaten Nordwesteuropas in Verbindung steht, ist während der Kriegsjahre wegen der Gefahren des Krieges ganz außerordentlich stark zurückgegangen, und auf vielen Schiffahrtswegen hat der Verkehr sogar ganz eingestellt werden müssen. Nach der Wiederherstellung friedlicher Verhältnisse hat sich dann natürlich der Verkehr wieder sehr schnell auf die ehemaligen überseeischen Verbindungswege ausgedehnt, doch sind immerhin einige Änderungen in den großen Schiffahrtsrouten seit dem Kriege festzustellen, die in den nachfolgenden Ausführungen im einzelnen dargelegt sind.

In der Gesamtheit aller Schiffahrtswege sind ihrer Verkehrsbedeutung entsprechend die Hauptrouten des Seeverkehrs von den Neben- oder sogenannten Anschlußrouten scharf zu unterscheiden. Hauptrouten sind die großen Verbindungswege der Weltwirtschaft, auf denen sich der Verkehr zwischen den Wirtschaftszentren der Erde abwickelt, und welche die Kontinente des Erdballs miteinander verbinden[1]. An diese Hauptstrecken sind eine große Zahl

[1] Vgl. Nr. 8, 17, 25, 26, 34, 36, 47, sowie Nr. 60—65 des Literatur-Verzeichnisses.

von Nebenlinien angeschlossen, die den Verkehr von den Häfen der Hauptroute auf die kleineren Plätze weiterleiten, die ihrer geringeren Handelsbedeutung wegen nur auf diesem Umwege mit den großen Weltverkehrsstätten in laufender Verbindung stehen können. Diese Nebenlinien, die meist nur eine lokale Bedeutung haben, sind von den folgenden Betrachtungen ausgeschaltet worden.

Die Hauptrouten des Seeverkehrs können entweder durch die Entstehung neuer, wichtiger Verkehrswege oder auch durch den Fortfall einer bisher bestandenen Route Veränderungen aufweisen. Bei der Vollkommenheit des nordatlantischen Verkehrsnetzes in der heutigen Wirtschaftsepoche sind beide Arten der Veränderungen von ganz besonderer, bemerkenswerter Bedeutung. Es ist erklärlich, daß sie nur noch in Einzelfällen aufzutreten vermögen, da die Hinzufügung neuer Schiffahrtswege im nordatlantischen Verkehrsgebiet ihre natürliche Beschränkung in der ganz bestimmten Zahl seiner Haupthäfen findet, die doch bereits fast sämtlich durch einen umfangreichen Verkehr miteinander verbunden sind. Andererseits kann der Wiederausfall einer schon existierenden Route eigentlich nur durch den Zwang politischer Ereignisse herbeigeführt werden. Deshalb ist in den Verkehrsrouten in der Nachkriegszeit nicht so sehr die Art der Veränderungen zutage getreten, daß ein Hauptschiffahrtsweg überhaupt ganz neu gebildet oder wieder verfallen ist, als vielmehr diejenige, daß auf einer bereits bestehenden Hauptroute einzelne Verkehrslinien neu eingeführt worden sind. Diese Veränderlichkeit bezieht sich allerdings eigentlich nur mehr auf die Frequenz des Verkehrs einer Route, die zu untersuchen aber Aufgabe des letzten Teiles der Arbeit ist (vgl. S. 133 ff.); da sie jedoch die Fragen dieses Kapitels zum mindesten berührt, sind sie hier in kurzem Gesamtüberblick angeführt worden.

1. Neubildungen von Hauptrouten.

Die beiden wichtigsten der im Gebiet des nordatlantischen Ozeans seit dem Kriege neugebildeten Hauptrouten sind die durch die Fertigstellung des Panama-Kanals entstandenen Großschiffahrtswege von Europa und Nordamerika nach dem Isthmus von Panama[1]. Die Beendigung der langjährigen, ungeheure Schwierigkeiten zu überwindenden Arbeiten der Anlage und die Übergabe des Kanals in den Verkehr im August 1914 ist bereits in den Beginn des Weltkrieges gefallen. Die ungehinderte Entwicklung des Schiffsverkehrs hat jedoch erst seit 1916 in vollem Umfange einsetzen können, da der Kanal schon ein Jahr nach der Eröffnung wieder durch einen der Erdabbrüche unbefahrbar wurde, die das ganze Werk mehr als einmal ernstlich in Frage gestellt haben. Nachdem aber auch dieses letzte Hindernis nach achtmonatiger Arbeit beseitigt werden konnte, ist der Panama-Kanal für die Benutzung der neuen Schiffahrtslinien des Weltverkehrs freigegeben worden. Die volle Auswirkung des Kanals auf die durch ihn neu entstehenden Hauptrouten und ihren Schiffsverkehr hat sich also erst in der Nachkriegszeit bemerkbar machen können (9). Ursache und Beweggrund der ganzen Kanalanlage ist neben der außerordentlichen militärisch-strategischen Wichtigkeit des Kanals für die amerikanische Kriegsmarine eine ganz wesentliche Kürzung der transatlantischen und transozeanischen Schiffahrtswege. Der Kanal ist

---

[1] Vgl. Nr. 26, 62, 63, 64, 65, 136 des Literatur-Verzeichnisses.

damit natürlich für Weltwirtschaft und Schiffahrt von ungemeiner Bedeutung gewesen, denn die Benutzung dieses neugeschaffenen Weges hat nicht nur für die Fahrt von Europa und Nordamerika nach der Westküste des amerikanischen Kontinents, sondern auch über den größten Teil des Stillen Ozeans, den Südseeinseln, Australien und den ostasiatischen Inselgruppen ihre Geltung. Die Auswirkung der Kanalöffnung auf die großen Verkehrsrouten ist aus Tabelle 32 ersichtlich.

Tabelle 32:
Entfernungen von Hamburg und New York nach überseeischen Plätzen über den Panama- und Suezkanal und um Kap der guten Hoffnung und Kap Horn.
Übernommen aus Hassert: Allg. Verkehrsgeographie (60).
(Angabe in Seemeilen.)

Von Hamburg nach:	über Panama	über Kap Horn	über Suez	über Kap d. g. Hoffn.	Suez kürzer als Panama	Pan. kürzer als Suez
Hongkong	14 800	18 090	10 160	13 130	4640	
Yokohama	13 230	17 010	11 730	14 700	1500	
Adelaide	14 350	14 190	12 020	12 100	2330	
Sydney	13 370	13 560	13 070	12 890	300	
Samoa	9 740	12 940	14 710	16 150		4 970
Valparaiso	7 860	9 150	18 790	18 590		10 930
Panama	5 240	11 870	20 000	20 680		14 760
San Franzisko	8 520	14 430	16 250	19 240		7 730

Von New York nach:	über Panama	über Kap Horn	über Suez	Suez kürzer als Panama	Panama kürzer als Suez
Hongkong	11 580	17 270	11 580	5690	3160
Yokohama	10 000	16 200	13 160	6200	2390
Adelaide	11 130	13 380	13 520	2250	4420
Sydney	10 150	12 740	14 570	2590	8520
Samoa	7 740	12 130	16 260	4390	
Valparaiso	4 630	8 340	20 290	3710	
Panama	2 020	11 050	21 480	9030	
San Franzisko	5 290	13 620	17 750	8330	

Die obige Tabelle läßt also die Bedeutung und die Grenzen des Wirkungsbereichs des Panama-Kanals deutlich erkennen. Für Hamburg und dementsprechend auch für die anderen europäischen Häfen ist der Kanal hinsichtlich des Verkehrs mit den wichtigen Interessengebieten der europäischen Staaten in Ostasien und Australien von gar keiner Bedeutung, sondern lediglich in dem Verkehr mit den Südseeinseln und hauptsächlich nach der Westküste des amerikanischen Kontinents. Für New York aber und die sämtlichen übrigen Häfen der nordamerikanischen Ostküste hat der Kanal eine ganz beträchtliche Abkürzung des Schiffahrtsweges nach Ostasien und Australien und allen Gebieten des Stillen Ozeans bewirkt und fernerhin die Möglichkeit gegeben, daß die amerikanischen Seehäfen der Ost- und Westküste auf dem Seewege miteinander in Verbindung treten können.

Diese Verhältnisse sind in kurzen Zügen die Grundlagen, die große Perspektive bei dem Plan der Kanalanlage gewesen; natürlich ist aber dieser eine Faktor der reinen Entfernungsverhältnisse allein noch nicht annähernd ausschlaggebend und bestimmend für die tatsächliche Verkehrsfrequenz auf den verschiedenen den Panama-Kanal benutzenden Schiffahrtsrouten. Dieses Problem, in dem noch zahlreiche andere Momente eine sehr wesentliche Rolle spielen, ist in der Vorkriegszeit bei der besonderen Bedeutung der Kanalanlage ganz ungewöhnlich lebhaft in Fachkreisen Gegenstand der Erörterung gewesen. Damals sind die Vorteile, die der mit riesigem Kostenaufwand hergestellte Kanal für den Weltverkehr, und speziell für die amerikanische Schiffahrt, eröffnen sollte, mit Ausnahme der Amerikaner selbst, mit stichhaltigen Gründen durchweg sehr skeptisch beurteilt worden. So hat unter anderen F. Hennig in mehreren Abhandlungen seinerzeit darauf hingewiesen (9, 61. 63), daß der gesamte europäische Verkehr durch das Riesenprojekt so gut wie gar nicht berührt, und auch die Schiffahrt der Vereinigten Staaten durch den Kanal nicht übermäßig bevorteilt würde, und daß sich eine Verzinsung des großen Kapitals, das in der Anlage investiert worden ist, in keinem Falle in einigermaßen befriedigendem Umfange erzielen ließe. Trotz dieser damals vollkommen richtigen Vorausberechnungen haben sich aber die ganzen Verhältnisse des Panama-Problems seit jener Zeit derartig grundlegend verändert, daß selbst die kühnste Phantasie in der Vorkriegszeit diesen Umschlag, wie er in der Folgezeit auftreten sollte, nicht für glaubhaft gehalten hätte. Es konnte seinerzeit weder mit so furchtbaren Folgen gerechnet werden, die ein Krieg selbst größerer Ausmaße auf die Weltschiffahrtslage ausüben kann. Es konnte auch nicht gedacht werden, daß sich der Schwerpunkt des Wirtschaftslebens der Erde innerhalb des Gebietes des Nordatlantik von den alten europäischen Kulturstaaten innerhalb weniger Jahre nach Nordamerika verschieben würde. und daß sich die in den Jahren vor dem Kriege noch im Überseeverkehr so unbedeutende Handelsflotte der Vereinigten Staaten in ein paar Jahren so riesenhaft entwickeln könnte.

Ein geschichtlicher Zufall dürfte die Entwicklung des Panama-Kanals rechtzeitig so beeinflußt haben, daß die anfängliche Schwäche seiner geographischen Grundlage, die sich vor dem Kriege mit derjenigen des Suez-Kanals bei weitem nicht vergleichen konnte, durch die Folgen des Weltkrieges nachträglich noch in hervorragendem Maße ausgeglichen worden ist. Diesen Umschlag, der für den Weltverkehr von der allergrößten Bedeutsamkeit ist, bringt auch die Tabelle 33 (S. 81) deutlich zum Ausdruck.

Trotzdem der Verkehr des Panama-Kanals von den Kriegsereignissen ungleich weniger berührt gewesen ist als der Schiffsverkehr, der seinen Weg über den Suez-Kanal nimmt, ist er auch in den Kriegsjahren noch ganz beträchtlich hinter dem letzteren zurückgeblieben. Parallel jedoch mit der Ausdehnung der amerikanischen Handelsflotte sind dann die Verkehrsziffern des Panama-Kanals seit 1919 so rasch in die Höhe geschnellt, daß sie im Jahre 1924 bereits diejenigen des Suez-Kanals erreicht und den bei der Projektierung des Kanals im Voranschlag ungefähr errechneten Wert von ca. 10½ Millionen Tonnen um mehr als das 1½fache übertroffen haben. Der Panama-Kanal ist also aufs engste mit dem nordamerikanischen Seeverkehr verbunden; auf die Schiffahrtswege der europäischen Staaten mit den Gebieten des Stillen Ozeans und Ostasiens hat der Kanal nur einen ganz beschränkten Einfluß ausgeübt.

Tabelle 33:
Die Entwicklung des Schiffsverkehrs im Panama- und Suez-Kanal in der Zeit von 1913—1924.
Zusammengestellt nach „Nauticus" (5).
(Angaben in Millionen Tonnen Brutto.)

Jahr	Panama-Kanal	Suez-Kanal
1913	—	20,0
1914	—	19,4
1915	3,8	15,3
1916	2,4	12,3
1917	5,8	8,4
1918	6,6	9,3
1919	6,1	16,0
1920	8,5	17,6
1921	11,4	18,1
1922	11,4	20,7
1923	14,9	22,7
1924	26,1	25,1

Die Auswirkung der Kanalöffnung auf die verschiedenen Großschiffahrtsstraßen des Nordatlantik ist demgemäß wie folgt zusammenzufassen (vgl. Karte I)[1]: die Routen Europa—Panama und Nordamerika—Panama sind ganz neu entstanden; von diesen beiden ist die nordamerikanische die bei weitem verkehrsreichere. Bedeutende Veränderungen ihrer Verkehrsfrequenz haben folgende Hauptrouten erfahren: die Route Nordamerika—Mittelmeer, die Route Nordamerika—Kap der guten Hoffnung, die Route Nordamerika—Südamerika. Geringere Veränderungen der Verkehrshöhe sind auf folgenden Hauptrouten aufgetreten: auf der Route Europa—Südamerika, auf der Route Europa—Kap der guten Hoffnung. Die Verkehrsfrequenz der Route Europa—Mittelmeer aber ist durch die Eröffnung des Panama-Kanals nahezu unberührt geblieben.

Als weitere Neubildung einer Hauptroute im Gebiete des nordatlantischen Ozeans ist fernerhin der Schiffahrtsweg von den Vereinigten Staaten nach der Ostsee anzusehen, wie aus der amtlichen amerikanischen Seeverkehrsstatistik (109) zu entnehmen ist, und dessen Verkehrsentwicklung in der Nachkriegszeit in späteren Ausführungen nochmals betrachtet werden wird. Die amerikanische Handelsflotte hat in den Nachkriegsjahren sowohl zur Beschäftigung ihrer mächtigen Tonnage, als auch gleichfalls zur Erschließung neuer Absatzgebiete für den stets weiter anwachsenden gewaltigen Exportüberschuß der amerikanischen Wirtschaft die Aufnahme neuer Verkehrsverbindungen angestrebt. Neben der Ausbreitung des Verkehrs auf den bereits bestehenden großen Hauptschiffahrtswegen der amerikanischen Ausfuhr haben die Vereinigten Staaten nach Kriegsende beabsichtigt, auch mit den Ostseeländern, mit denen sie vor dem Kriege nur einen sehr geringen Verkehr aufrechterhalten haben, in umfangreichem Maße in Handelsbeziehungen zu treten. Mit Kopenhagen als Stapelplatz und Endhafen der neuerrichteten Linien, an welche nach allen Ostseestaaten Anschlußlinien angegliedert worden sind,

---
[1] Die Karte befindet sich am Schluß dieses Bandes.

sollten dieselben für den amerikanischen Handel systematisch erschlossen werden. Diese Versuche der Schiffahrt der Vereinigten Staaten, sich in den Ostseehandel einzudrängen, haben sich namentlich gegen die deutschen Handelsbeziehungen und die deutsche Schiffahrt gewandt und haben naturgemäß freudigen Widerhall und lebhafteste Unterstützung der dänischen Schiffahrtskreise gefunden, die von dieser beabsichtigten Bevorzugung des Hafens von Kopenhagen seitens der amerikanischen Schiffahrt einen bedeutenden Aufschwung desselben erwartet haben. Tatsächlich ist auch in den ersten Nachkriegsjahren der Verkehr auf dieser neuen Route ganz außerordentlich gestiegen. Die Verkehrsziffern des Ostwärtsverkehrs dieser neuen Schiffahrtsroute haben sich von der nur geringen Höhe desselben im Jahre 1913, nämlich von 165 000 Tonnen, auf ca. 1,3 Millionen Tonnen im Jahre 1920 erhöht. Später haben sich allerdings die Hoffnungen der amerikanischen und dänischen Schiffahrtskreise nicht restlos erfüllt, denn die Verkehrsfrequenz der Route hat sich in den darauffolgenden Jahren wieder ganz erheblich gesenkt, ungefähr in demselben Verhältnis, wie die deutsche Handelsflotte wieder an Bedeutung und Leistungsfähigkeit gewonnen hat. —

Mit den im vorhergehenden genannten Hauptrouten sind die Neubildungen derselben auch bereits erschöpft. Dagegen sind, wie man aus den Ausführungen des Kapitels 1 bereits erwarten kann, die Neubeteiligungen einzelner Länder an dem Verkehr der verschiedenen Hauptrouten des Nordatlantik nach dem Kriege sehr umfangreich gewesen. Wiederum sind es hauptsächlich die Vereinigten Staaten, sowie auch Japan, die sich in dem wichtigsten Verkehrsgebiet der Erde für ihre großen Handelsflotten nach Kriegsende einen entsprechenden Tätigkeitsbereich sichern wollten und sich gewaltsam in den Linienverkehr, der vor dem Kriege fast vollständig in den Händen der europäischen Schiffahrtsgesellschaften gelegen hat, eingedrängt haben. Die amerikanische Schiffahrt hat, namentlich durch die Initiative des Shipping Board, nach allen bedeutenden Plätzen Europas regelmäßige Dienste eingerichtet und in jeder größeren Handelsmetropole neue Agenturen zur Propagierung der Benutzung der amerikanischen Linien eröffnet[1]. Ebenso hat das amerikanische Schiffahrtsamt auch in dem Verkehr zwischen den Häfen der Vereinigten Staaten und Südamerika für die amerikanische Handelsflagge die Führung zu erlangen versucht[1], nachdem dieselbe noch bis zum Weltkriege nur eine untergeordnete Rolle auf dieser Route gespielt hat. Besonders bemerkenswert ist aber ihre Ausdehnung auf die Verkehrsverbindungen mit den deutschen Häfen. Da die Route Vereinigte Staaten—Deutschland seit Kriegsende bei dem Ausscheiden der deutschen Handelsflotte aus dem Verkehr dieses bedeutendsten Schiffahrtsweges der deutschen Vorkriegslinien ihres wichtigsten Verkehrsträgers beraubt worden ist, so ist es ganz unausbleiblich gewesen, daß die neue mächtige Handelsflotte der Vereinigten Staaten den Schiffsverkehr auf dieser wichtigen Schiffahrtsstraße sofort an sich gerissen und mit ihren eigenen Linien nach Kriegsende wieder eröffnet hat. Von dem Jahre 1922 an ist dann die Beteiligung der amerikanischen Handelsflagge auf den deutschen Verkehrsrouten infolge der allmählich wiedererlangten Leistungsfähigkeit der deutschen Schiffahrt wieder ständig zurückgegangen. Namentlich durch die Abkommen der Hamburg-Amerika-Linie und des Norddeutschen Lloyd mit den amerikanischen Schiffahrtsgesellschaften ist der erste Grund

---

[1] Vgl. Archivalien des Kieler Instituts, Mappe 310 v 13.

gelegt worden für die Eindämmung und Zurückdrängung der Schiffahrtsinvasion der Vereinigten Staaten.

Es ist jedoch klar, daß bei diesen Verhältnissen auf den deutschen Verkehrsrouten während der ersten Jahre nach Beendigung des Weltkrieges auch die Schiffahrt anderer Länder von der zwangsweisen Entfernung der deutschen Flotte ihren Vorteil ziehen wollte, wie bereits schon die Tabelle 27 (S. 66) eindeutig zum Ausdruck gebracht hat. Sie zeigt, daß in den Jahren bis 1921 noch eine ganz bedeutende Anzahl britischer und holländischer Linien in dem deutschen Linienverkehr beschäftigt worden sind, und sie läßt ferner erkennen, daß sogar die vor dem Kriege auf den deutschen Verkehrsrouten noch vollkommen unbekannte japanische Handelsflagge in den Nachkriegsjahren im deutschen Verkehr mit mehreren regelmäßigen Schiffahrtsdiensten vertreten ist. Die Hauptursache der Ausdehnung der englischen Schiffahrt auf die deutschen Verkehrslinien beruht auf der Verlegung der Abfahrten der großen britischen Nordamerika-Linien nach Hamburg und Bremen, sowie auch anderer regelmäßiger Schiffahrtsverbindungen mit überseeischen Ländern nach den deutschen Nordseehäfen, da die deutsche Linienschiffahrt zu jener Zeit bei ihrer ohnmächtigen Stellung diesem Schritt der britischen Schiffahrtsunternehmen nicht den geringsten Widerstand entgegenzusetzen vermochte. Allein nach New York sind von den britischen Liniengesellschaften in den Nachkriegsjahren folgende regelmäßigen Dienste von den deutschen Nordseeplätzen aus aufgenommen worden (137):

1921 von Hamburg seitens der Royal Mail Steam Packet Co.,
1922 von Hamburg seitens der Cunard Linie,
1922 von Bremen seitens der White Star Linie,
1923 von Hamburg seitens der White Star Linie.

Erst ungefähr mit dem Jahre 1924 ist die deutsche Schiffahrt diesen mächtigen Konkurrenzunternehmen gegenüber wieder so sehr erstarkt, daß die englischen Liniendienste allmählich zum größten Teil wieder in die britischen Ursprungshäfen zurückverlegt worden sind.

Weitere Einzelheiten der Verkehrsveränderungen auf den verschiedenen nordatlantischen Hauptschiffahrtsstraßen sind dann in den Darlegungen des letzten Teiles der Arbeit noch eingehender zu verfolgen (vgl. S. 133 ff.).

2. Fortfall von bereits vorhandenen Hauptrouten.

Ein vollkommener, dauernder Ausfall eines Schiffahrtsweges, der als Hauptverkehrsroute des Seeverkehrs zwischen zwei Ländern bereits bestanden hat, ist bei dem heutigen Stand der Wirtschaftsentfaltung in den einzelnen Staaten eine Unmöglichkeit. Lediglich die Schiffahrtsverbindung eines einzelnen Landes auf einer Hauptroute kann durch die Unterbrechung des Verkehrs wieder eingestellt werden. Wie bereits ausgeführt, kann ein auch nur vorübergehender, gänzlicher Ausfall des Verkehrs auf einer Hauptroute oder selbst nur eines einzigen Landes lediglich durch ganz außergewöhnliche Umstände, vor allem durch politische Ursachen, herbeigeführt werden. Der Ausfall der deutschen Handelsflotte aus dem internationalen Verkehr zur See ist das typische Beispiel dafür. Auf Grund eines politischen Diktates hat der umfangreiche, den ganzen Erdball umspannende Verkehr der deutschen Schiffahrt jahrelang brachgelegen und erst allmählich wieder in erbittertem Daseinskampf die alten, für den deutschen Außenhandel so lebenswichtigen Überseeverbindungen aufs neue wieder aufnehmen können. Wie sehr die anteilsmäßigen Verschiebungen der einzelnen Flaggen auf den verschiedenen Routen mit dem Ausfall der deutschen Linien in Verbindung stehen, erhellt allein die Tatsache, daß lediglich die Hamburg-Amerika-Linie nach dem Kriege den Verkehr von mehr als 60 früher von ihr regelmäßig befahrenen Schiffahrtslinien hat einstellen müssen[1], von denen der weitaus größte Teil auf das nordatlantische Verkehrsgebiet entfällt. Diese vor dem Kriege florierenden Verbindungen sind nach Kriegsende das Objekt erbitterter Konkurrenzkämpfe zwischen den ausländischen Reedereien geworden, welche diese wichtigen Verkehrswege selber weiterzuführen beabsichtigten. Als Beispiel dieser Veränderungen ist die folgende Zusammenstellung[2] angeführt, welche die ausländischen Schiffahrtsgesellschaften nennt, die sich nach dem Kriege der ehemaligen Hapag-Linien nach Nordamerika, Westindien und Brasilien bemächtigt haben:

Route Hamburg—Vereinigte Staaten:
die amerikanische Kerr-Linie
die amerikanische American-Linie
die amerikanische United States Navigation Co.

Route Hamburg—Westindien:
die britische Red Star Line
die britische Johnson Line
die norwegische Südatlantik Linje
die amerikanische Booth Steamship Co.

Route Hamburg—La Plata, Brasilien:
der holländische Koninklijke Westindische Lloyd.

In analoger Weise haben alle deutschen Liniengesellschaften fremden Reedereien ihre alteingeführten Verbindungen überlassen müssen, bis sie, wie bereits betont, ganz allmählich in zäher Wiederaufbauarbeit seit ungefähr 1924/25 wieder so ziemlich alle früheren Schiffahrtslinien für die deutsche Schiffahrt zurückgewonnen haben. —

Die überwiegenden Veränderungen der nordatlantischen Verkehrswege sind demnach Verschiebungen der Flaggenzugehörigkeit innerhalb des Verkehrs auf den bereits bestehenden Hauptrouten gewesen, denn als eine besonders wichtige, grundlegende Neubildung einer Schiffahrtsstraße können allein die Panama-Routen angesehen werden. Diese Tatsache entspricht jedoch gerade der unerreichten Vollkommenheit des modernen Verkehrssystems der Weltschiffahrt auf dem nordatlantischen Ozean, dessen Randstaaten fast ohne Ausnahme infolge ihrer wirtschaftlichen Bedeutung oder, wie z. B. Portugal, wegen ihrer hervorragend günstigen geographischen Lage miteinander in regelmäßiger Verkehrsverbindung stehen. Diese Feststellung ist ein weiterer Beweis für die außerordentliche Wichtigkeit und die überragende Stellung des nordatlantischen Verkehrsgebiets im Vergleich zu den anderen Weltmeeren der Erde.

---

[1] Vgl. „Köln. Volkszeitung", Nr. 221 vom 20. März 1920.
[2] Vgl. „Schiffahrtszeitung", Nr. 58 vom 14. April 1920.

b) Die Veränderungen der Verkehrsstätten und ihre Ursachen.

Neben den Schiffahrtsrouten sind die Seehäfen der Ort und Schauplatz, an dem sich der Seeverkehr zwischen den Völkern zusammenballt und in denen er sich mit den Landverkehrswegen berührt. Als Knotenpunkte der Land- und Seewege des Weltverkehrs ist die Funktion der Häfen demnach die Vermittlung und Aufnahme des gesamten seewärtigen Verkehrs der Weltwirtschaft, eine Aufgabe, die bei den heutigen Riesenausmaßen desselben von ganz einzigartiger wirtschaftlicher Bedeutung ist. Da nun der Nordatlantik das weitaus verkehrsreichste aller Weltmeere ist, so muß sich auch zwangsläufig zugleich die Entwicklung ergeben, daß die großen Seehäfen der Erde in der Mehrzahl seinem Verkehrsgebiet angehören. Unter der Unzahl der großen und kleinen Hafenplätze, die der nordatlantische Ozean aufzuweisen hat, haben sich einige Häfen zu den Hauptträgern des Seeverkehrs und zu den nahezu alleinigen Vermittlern des Überseehandels emporgeschwungen. Diese Vormachtstellung verdanken die Haupthäfen letzten Endes fast sämtlich ihrer besonders günstigen geographischen Lage, die sich für eine Berührung des Land- und Überseeverkehrs in ganz hervorragendem Maße eignet, und auf Grund derer wirtschaftliche und politische Triebkräfte ihre Entwicklung weiterhin gefördert haben. Diese Grundlagen der Verkehrsbedeutung der großen Seehäfen sind wiederholt von berufener Seite in eingehendster Weise dargelegt worden[1].

Nicht jedoch diese Grundlagen der Seehäfen zu beschreiben, ist die Aufgabe der folgenden Ausführungen, sondern nur, die Veränderungen festzuhalten, die in dem Seeverkehr der großen Hafenplätze des nordatlantischen Verkehrsgebietes seit Ausbruch des Weltkrieges aufgetreten sind. Werden nun diese Veränderungen auf eine so kurze Zeit wie die Jahre seit Kriegsbeginn bezogen, so versteht es sich, daß natürliche Veränderungen die Entwicklung der modernen Seehäfen nur in geringem Maße beeinflussen konnten. Gerade in dem Jahrzehnt von 1914—1924, den Zeiten des Weltkrieges und seiner weitreichenden Auswirkungen, sind es vielmehr in der Hauptsache wirtschaftliche und politische Momente gewesen, die die Ursache zu großen Umwälzungen unter den führenden Seehandelsplätzen des Weltverkehrs gegeben haben. Deshalb sind auch die nordatlantischen Welthandelsplätze diejenigen, die von den Zeitereignissen in allererster Linie berührt worden sind; haben sie doch entweder im direkten Brennpunkt, oder zum mindesten im unmittelbaren Einflußbereich des großen Krieges gelegen.

Demnach ist in den nachstehenden Darlegungen versucht worden, einen Überblick über die wichtigsten Entwicklungsvorgänge und Änderungsursachen der Rangstellung und Verkehrsbedeutung der größten nordatlantischen Seehäfen zu geben, und zwar sind entsprechend der verkehrsgeographischen Grundeinstellung der ganzen Arbeit die betriebstechnischen Momente nur in kurzem Zusammenhang aufgeführt, die Einwirkungen physiogeographischer und besonders wirtschafts- und politischgeographischer Verhältnisse auf den Seeverkehr der einzelnen Häfen aber eingehender behandelt worden.

Die Ursachen der Veränderungen in dem Verkehr der großen Seehäfen

---

[1] Vgl. Nr. 17, 26, 48, 60, 65, 67, 68, 69, 70 und 74 des Literatur-Verzeichnisses.

sind, ihrer umfassenden Handelsbedeutung entsprechend, ganz ungemein verwickelt. Sie sind abhängig von den unendlich vielen, feinen Schwankungen, die dem Welthandel sein ewig pulsierendes wechselvolles Leben geben und von dem allgemeinen Stande der nationalen und der Weltwirtschaft, sie sind verbunden mit politischen Maßnahmen der Völker, z. B. Handelsverträgen und Tarifabkommen, mit den Veränderungen der Hinterlandsverbindungen der Häfen und der Qualität der Hafeneinrichtungen und -anlagen, die bei dem niemals rastenden Fortschreiten der Technik in der heutigen Zeit schnell veralten können. Sie hängen ferner ab von dem Grade der Entfaltung der nationalen, und insbesondere der heimischen Schiffahrt und vor allem von der wesentlichsten, lebenswichtigen Grundlage eines Hafenplatzes: der physiogeographischen Beschaffenheit und Lage des Hafengebietes, welche die bedeutsamsten Veränderungen aufweisen kann, wie z. B. bei Flußhäfen durch die Versandung des Strombetts oder durch eine allmählich zu gering werdende Hafentiefe infolge des Anwachsens des durchschnittlichen Tiefgangs der Seeschiffe. Dazu treten noch so außergewöhnliche Ereignisse wie der Weltkrieg mit seinen verheerenden Folgen, dem Friedensvertrag von Versailles, dem langjährigen Warenboykott der Siegerstaaten gegen das Deutsche Reich und der Handelskriege, ferner die Inflationserscheinungen in verschiedenen Ländern und viele unnennbare Imponderabilien, die bei dem außerordentlichen Umfang des Verkehrs der großen Welthandelsplätze weitere Veränderungen verursachen.

So wird es verständlich erscheinen, daß die Entwicklung des Seeverkehrs der nordatlantischen Haupthäfen in den Nachkriegsjahren auf alle ihre vielseitigen Ursachen hin erschöpfend nur in ganz speziellen Abhandlungen zu klären und erklären möglich ist. Die folgenden Ausführungen versuchen demnach lediglich, im Sinne der ganzen Arbeit die wesentlichsten Grundzüge und Hauptmerkmale der Entwicklung der einzelnen nordatlantischen Häfen seit dem Kriege darzustellen. —

Unter den großen nordatlantischen Häfen gelten als „Welthäfen" allgemein nur die 6 bedeutendsten Handelszentren des Seeverkehrs: Hamburg, Rotterdam, Antwerpen, London, Liverpool und New York. Diese Sonderstellung verdanken sie dem umfassenden Einflußbereich ihres Verkehrs, ihrer wahrhaft internationalen Bedeutung für die Weltwirtschaft, die keiner der vielen anderen europäischen und nordamerikanischen Häfen aufzuweisen vermag. Dennoch sind aber auch unter den übrigen Häfen noch einige Plätze für den nordatlantischen Seeverkehr von erhöhter Bedeutung, obschon dieselbe nur auf einen bestimmten Umfang beschränkt und auf einige ganz gewisse Verkehrsgebiete oder Verkehrsarten lokalisiert ist. Zu diesen Häfen, die im Gegensatz zu den Welthäfen als Haupthäfen bezeichnet sind, werden allgemein gerechnet: Bremen, Amsterdam, Le Havre, Rouen, Cherbourg, Southampton und die amerikanischen Häfen Boston, Baltimore, Philadelphia und New Orleans. Eine Vergleichsmöglichkeit der Stellung, Bedeutung und Rangordnung der großen Welt- und Haupthäfen des Nordatlantik kann aus der jährlichen Verkehrsleistung der ein- und auslaufenden Schiffe gewonnen werden, wenn dieselbe auch nur ein außerordentlich rohes, ungenaues Bild über den wahren Wert der einzelnen Häfen für den Weltverkehr zu liefern imstande ist, denn in diesen Ziffern wird überhaupt nicht der ganz wesentliche Umstand berücksichtigt, daß viele Schiffe in Ballast laufen oder in einem Hafen nur

Teilladungen ausführen. So würden Zusammenstellungen über den jährlich bewegten Umfang an Ein- und Ausfuhrgütern nach Gewicht oder Wert weit brauchbarere Ergebnisse bieten, doch diese werden in den verschiedenen amtlichen Seeverkehrsstatistiken noch nicht, oder zum mindesten nur teilweise und gänzlich ungenügend, nachgewiesen. Deshalb kann zur allgemeinen Übersicht über die Verkehrsbedeutung der nordatlantischen Haupthäfen nur die Tabelle 34 angeführt werden, die den jährlichen Schiffsverkehr der einzelnen Plätze im Mittel von Ein- und Ausgang erkennen läßt.

Tabelle 34:
Der Seeverkehr der nordatlantischen Haupthäfen in der Zeit von 1913—1925.
Zusammengestellt nach verschiedenen Quellen[1].
(Angaben im Mittel von Ein- und Ausgang, in 1000 Tonnen Netto.)

	1913	1922	1923	1924	1925
New York . .	15 594	18 639	19 231	18 928	19 654
Mersey Häfen	13 313	13 088	15 007	15 517	13 273
Hamburg . .	13 095	12 226	14 468	14 445	15 336
London . . .	12 665	12 920	14 625	16 280	17 161
Rotterdam . .	12 249	12 200	11 402	15 130	16 059
Antwerpen . .	12 017	12 765	14 682	17 188	17 017
Lissabon . . .	7 891	7 767	5 388	5 358	5 782
Southampton .	6 667	6 657	8 541	9 174	9 261
Cherbourg . .	4 587	7 368	9 568	9 915	10 933
Bremen . . .	3 528	3 365	4 192	4 059	4 423
Le Havre . . .	3 502	3 776	3 821	4 132	4 147
New Orleans .	2 977	4 864	4 601	5 192	5 073
Boston	2 791	2 593	2 954	2 046	?
Amsterdam .	2 632	3 881	4 335	4 677	?
Rouen	1 884	1 779	2 033	1 787	1 610

Immerhin gibt diese Tabelle über den Entwicklungsgang des Schiffsverkehrs der einzelnen Häfen seit dem Kriege ein zutreffendes Bild, das in dem beifolgenden Diagramm 7 (S. 88), zu dessen Aufzeichnung die obigen Werte benutzt worden sind, noch deutlicher zum Ausdruck kommt. Der Umfang der Veränderungen in dem Schiffsverkehr dieser Häfen wird sodann durch das folgende Diagramm 8 (S. 89) veranschaulicht. Die beiden Diagramme lassen die großen Veränderungen in der jährlichen Tonnagefrequenz des Seeverkehrs der einzelnn Häfen deutlich erkennen. Sehr bemerkenswert ist vor allem die Tatsache, daß sich der Gesamtschiffsverkehr aller Häfen in der Zeit von 1913 bis 1925 ganz beträchtlich ausgedehnt hat: eine Erscheinung, die jedoch wohl mehr auf die große Vermehrung der Welthandelstonnage, als auf eine Erhöhung des Güter- und Personenverkehrs zurückzuführen ist.

Unter den einzelnen Häfen behauptet New York in allen Jahren die führende Stellung mit einem jährlichen Schiffsverkehr, der im Jahre 1925 ungerechnet der Küstenschiffahrt schon fast einen Wert von 20 Millionen Tonnen erreicht hat. Unter den europäischen Welthäfen hat sich in der Nachkriegszeit

---
[1] Für die Angaben der Jahre 1913—1924 vgl. Nr. 5 des Literatur-Verzeichnisses; für die Angaben des Jahres 1925 vgl. „Wirtschaft und Statistik", Jahrg. 1925, S. 389 ff.

das erbitterte Ringen um die Vorherrschaft weiter fortgesetzt. Wohl ist ihre universelle Bedeutung im Weltverkehr an sich ganz unumstritten, aber ihr Wirkungsbereich ist gerade wegen ihrer machtvollen Stellung im Wirtschaftsleben von einer so außerordentlichen Reichweite, daß ihre Verkehrsziffern durch die gegenseitige scharfe Konkurrenz, die sie sich untereinander be-

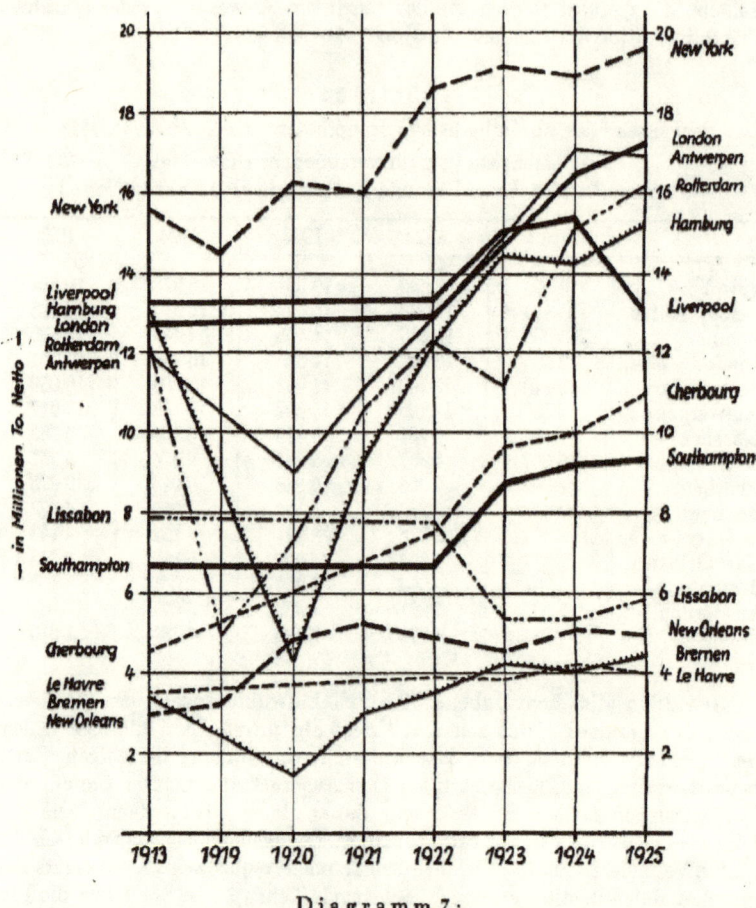

Diagramm 7:
Der Seeverkehr der nordatlantischen Haupthäfen in den Jahren 1913—1925.
Aufgezeichnet nach Angaben der Tabelle 34.

reiten, stark beeinflußbar sind. Nach Tabelle 34 hat London im Jahre 1925 vor Antwerpen, Rotterdam, Hamburg und Liverpool die Führung errungen, doch folgen die anderen Plätze dem britischen Welthafen in so kurzen Abständen, daß sich das wechselvolle Bild der Nachkriegsentwicklung des Verkehrs dieser 5 großen Häfen schon in den nächsten Jahren wieder ändern kann. Die Passagierhäfen Cherbourg und Southampton haben ihren Schiffsverkehr bis zum

Jahre 1925 in ganz ungewöhnlich großem Umfange vermehren können, namentlich deshalb, weil sie nach dem Kriege die Hauptanlaufplätze der transatlantischen Schiffahrtslinien geworden sind. In demselben Maße ist der Lissaboner Schiffsverkehr zurückgegangen, da die Überseelinien den portugiesischen Haupthafen in der Nachkriegszeit nur noch in geringerem Umfange zu be-

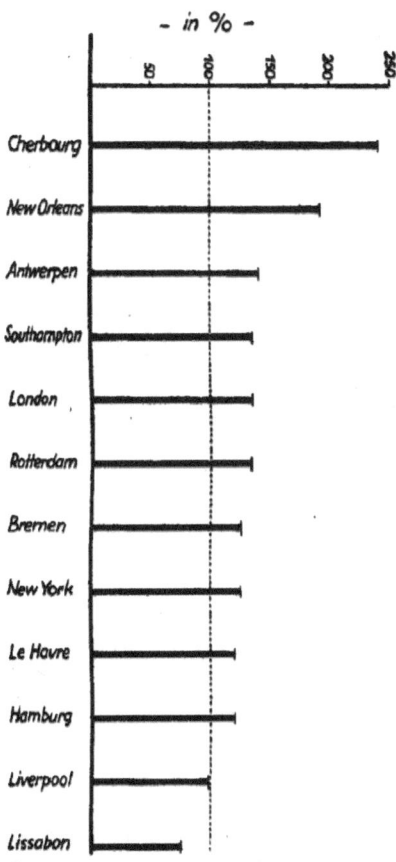

Diagramm 8:
Die Vergrößerungen des Seeverkehrs der nordatlantischen Haupthäfen von 1913—1925; in % der Tonnage des Jahres 1913.
Errechnet nach Tabelle 34.

rühren pflegen. Unter den übrigen Häfen haben New Orleans und Amsterdam seit den Kriegsjahren die Häfen von Bremen und Le Havre überflügeln können. —

Im Folgenden ist nun die Entwicklung der verschiedenen großen Häfen des Nordatlantik in den Nachkriegsjahren im Einzelnen dargelegt worden.

1. Die deutschen Welt- und Haupthäfen.

a) Hamburg.

Der deutsche Welthafen hat in der Nachkriegszeit außerordentlich ernste Zeiten durchlebt. Durch die Bestimmungen des Friedensvertrages von Versailles ist Hamburg seine wichtigste Stütze und Kraftquelle genommen worden, indem ihm sein gesamter großer Schiffsbesitz von fast 3 Millionen Tonnen Brutto nahezu restlos enteignet worden ist. Da das Schwergewicht des Hamburger Überseeverkehrs auf seiner Handelsflotte geruht hat, so ist der Schlag, der Hamburg damit betroffen hat, furchtbar gewesen. Hamburg ohne Schiffe bedeutet in jedem Falle einen unwiederbringlichen Rückgang seiner Weltgeltung im Seeverkehr. Es ist deshalb für den Elbehafen eine Lebensnotwendigkeit gewesen, den Wiederaufbau der Flotte sofort nach den Jahren der Enteignung wieder in Angriff zu nehmen. Nur dadurch ist es denn auch möglich gewesen, daß der Schiffsverkehr Hamburgs bereits seit dem Jahre 1923 wieder seine Vorkriegsfrequenz erreicht bzw. sogar überschritten hat. Andernfalls aber wären die beiden übrigen großen Welthäfen des europäischen Kontinents, Rotterdam und Antwerpen, dem deutschen Hafen übermächtige Konkurrenten geworden.

Immerhin hat der Flottenneubau für Hamburg lediglich die letzte, hohe Verkehrssteigerung bewirken können, die den Elbehafen über den Durchschnitt anderer bedeutender Handelsplätze erhebt, und die ihm seine Welthafenstellung zusichert, denn die allgemeinen Vorteile Hamburgs als Hafenplatz sind so gewaltig, daß das schnelle Wiederaufleben des Schiffsverkehrs nach Kriegsende auch ohne eine eigene Flotte unausbleiblich sein mußte. Unter Berücksichtigung der ungesunden Wirtschaftsverhältnisse in Deutschland während der Jahre nach der Beendigung des Weltkrieges und dem daraus folgenden Rückgang des deutschen Exports sind die schnell wiederansteigenden Verkehrsziffern Hamburgs ein Beweis seiner festen Stellung und seiner allgemeinen großen Bedeutung für die gesamte Weltwirtschaft[1]. In stetiger Entwicklung hat der Handel des deutschen Welthafens die durch den Krieg verlorenen Überseeverbindungen zurückgewonnen[2] und auch den Verkehr mit den europäischen Ländern in vollem Umfange wieder aufgenommen. Die Wiedergewinnung der universellen Stellung und Bedeutung Hamburgs im Weltverkehr kommt ganz besonders in der Aufstellung der Tabelle 35 zur Geltung, in der die Häfen aufgeführt sind, mit denen Hamburg im Jahre 1923 bereits wieder einen Schiffsverkehr von mehr als 1 Million Tonnen Netto unterhalten hat, und die beweist, daß Hamburg mit sämtlichen großen Welthandelsplätzen der Erde den umfangreichsten Verkehr gepflegt hat.

Diese weltumspannenden Verkehrsbeziehungen des Hamburger Hafens bringen eindeutig zur Erscheinung, daß Hamburg in der Tat auch nach dem Kriege wieder im wahrsten Sinne unter die „Welthäfen" gerechnet werden muß. Seine wichtigste Verkehrsverbindung ist in der Nachkriegszeit, wie auch schon vor dem Kriege, diejenige mit den Vereinigten Staaten, die im Jahre 1922 18 %, und im Jahre 1923 15 % des Hamburger Gesamtverkehrs eingenommen hat[3], und die sich gegen das letzte Vorkriegsjahr 1913 sogar noch erhöhen

---
[1] Vgl. „Technik und Wirtschaft", Jahrg. 1926, S. 162 ff.
[2] Vgl. „Wirtschaftsdienst", Jahrg. 1921, Nr. 39.
[3] Vgl. die Statistik des Deutschen Reichs, Band 314, III. Einleitung (siehe Nr. 21 des Literatur-Verzeichnisses).

Tabelle 35:

Der Schiffsverkehr Hamburgs mit allen großen Häfen der Welt, soweit er im Jahre 1923 einen Umfang von 1 Million Tonnen Netto überschritten hat. Zusammengestellt nach der „Statistik des Deutschen Reichs"[1].

Verkehr zwischen Hamburg und:

New York	3,0 Mill. To. Netto.
Rotterdam	2,6
Antwerpen	2,3 Mill. To. Netto
Newcastle o/Tyne	2,3
Bremen	1,9
Buenos Aires	1,9
London	1,6
Port Said	1,4
Rio de Janeiro	1,3
Montevideo	1,2
Singapore	1,2
Colombo	1,1
Shanghai	1,1
Hongkong	1,1
Santos	1,1

konnte. Außerdem hat der Verkehr mit Großbritannien, Holland und in besonderem Maße auch nach den Ostseeländern seit dem Kriege ganz erheblich zugenommen. Gerade in der hervorragenden Entwicklung des Hamburger Transitverkehrs zum Ostseegebiet kommt die Universalbedeutung des Elbehafens treffend zum Ausdruck, denn sie ist ein Zeichen, daß die Kraft des Hamburger Handels durch den Weltkrieg nicht gebrochen worden ist. Im Transitverkehr nach der Ostsee von allen Gebieten, die westlich der Elbemündung liegen, ist die Lage Hamburgs als Umschlagshafen für den Nordostseeverkehr allen anderen für diesen Verkehr in Betracht kommenden Seeplätzen weitaus vorzuziehen. Dieser Vorteil der Hafenlage Hamburgs beruht darauf, daß der Elbehafen am unmittelbarsten an der direkten Route von der Ostsee nach den Schiffahrtswegen des Nordseegebiets und des Nordatlantik gelegen ist[2]. Als nach Kriegsende der Verkehr nach der Ostsee wieder voll einsetzte, und Hamburg seines wichtigsten Werkzeuges für die Durchführung seines großen Verkehrs beraubt war, mußte sich der deutsche Haupthafen, um den Ostseetransitverkehr wieder aufnehmen zu können, auf Gnade und Ungnade der ausländischen Schiffahrt anvertrauen. Aber diese hat in jener Zeit gerade mit allen Mitteln versucht, diesen Verkehr systematisch von dem deutschen Hafen fernzuhalten, um Kopenhagen zum zentralen Mittelpunkt und Umschlageplatz für den gesamten Ostseehandel zu machen. Es ist bereits in früheren Darlegungen (vgl. S. 81) festgestellt worden, daß die Vereinigten Staaten nach dem Kriege als neue Mitbewerber im Ostseehandel für diesen geeignete Stapelplätze gesucht haben, von denen aus sie die Märkte der Ostseeländer beherrschen konnten, und daß Kopenhagen diese günstige Gelegenheit ergriffen hat, um durch Bindung mit der amerikanischen Schiffahrt sich zum vorherrschenden Ostseehafen emporzuschwingen[3]. So hat sich

---

[1] Vgl. Nr. 21 des Literatur-Verzeichnisses, und zwar Band 314, III. Einleitung.
[2] Vgl. „Technik und Wirtschaft", Jahrg. 1926, S. 169 ff.
[3] Vgl. „Wirtschaftsdienst", Jahrg. 1919, Nr. 9; vgl. auch Nr. 126 des Literatur-Verzeichnisses.

nach dem Kriege die Konkurrenz des Hafens von Kopenhagen und der amerikanischen Schiffahrt gegen Hamburg herausgebildet. Dabei hat die dänische Schiffahrt geglaubt, ein leichtes Spiel zu haben in dem Bestreben, den deutschen Hafen aus dem Ostseeverkehr ganz auszuschalten, da sie Hamburg infolge des Zwanges der Ereignisse schon auf eine lange Zeit hinaus totgeglaubt hat. So ist in den ersten Nachkriegsjahren der gesamte Nordostseeverkehr um Deutschland herumgeleitet worden, was umso eher möglich gewesen ist, als dieses boykottartige Unterfangen der ausländischen Schiffahrt durch die Internationalisierung des Kieler Kanals auf Grund des Versailler Vertrages ganz außerordentlich begünstigt worden ist. Ein derartiges gewaltsames Vorgehen ist aber auf die Dauer stets zum Scheitern verurteilt, wenn es den elementarsten Gesetzen der Wirtschaft zuwiderläuft, und so hat sich Hamburg ungeachtet aller Machenschaften des Auslandes in dem Verkehr mit den Ostseeländern bereits wieder seinen vorherrschenden Platz zurückerobert, ehe es noch überhaupt seine wiedererstandene Handelsflotte bei diesem Konkurrenzkampf in die Wagschale werfen konnte, denn die amerikanischen Schiffahrtskreise selber haben schon nach kürzerer Zeit eingesehen, daß es für sie vorteilhafter sei, den deutschen Welthafen als Umschlageplatz zu wählen, da er schon infolge seiner hervorragenden Handelsstellung, seiner allen Anforderungen des Umschlagsverkehrs entsprechenden Hafeneinrichtungen, seines mustergültigen Freihafens und auch wegen seiner günstigeren Lage zur Nordostsee-Route dem dänischen Umschlagshafen stets vorzuziehen ist.

Das Fundament der Weltbedeutung des Hamburger Hafens, das selbst durch die schweren Zeiten der Nachkriegsjahre nicht erschüttert werden konnte, beruht auf den 3 großen Vorteilen und Vorzügen, die jedem Welthafen zu eigen sein müssen[1]: auf einer überaus günstigen Hafenlage, auf einem hervorragend leistungsfähigen Hafen und auf der wirtschaftlichen Machtstellung der Weltstadt Hamburg, die mit ihren erdumspannenden Verbindungen, ihren bedeutenden Warenmärkten und ihrer starken Bevölkerung mit unwiderstehlicher Kraft den Welthandel an sich zieht. Hamburgs Hafenlage stempelt den deutschen Welthafen zu dem natürlichen Umschlagsplatz des seewärtigen Verkehrs mit Nord- und Mitteldeutschland, den Ostseestaaten und dem östlichen Mitteleuropa (76, 81, 87). Er ist einerseits der östlichste noch von den größten Seeschiffen erreichbare Hafen der Nordküste des europäischen Kontinents, zum anderen ermöglicht der wasserreiche Elbestrom eine Binnenschiffahrtsverbindung bis in die Tschechoslowakei hinein, sowie der Nordostseekanal die Weiterverschiffung zum gesamten Ostseegebiet. Überdies gehören die volkreichen Städtekomplexe Berlin und Hamburg, die allein von ca. 5 Millionen Menschen bewohnt werden, sowie das dichtbesiedelte Nord- und Mitteldeutschland zum engsten Hinterland des Hamburger Hafens. Besonders günstig ist die ausgesprochene Binnenlage Hamburgs; als typischer Flußhafen liegt es 112 km vom Mündungsfeuerschiff landeinwärts, so daß die Seeschiffe tief in deutsches Gebiet eindringen können. Diesem großen Vorteil des Elbehafens stehen allerdings auch erhebliche Schwierigkeiten entgegen. Der Hamburger Hafen ist vor die absolut lebenswichtige Aufgabe gestellt, die Stromrinne der Unterelbe bis Hamburg hinauf in einer Tiefe zu erhalten, die es auch den größten Schiffen ermöglicht, bis zur Stadt selber aufzukommen,

---

[1] Vgl. „Wirtschaftsdienst", Jahrg. 1922, ferner Nr. 20 des Literatur-Verzeichnisses, sowie „Technik und Wirtschaft", Jahrg. 1926, S. 158.

denn nicht zum wenigsten auf diesem Moment beruht die vorherrschende Weltstellung Hamburgs im Seeverkehr. Bei dem ungewöhnlichen Anwachsen der Schiffsgrößen in der modernen Zeit muß aber die Fahrrinne der Unterelbe bis Hamburg bei einer Breite von ca. 200—300 Metern eine Stromtiefe von 10 Metern bei mittlerem Niedrigwasser und von ca. 11—12 Metern bei mittlerem Hochwasser gewährleisten. Diese Beschaffenheit der Seezufahrtstraße des Hamburger Hafens konnte jedoch erst durch vieljährige, unter Aufwendung ganz außerordentlicher Mittel durchgeführte Stromarbeiten seitens des Hamburger Staates erzielt werden. Damit hat aber die Aushebung des Strombetts nicht etwa einen endgültigen Abschluß gefunden, sondern die Baggerungsarbeiten müssen jedes Jahr wiederholt werden, um die Rinne von einer Wiederversandung freizuhalten. Nach einem Bericht von Lorenzen[1] wird die Beschaffenheit des Betts jährlich durch Peilungen neu ermittelt, und danach die Baggerungsarbeit durchgeführt. Um diese ständig sich wiederholenden außerordentlich kostspieligen Arbeiten etwas zu vermindern, ist die neue Stromregulierung nach dem Staatsvertrag vom Jahre 1908 ausgeführt worden, wodurch eine teilweise ganz neue Rinne geschaffen und durch Anlage von Leitdämmen, durch Vorschieben der Strombettgrenzen und durch besondere Strombauwerke zur Verhinderung der Verschiebungen der Sandbänke, die das Fahrwasser sonst dauernd verändern, eine verbesserte Wasserführung erreicht worden ist. Diese umfangreichen Arbeiten sind in den ersten Nachkriegsjahren erst zum Abschluß gekommen[2]. Bei der entscheidenden Wichtigkeit der Stromtiefe der Unterelbe für die Welthafenstellung Hamburgs ist die Tatsache, daß die Durchführung der Stromarbeiten seit 1921 vom Reich übernommen worden ist, eine Frage von höchster Bedeutsamkeit. Hamburg ist damit die Obhut und Pflege seines wichtigsten Lebensnervs aus der Hand genommen worden und kann fortan lediglich darauf vertrauen, daß das Reich diese Arbeiten in einer Weise durchführt, wie sie zur Aufrechterhaltung des Schiffsverkehrs im deutschen Welthafen erforderlich sind.

Ebenso wichtig wie die Seezufahrtstraße ist jedoch für jeden Hafen der Grad der Leistungsfähigkeit seiner Hafenanlagen. Wenn dieselben im Hamburger Hafen auch von einer so mächtigen Ausdehnung und technischen Vollkommenheit sind, daß sie gegenwärtig für eine gesicherte Verkehrsabwicklung noch absolut ausreichend sind, so muß ein Platz von dem Range des Hamburger Hafens dennoch für die zukünftige Entwicklung seines Verkehrs vorbauen, und so ist der Hamburger Staat auch trotz der kritischen Zeiten nach dem Kriege stets auf eine weitere Ausdehnung seiner Häfen bedacht gewesen. Hamburg ist aber als selbständiges Staatsgebiet auf einen Raum angewiesen, der seiner Bedeutung, seinen großen Aufgaben, seinem den Zeitverhältnissen Rechnung tragenden Vergrößerungsbestreben nicht mehr gerecht wird. Aus dieser Behinderung der weiteren Entwicklung des Hamburger Hafens hat sich in den letzten Jahren die „Groß-Hamburg"-Frage entwickelt, die in dem Verlangen Hamburgs an Preußen auf Gebietsabtretungen zur Erweiterung seiner Hafenanlagen gipfelt. Diese Verhandlungen haben jedoch noch zu keinem Ergebnis geführt.

Die Hafenanlagen haben sich nach dem Kriege weiterhin nach den modernsten Grundsätzen des Lösch- und Ladebetriebes vervollkommnet. Der Ge-

---

[1] Vgl. „Wirtschaftsdienst", Jahrg. 1921, Nr. 39, S. 547 ff.
[2] Vgl. „Werft, Reederei, Hafen", Jahrg. 1921, S. 549 ff.

treideumschlag findet in den Jahren 1924/25 bereits zu ¾ durch mechanische Heber statt, gegen nur ca. ⅔ im Vorkriegsjahr 1913, und auch der Umschlag aller Massengüter auf mechanischem Wege hat sich in der Zeit von 1913 bis 1924 um fast 70 % ausgedehnt[1]. Aus diesen Beispielen geht die zunehmende Mechanisierung des Hamburger Umschlagbetriebes bereits zur Genüge hervor.

So wirken die langsam wiedererstarkende wirtschaftliche Leistungsfähigkeit des deutschen Hinterlandes und die hervorragenden Hafenanlagen Hamburgs im Verein mit seiner neu entstandenen Flotte und dem Unternehmungsgeist seiner Handelskreise zusammen, um den Verkehr des deutschen Welthafens auch nach dem Kriege auf gleicher Stufe mit dem der ersten Seehäfen der Erde zu erhalten.

β) Bremen.

Der nächst Hamburg größte deutsche Seehafen ist die Hansestadt Bremen, deren Verkehrsbedeutung sich in der Vorkriegszeit wie auch nach dem Kriege ziemlich unverändert auf ungefähr ¼ bis ⅓ ihrer großen Schwesterstadt erhalten hat. Die Entwicklung des Seeverkehrs Bremens ist bereits in der Tabelle 34 (S. 87) und dem Diagramm 7 (S. 88) zum Ausdruck gebracht, aus denen hervorgeht, daß die jährlich im Weserhafen ein- und auslaufende Tonnage an Seeschiffen sich in der Zeit von 1913—1925 um ca. 25 % vergrößert hat. Wie die Verkehrsentwicklung Bremens mit den Veränderungen des Hamburger Schiffsverkehrs übereinstimmt, so sind auch die Momente, die sie veranlaßt haben, genau die gleichen, wie sie für Hamburg zutreffend sind. Der rasche Verkehrsaufschwung des deutschen Außenhandels nach Kriegsende hat sich auch auf den Bremer Hafen auswirken müssen, denn dem seewärtigen deutschen Außenverkehr, namentlich nach Übersee, stehen lediglich die beiden großen deutschen Häfen von Hamburg und Bremen zur Verfügung. Aber fast in noch höherem Maße als in Hamburg hat die wiedererstandene bremische Handelsflotte, die in dem Norddeutschen Lloyd ihre größte Stütze findet, die günstige Tonnageentwicklung im Schiffsverkehr des Weserhafens in den Nachkriegsjahren beeinflußt.

Wenn Bremens Verkehrsziffern trotz der rein stationär fast gleichwertigen Lage der beiden großen Nordseehäfen so beträchtlich hinter denen Hamburgs zurückstehen, so müssen die Grundbedingungen für die Entwicklung des Bremer Schiffsverkehrs ganz erheblich ungünstiger sein, als für den Elbehafen. Und in der Tat: dem Bremischen Hafen steht infolge der Lage an der wasserarmen, viel kürzeren Weser weder ein auch nur einigermaßen bedeutendes Hinterland zur Verfügung, noch kann die Beschaffenheit und Stromtiefe der Unterweser den Ansprüchen des modernen Seeverkehrs in dem erforderlichen Umfange genügen. Überdies ist auch die direkte Umgebung des Bremer Hafens nur verhältnismäßig schwach bevölkert. Bremen und Hannover sind die einzigen Siedlungskomplexe, aus denen der Bremer Verkehr einen größeren Nutzen ziehen kann. Bremens heutige Verkehrsgeltung ist also selbst in ihrem gegenwärtigen Umfang, der sich mit demjenigen Hamburgs nicht entfernt zu messen vermag, nicht so sehr den Vorteilen der natürlichen Hafenlage Bremens, als vielmehr hauptsächlich der bewundernswerten Tatkraft und Initiative der bremischen Kaufleute und des bremischen Staates zuzurechnen, so daß die Verkehrsentwicklung des Weserhafens als ein Musterbeispiel dafür

---

[1] Vgl. „Technik und Wirtschaft", Jahrg. 1926, S. 158 ff.

angesehen werden kann, was beharrliches Wollen und zielbewußte Arbeit im Kampfe gegen widrige Naturverhältnisse vermögen (80).

Die eine Stärke des Bremer Hafens liegt in seiner großen Handelsflotte, die gleich derjenigen Hamburgs eine Verkehrsorganisation von höchster Leistungsfähigkeit darstellt, und andererseits in seiner fast monopolartigen Stellung im Import einiger hochwichtiger Warensorten, vor allem von Baumwolle und Tabak. Ganz besonders hervorzuheben aber ist die Tat des kleinen bremischen Stadtstaates, daß er in den letzten Jahrzehnten das Strombett der Unterweser auf eine Fahrtiefe gebracht hat, die dem Bremer Hafen überhaupt erst seine Existenz als Seehafen wieder gesichert hat. Noch im Jahr 1880 ungefähr, also zu jener Zeit, als mit den umfangreichen Arbeiten der Unterweserkorrektion begonnen worden ist, hat die Stromtiefe des Flußes nicht mehr als 3½—4 Meter bei mittlerer Tide betragen, so daß dieses Tiefenmaß bei dem plötzlichen Aufschwung der Dampfschiffahrt in den folgenden Jahrzehnten das Ende der Seegeltung des Bremer Hafens bedeutet hätte. Diese furchtbare Gefahr hat Franzius seinerzeit durch sein großartiges Projekt der Unterweserkorrektion beseitigen können, das fast ohne Abänderungen, nur unter Berücksichtigung noch größerer Stromtiefe, zur Durchführung gelangt ist. Erst in den Nachkriegsjahren sind die umfangreichen Arbeiten zum vorläufigen Abschluß gekommen (82). Bis zum Jahre 1921 ist bereits eine Stromtiefe der Fahrrinne von 7—7,5 Metern in der Tide erreicht worden (82), die jedoch immer noch die großen Passagier- und Frachtschiffe zur Abfertigung in Bremerhaven, dem vorgelagerten Mündungshafen Bremens, zwingt. Dadurch erfährt die Gunst der Binnenlage des Bremer Hafens allerdings eine starke Einschränkung. Jedoch sind die Stromverhältnisse der Unterweser bis zum Jahre 1925 noch weiterhin verbessert worden, so daß die Seelage Bremens demnach im Laufe einiger Jahrzehnte sich ganz eigenartig vorteilhaft entwickelt hat. Die Auswirkung dieser mühevollen Arbeiten auf den Schiffsverkehr des stadtbremischen Hafens ist aber auch von vollem Erfolg begleitet gewesen; ein Vergleich der Verkehrsziffern von Bremen-Stadt und Bremerhaven läßt dies deutlich erkennen (vgl. Tab. 36).

Tabelle 36:
Die Entwicklung des Schiffsverkehrs in Bremen und Bremerhaven seit dem Kriege.
Zusammengestellt nach dem Jahrbuch „Nauticus" (5).
(Angaben in 1000 Tonnen Netto.)

	1913	1921	1922	1923	1924
Bremen-Stadt . .	2149	1618	2469	3276	3332
Bremerhaven . .	2377	1146	1816	1954	1910

Die vorstehende Tabelle zeigt also, daß die Tonnage des Schiffsverkehrs im Hafen von Bremerhaven noch 1913 sogar höher als diejenige des Mutterhafens gewesen ist, daß Bremen jedoch den Mündungshafen bis zum Jahre 1924 bereits weit überflügeln konnte.

Die Bremer Hafenanlagen selber sind seit dem Kriege nicht verändert worden; es sind lediglich Erweiterungen der Dockhäfen Bremerhavens seit längerem geplant, ohne daß dieselben bisher in Angriff genommen werden konnten (82). Bremen ist der typischste Eisenbahnhafen Deutschlands; ca. 80 % seiner gesamten Ein- und Ausfuhren werden auf dem Schienenstrang befördert. Diese Eigenart des Hafenumschlags gibt dem Hafenbild von Bremen sein Gepräge, doch zeigt sich hierin gleichzeitig der große, schwerwiegende Nachteil des Bremer Umschlagverkehrs gegenüber demjenigen Hamburgs. Eine grundlegende Erleichterung der Verkehrsbedingungen im Bremer Hafen wird erst dann gegeben sein, wenn der Weserhafen durch den Ausbau eines ausgedehnten Binnenwasserstraßen-Netzes mit seinem Hinterland auf dem Wasserwege in Verbindung treten kann. Nun hat in den letzten Jahren ein großangelegtes Kanalprojekt in lebhafter Erörterung gestanden, das die Binnenschiffahrtsverbindung der beiden Hansestädte Hamburg und Bremen mit Westdeutschland zum Ziele hat, und das in der geplanten Linie des Hansa-Kanals seine aussichtsreichste Gestaltung gefunden hat[1]. Wenn diese Anlage zur Verwirklichung kommen sollte, würde dem Bremer Schiffsverkehr ein gewaltiger Vorteil erwachsen, denn Bremen ist damit nicht allein näher in die Einflußsphäre des westfälischen Industriegebiets gerückt, sondern würde, da der Hansa-Kanal von dem bereits im Bau begriffenen Mittelland-Kanal abzweigen soll, auch mit Mitteldeutschland in wesentlich engere Fühlung kommen.

Man sieht demnach aus der ganzen Entwicklung des Bremer Hafens und aus den Zukunftsmöglichkeiten seiner Verkehrsbedeutung, wie außerordentlich, ja sogar ausschlaggebend ein Hafen durch künstliche Mittel zu wirtschaftlicher Blüte und zu einem großen Verkehrsaufschwung gebracht werden kann. Niemals aber wird Bremen, und sei es durch noch so große Anstrengungen, die Verkehrsbedeutung der führenden europäischen Welthäfen erreichen können, da die fehlenden Grundlagen und notwendigen Voraussetzungen für die Entwicklung eines modernen Hafens doch immer nur in beschränktem Umfange durch künstliche Verbesserungen der natürlichen Hafenlage ersetzt werden können. —

Die beiden deutschen Nordseehäfen Hamburg und Bremen bilden im Verein mit den holländischen und belgischen Haupthäfen, also mit Rotterdam und Antwerpen, ihren großen Konkurrenten, eine geschlossene Einheit als Hafenkomplex für den seegängigen Außenhandel Mitteleuropas; sie stellen, als einheitliches Ganzes betrachtet, das mächtigste Verkehrsgebiet der Erde dar (81): haben doch z. B. im Jahre 1925 Seeschiffe mit dem ungeheuren Raumgehalt von insgesamt 53 Millionen Netto Tonnen die 4 großen Nordseehäfen des Kontinents angelaufen. Der Umfang ihres Schiffsverkehrs hat sich sogar in der Nachkriegszeit trotz der schlechten Verhältnisse in dem mitteleuropäischen Wirtschaftsgebiet gegen die Jahre vor dem Kriege noch sehr erheblich ausgedehnt, ein Zeichen dafür, wie fest diese Häfen im Weltverkehr wurzeln. Für die einzelnen Häfen beträgt der Verkehrszuwachs[2] in der Zeit von 1913 bis 1925:

> für Antwerpen 41 %,
> für Rotterdam 32 %,
> für Bremen 26 %,
> für Hamburg 18 %.

---
[1] Vgl. Nr. 76 des Literatur-Verzeichnisses, ferner „Wirtschaftsdienst", Jahrg. 1922, Nr. 20, sowie „Werft, Reederei, Hafen", Jahrg. 1922, Heft 7 und 14.
[2] Nach Tabelle 34 (S. 87) errechnet.

Diese Zahlen lassen in jedem Falle, wenn auch nur sehr roh, die günstige Entwicklung namentlich der beiden Häfen von Antwerpen und Rotterdam eindeutig erkennen.

2. Die holländisch-belgischen Welthäfen.

a) Rotterdam.

Wie Tabelle 34 (S. 87) gezeigt hat, hat der Rotterdamer Schiffsverkehr seit dem Kriege eine sehr ungleichmäßige Aufwärtsbewegung genommen. Nachdem der Weltkrieg den Schiffsverkehr Rotterdams fast vollständig zum Erliegen gebracht hat, sind die Verkehrsziffern mit der Wiederaufnahme desselben nach Kriegsende wieder schnell, aber unter auffallenden Schwankungen bis 1925 weit über den Vorkriegsumfang hinaus emporgestiegen. In dieser unregelmäßigen Verkehrskurve drückt sich die absolute Abhängigkeit des holländischen Haupthafens von dem deutschen Industriegebiet aus (96, 97). Der scharfe Rückschlag der Verkehrshöhe während des Jahres 1923 ist ausschließlich auf die Ruhrgebietsbesetzung zurückzuführen, unter welcher der seegängige Güterverkehr des Industriebezirks ganz außerordentlich gelitten hat. Seit 1925, seit also die rheinisch-westfälische Industrie nach der Befreiung vom Druck feindlicher Besatzung langsam wieder normaleren Wirtschaftsverhältnissen entgegen geht, hat sich Rotterdams Schiffsverkehr dann gewaltig gesteigert und auch denjenigen des deutschen Welthafens Hamburg nicht unerheblich überflügelt.

Rotterdam ist der große Umschlagsplatz der Getreide- und Erzeinfuhren und der Kohlenexporte der weiten Gebiete, die sich dem holländischen Haupthafen bei seiner hervorragend günstigen Lage an der Rheinmündung durch den verkehrsreichsten Strom Europas erschließen. Dieser Umschlagsverkehr ist seine Hauptstütze und Kraft; so sind im Jahre 1925 ca. 65 % aller Einfuhren, und ungefähr 75 % aller Exporte Güter gewesen, die Rotterdam nur im Transit von oder nach dem ausgedehnten Hinterland des Hafens in Mitteleuropa passiert haben[1]. Rotterdam gebietet aber nicht allein über diese hervorragende Lage zum Binnenland, sondern auch über eine Seelage, die alle Voraussetzungen für seine Entwicklung zu einem der bedeutendsten Welthäfen der Erde enthält. Durch seine großangelegte Seezufahrtstraße, den Niewe Waterweg, steht der holländische Hafen unmittelbar, und für die größten Seeschiffe erreichbar, mit der Hochverkehrsstraße in Verbindung, welche die Uferstaaten des Nordseegebiets mit dem Ärmelkanal und dem Atlantik verbindet. In der Verkehrsader dieses mächtigen Schiffahrtsweges bildet Rotterdam im Verein mit Antwerpen den Brennpunkt. So ist es klar, daß Rotterdam, obwohl kein deutscher Hafenplatz, das Ein- und Ausfalltor des Verkehrs des rheinisch-westfälischen Industriebezirks werden mußte.

Dem starken Verkehrsaufschwung des Hafens entsprechend, hat Rotterdam denn auch seine Hafenbecken um eine großzügige Anlage seit den Jahren vor dem Ausbruch des Weltkrieges erweitert (vgl. Skizze 1, S. 98). Nach dem Projekt, das im Jahre 1907 bereits ausgearbeitet worden ist, ist den einzelnen Hafenteilen Rotterdams durch die Fertigstellung des Waalhafens ein Hafenbassin zugefügt worden, dessen Wasserfläche die ganz außerordentliche Ausdehnung von 310 ha hat (94 u. 95). Neben dieser Anlage, die bereits ihrer

---

[1] Vgl. „Nautische Rundschau", Jahrg. 1926, Nr. 12.

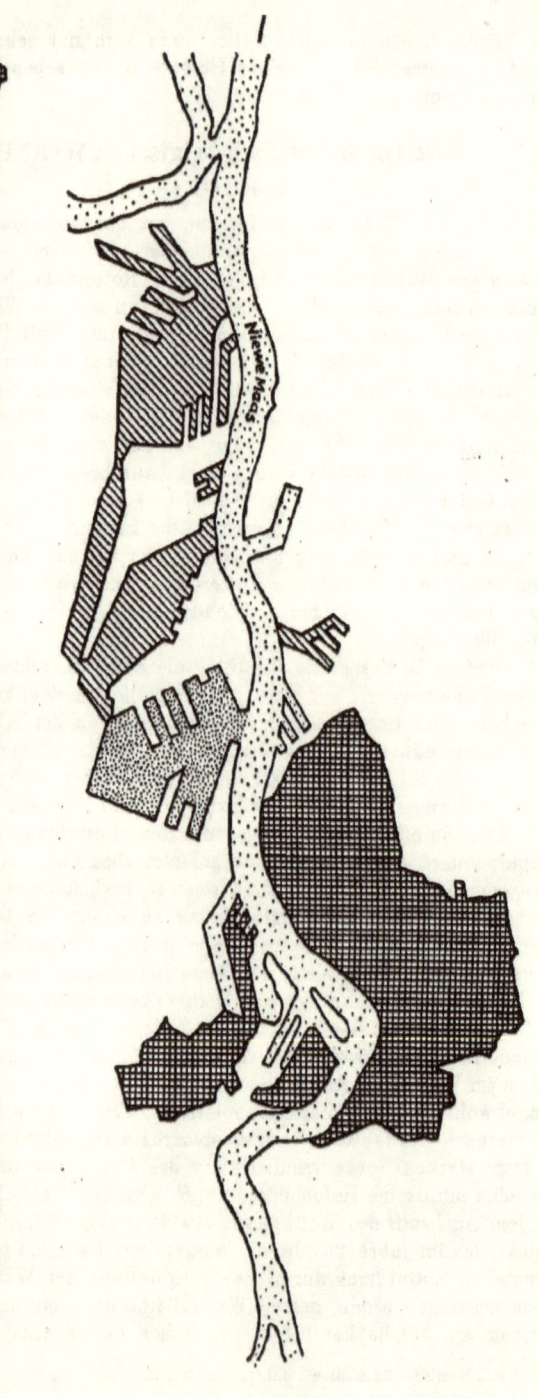

Skizze 1:
Die Erweiterungen des Hafens von Rotterdam.

Beendigung entgegengegangen ist, plant die Stadt Rotterdam überdies noch eine weitere umfangreiche Ausgestaltung seiner Häfen, ein Projekt, das in seiner Flächenausdehnung den Waalhafen noch ganz beträchtlich übertreffen wird, und das in der reich illustrierten Beschreibung, welche die Stadt Rotterdam über ihren Hafen herausgegeben hat, durch die hier wiedergegebene Kartenskizze veranschaulicht worden ist (94 u. 95). Bei dieser mustergültigen Fürsorge der Stadt für das Gedeihen und die Entwicklung ihres Hafens ist Rotterdam einer der modernsten, leistungsfähigsten Seehäfen geworden, und seine Stellung im Weltverkehr wird in der Folgezeit derjenigen der ersten und führenden Häfen der Erde in jeder Beziehung ebenbürtig sein.

β) Antwerpen.

Der Aufschwung des Schiffsverkehrs im belgischen Haupthafen seit Beendigung des Krieges hat sogar denjenigen Rotterdams, seines eng benachbarten großen Konkurrenten, trotz dessen glänzender Entwicklung noch ganz erheblich übertroffen, wie die Tabelle 34 (S. 87) erkennen läßt. Von allen großen Nordseehäfen des Kontinents hat sich Antwerpen am schnellsten von den Kriegsfolgen wieder erholen können und hat sich in überaus stetiger, fast geradliniger Kurve bis zum Jahre 1925 zur führenden Stellung unter den 3 kontinentalen Welthäfen Europas emporgeschwungen.

Antwerpen ist ebenso wie Rotterdam in ganz hervorragendem Maße der Seehafen des Verkehrs des deutschen Industriegebiets, Mittel- und Süddeutschlands, kurz eines großen Teiles von Mitteleuropa, doch hat Antwerpen vor dem holländischen Haupthafen den großen Vorteil voraus, daß es überdies noch in den sehr bedeutenden belgischen Industriebezirken einen ganz besonderen Rückhalt findet. Rotterdam liegt nur an der Peripherie, Antwerpen jedoch im Zentrum der bedeutendsten Exportindustrieecke des großen Wirtschaftsgebietes von Nordwesteuropa (77).

Wie Schuhmacher eingehend dargelegt hat (81), ist Antwerpen einer der universellsten, vielseitigsten Häfen der Welt. Einmal verdankt es seine hervorragende Verkehrsbedeutung gleich Rotterdam seiner Lage am Brennpunkt des gesamten großen nordwesteuropäischen Schiffsverkehrs. Ungefähr alle Schiffahrtslinien, die mit den Randstaaten der Nordsee und des Ärmelkanals in Verbindung stehen, berühren auf ihrem Wege den belgischen Haupthafen, da sich den anlaufenden Schiffen fast stets die Möglichkeit bietet, in Antwerpen ihre Ladung noch zu ergänzen und aufzufüllen. So erklärt es sich, daß Antwerpen die weitaus größte Anzahl regelmäßiger Schiffahrtslinien unter allen Welthäfen der Erde aufzuweisen hat. Vor dem Kriege schon haben 115 Linien den belgischen Hafen angelaufen, von denen 50 in Antwerpen selber ihren Ausgangspunkt gehabt haben, und diese Zahl hat nach dem Kriege wahrscheinlich noch ganz erheblich zugenommen (77). Andererseits aber stehen die Ein- und Ausfuhrmengen des Verkehrs, der über Antwerpen abgewickelt wird, in einem so ungewöhnlich günstigen Verhältnis zueinander, daß der belgische Haupthafen schon deshalb die Schiffahrt in weitestem Umfange an sich zieht. Diese Verhältnisse sind in späteren Ausführungen noch näher dargelegt worden (vgl. S. 104). Auch auf Grund seiner von den 4 großen Nordseehäfen am weitesten nach Westen vorgeschobenen Lage fließen Antwerpen sehr bedeutende Warenmengen zu, da die Überseedampfer den belgischen

Hafen um mehrere Tage später verlassen, als die deutschen Nordseehäfen. Die eigentliche Stärke Antwerpens ist aber nicht der Transithandel. Vielmehr hat sich, im Gegensatz zu Rotterdam, im Scheldehafen der Eigenhandel in besonderem Maße entwickelt, und der Stückgutverkehr nimmt gegenüber dem Massengutumschlag in Antwerpen eine überragende Stellung ein. Der Hafen ist ein wichtiger Stapelplatz vieler bedeutender Welthandelsgüter geworden; der Handel in Wolle, Häute, Getreide und Kaffee hat sich auf der Börse von Antwerpen eine hervorragende Marktbedeutung erringen können (86).

Dem außerordentlich lebhaften Schiffsverkehr des belgischen Hafens steht ein ausgedehntes Hafengebiet zur Verfügung. Zum größten Teile sind die Hafenbecken sogenannte Dockhäfen, von dem offenen Fahrwasser abgeschlossene, durch Schleusen dem Schiffsverkehr zugängliche Bassins, um den im Hafen liegenden Schiffen bei dem großen Gezeitenunterschied auch bei Niedrigwasser den Aufenthalt an den Liegestellen zu sichern, denn die Differenz der Tide im Antwerpener Hafen beträgt nicht weniger als 4,3 Meter (86). In den letzten 15 Jahren ungefähr sind jedoch auch an der offenen Schelde in einer Länge von vielen Kilometern durch die großartigen Kaianlagen, die das linke Ufer der Schelde jetzt begrenzen, die modernsten frei zugänglichen Liegeplätze im offenen Fahrwasser geschaffen worden (93). —

Sind im Vorhergehenden die Veränderungen des Schiffsverkehrs der grossen Nordseehäfen des europäischen Kontinents, die Eigenart ihrer natürlichen Lage und die hafenbaulichen Veränderungen seit dem Kriege jeweils einzeln in kurzem Umrisse dargelegt worden, so mögen in den nachfolgenden Ausführungen nun auch ihre Interessengegensätze, die Veränderungen ihrer Konkurrenzstärke seit dem Ausgang des Weltkrieges noch etwas eingehender zusammenfassend verfolgt werden.

3. Die 3 Welthäfen des Kontinents in ihren gegenseitigen Beziehungen.

Die Entwicklung der 3 großen Kontinenthäfen und ihre Verkehrsbedeutung ist in dem letzten Jahrzehnt Gegenstand zahlreicher Abhandlungen gewesen[1], in denen die Vor- und Nachteile ihrer Verkehrsgrundlagen und die Einwirkung der Veränderungen im mitteleuropäischen Wirtschaftsleben seit dem Weltkrieg geschildert worden sind. Hamburg, Rotterdam und Antwerpen stehen bereits seit den Jahren vor dem Weltkriege in hartem Ringen um die Vorherrschaft als führende Ein- und Ausfuhrplätze des riesigen über See gehenden Verkehrs der großen Wirtschaftsgebiete von Mittel- und Nordwesteuropa, ohne daß eines der 3 Verkehrszentren je einen dauernden überlegenen Vorsprung vor seinen beiden mächtigen Konkurrenten zu gewinnen vermocht hat. Ihre verkehrsgeographische Lage ist so absolut gleichwertig, und andererseits die Basis, auf der ihre Weltbedeutung beruht, so verschieden, daß die führende Stellung eines der drei Häfen durch die Konkurrenz der beiden anderen Plätze allein nicht erschüttert werden kann. Wenn die drei Häfen also auch bei ihrer hervorragenden Position in der Weltwirtschaft durch die über fast ganz Mitteleuropa reichende Ausdehnung ihres Einflußbereichs in direktem Wettstreit miteinander stehen, so bleibt ihre hervorragende Stellung im Weltverkehr bei ihren vollkommenen Verkehrsgrund-

[1] Vgl. Nr. 76, 77, 79, 81, 83, 85, 86, 87, 90 und 92 des Literatur-Verzeichnisses.

lagen dennoch an sich gänzlich unabhängig von einander. Immerhin hat ein so außergewöhnliches Ereignis, wie es der Weltkrieg für das internationale Wirtschaftsleben gewesen ist, die Stellung der 3 großen Rivalen im Weltverkehr doch stark erschüttert und abgeändert, so daß die beiden westlichen Welthäfen infolge dieser ganz anormalen Zeitverhältnisse einen wenn auch wohl nur vorübergehenden Vorsprung vor Hamburg erringen konnten. Die strittigen Interessengebiete der 3 Häfen sind vor allem West- und Süddeutschland; doch greift der Einfluß Rotterdams und Antwerpens selbst nach Mitteldeutschland hinüber. Die Verkehrsbedeutung der 3 großen Konkurrenten geht hinsichtlich dieses heißumstrittenen Hinterlandes zeichnerisch sehr anschaulich aus den Kartenskizzen hervor, die R ü h l für die Ein- und Ausfuhren einiger Haupthandelsartikel der Industriezentren Mitteleuropas zusammengestellt hat. Dieselben lassen den Verkehrsanteil der großen Nordseehäfen an dem Außenhandel des deutschen Hinterlandes in der Vorkriegszeit erkennen (79).

v. B e c k e r a t h hat darauf hingewiesen, daß der Versuch zwar sehr nahe läge, die Gebiete, die im gemeinsamen Einflußbereich der Häfen gelegen sind, direkt zeichnerisch festzulegen, daß derselbe aber infolge der außerordentlichen Mannigfaltigkeit der mitbestimmenden Faktoren in den Beziehungen zwischen Hafen und Hinterland nicht durchführbar sein würde (76). So kann nur in grobem Umriß festgestellt werden, daß die Bedeutung der nordwesteuropäischen Welthäfen als Umschlagsplätze des seewärtigen Verkehrs von Süddeutschland fast vollkommen gleichwertig ist, daß dieselbe aber in Mitteldeutschland stark zugunsten des Hamburger Hafens, in Westdeutschland jedoch ganz überwiegend zugunsten der holländisch-belgischen Haupthäfen ausschlägt. Daß die beiden deutschen Nordseehäfen bei der weit größeren Entfernung zum rheinisch-westfälischen Industriegebiet in dessen Bereich dennoch mit Antwerpen und Rotterdam in gewissem Ausmaße erfolgreich konkurrieren können, beruht vor allem auf der Monopolstellung Hamburgs und Bremens in dem Handel bestimmter Güter (76 u. 79), auf ihrer guten Warenbehandlung und auf ihrem verzweigten System der Seehafentarife (76).

Seit dem Kriege hat sich nun der Anteil der 3 Welthäfen und Bremens an dem Verkehr der strittigen Gebiete, an welchem mehrere Häfen zugleich interessiert sind, nicht unerheblich verändert. Die Ursachen dieser Variabilität der Verkehrsverhältnisse sind auf verschiedene Momente zurückzuführen. Sie sind zu suchen: in der Veränderlichkeit der Frachttarifsätze zum Hafenplatz, der Zolltarife für die Ein- und Ausfuhren, der Verkehrslage selbst infolge politischer Einwirkungen, und endlich der Verschiffungsmöglichkeiten.

Die Frachttarifsätze haben sich in der Zeit von 1919 bis 1923, also in den Jahren der Inflation der deutschen Währung, nicht unwesentlich zugunsten des Hamburger Hafens verschoben. Besonders in der Zeit von 1922/23 haben die Frachtspesen zum Hamburger Hafen selbst von Gegenden, die ganz bedeutend näher zu den außerdeutschen Welthäfen gelegen sind, nur einen Bruchteil der Transportkosten nach den hochvalutarischen Staaten Holland und Belgien betragen. Infolge dieser billigen Frachttarife in den Jahren bis 1923 sind sogar die außerdeutschen Länder Mittel- und Osteuropas zu einem umfangreichen Verkehr nach den deutschen Seehäfen angeregt worden. Nach 1923 jedoch ist dieses für den deutschen Welthafen so überaus günstige Verhältnis gerade ins Gegenteil umgeschlagen, da die Bahntarife der deutschen Reichsbahn sich nach der stabilisierten neuen deutschen Goldwährung plötzlich ganz beträchtlich höher gestellt haben, als diejenigen der Auslandstarife, sehr zum Schaden der deutschen Wirtschaft. Vom Jahre 1924 an mußte die Verkehrsfrequenz der deutschen Nordseehäfen im Warenumschlag mit Westdeutschland, sowie auch mit dem Süden des Reiches wieder stark zugunsten Rotterdams und Antwerpens zurückgehen, zumal der holländische Hafen noch durch die Beherrschung der Rheinschiffahrt ganz besonders bevorteilt ist.

Auch die Veränderungen der Zolltarife sind nach dem Kriege sehr zum Nachteil des Hamburger und Bremer Hafens ausgeschlagen. Hat das Deutsche Reich in der Vorkriegszeit als Großmacht durch günstige Handelsverträge und entsprechende Zollmaßnahmen seine großen Häfen fördern und vor der Konkurrenz anderer Handelsplätze, namentlich also Rotterdams und Antwerpens, schützen können, so hat das wehrlose Deutschland nach dem Kriege fremden Staaten, in diesem Falle Holland und Belgien, schutzlos seine Grenzen öffnen müssen. Mit der langsam wiederkehrenden Bedeutung und Geltung des Deutschen Reiches und seines Wirtschaftslebens sind dann jedoch seit 1924 auch allmählich wieder neue Handelsverträge mit den Nachbarstaaten des Reiches abgeschlossen worden, die das nachteilige Verhältnis der Zolltarife für die beiden deutschen Nordseehäfen etwas besser gestaltet haben.

Politische Einwirkungen haben nach dem Kriege in bedeutsamem Ausmaße, wenn auch nur vorübergehend, die gegenseitige Verkehrslage der grossen Kontinenthäfen zugunsten der deutschen Handelsplätze verändert. Diese Verschiebung der Verkehrsrichtung ist eine Folge der ungefähr einjährigen Besetzung des Ruhrgebiets seitens der alliierten Mächte, die eine ganz ungewöhnliche Umschichtung des gesamten westdeutschen Warenverkehrs verursacht hat. Einerseits ist durch diesen gewaltsamen Eingriff in die rheinisch-westfälische Wirtschaft die Ausfuhrtätigkeit des Industriegebietes zum großen Teil ganz zum Erliegen gebracht worden, sodann ist in dieser Zeit der holländisch-belgische Umschlagsverkehr, als direkte Folge des erzwungenen, wirtschaftlichen Stillstandes, fast vollständig ausgeschaltet worden, wie aus der Entwicklung des Rotterdamer Verkehrs in Tabelle 34 (S. 87) besonders deutlich zum Ausdruck kommt. Da Rotterdams Hauptverkehr der Umschlag der Güter des deutschen Industriegebiets ist, mußte sich für den holländischen Hafen das Stilliegen der Ruhrindustrie ganz besonders empfindlich bemerkbar machen. Daraus erklärt es sich, daß der Rotterdamer Schiffsverkehr im Jahre 1923 um über 3 Millionen Tonnen Netto hinter dem Hamburger und Antwerpener Verkehr zurückgeblieben ist. Der auf Grund der Abschnürung des Ruhrgebiets vom Mutterland plötzlich einsetzende Einfuhrbedarf des Deutschen Reiches an Kohle und industriellen Erzeugnissen ist in diesem Jahr nahezu ausschließlich über die deutschen Nordseehäfen geleitet worden (21). Daß dieser Vorsprung der beiden Konkurrenten Rotterdams aber nur allein auf diese rein politische Ursache zurückzuführen ist, geht schon daraus hervor, daß der Rotterdamer Verkehr bereits im nächsten Jahr wieder den Hamburger Verkehr überflügeln konnte. Im übrigen zeigt auch der plötzliche Aufschwung Antwerpens in der Zeit von 1923 auf 1924, daß der Verkehr des belgischen Welthafens im Jahre der Ruhrbesetzung in seiner aufsteigenden Entwicklung vorübergehend gehemmt, also gleichfalls erheblich in Mitleidenschaft gezogen worden ist.

Die Veränderungen hinsichtlich der Verschiffungsmöglichkeit der umgeschlagenen Waren sind in der Nachkriegszeit am größten und ausgeprägtesten in den beiden deutschen Haupthäfen gewesen, während Rotterdam und Antwerpen von Änderungen dieser Art ungleich weniger betroffen worden sind. Die deutschen Häfen und Rotterdam haben vor dem Kriege ihren Seeverkehr überwiegend auf eine eigene Flotte gestützt; Antwerpen dagegen hat den ganzen Verkehr zum weitaus größten Teil mit fremdem Schiffsraum bewältigt. So ergibt sich, daß die deutschen Häfen nach Kriegsende infolge der Enteignung ihrer gesamten Handelsflotte die Abwicklung ihres wiedereinsetzenden Verkehrs, wie bereits früher erwähnt worden ist, vollständig den ausländischen Handelsflotten überlassen mußten, und es ist erklärlich, daß bei einer solch grundsätzlichen Umstellung ihres Verkehrssystems die Häfen von Hamburg und Bremen in den ersten Nachkriegsjahren in dem Umfang ihres Schiffsverkehrs gegenüber Rotterdam und Antwerpen stark zurückstehen mußten. Denn dem niederländischen Welthafen hat bei der Wiederaufnahme des Verkehrs nach Kriegsende die holländische Handelsflotte nach wie vor in voller Leistungsfähigkeit zur Verfügung gestanden, und der Antwerpener Schiffsverkehr vollzieht sich von jeher zum größten und wesentlichsten Teil überhaupt ohne jegliche weitere Gebundenheit an eine nationale Handelsflotte, da die belgische Schiffahrt viel zu unbedeutend ist, um den Riesenverkehr Antwerpens auch nur teilweise zu bewältigen. Demnach hat der Scheldehafen auch seinen Verkehr nach Beilegung des Weltkrieges am schnellsten wieder dem Vorkriegsumfang angenähert, etwas langsamer hat sich der Rotterdamer Schiffsverkehr entwickelt, und erst ganz allmählich hat sich auch derjenige der deutschen Häfen wieder erholen können. So ist die Verkehrsentwicklung der 4 großen Seehäfen der Nordseeküste des Kontinents bis 1921 entscheidend durch die allgemeinen Schiffahrtsverhältnisse beeinflußt worden.

Diese wechselseitigen Veränderungen in dem Stärkeverhältnis der 3 Welthäfen halten sich jedoch nur in ganz gewissen Grenzen, denn der Warenverkehr jedes der 3 großen Konkurrenzhäfen ist von einer ganz typischen Eigenart, woraus sich erklärt, daß ihre Verkehrsbedeutung in so weitem Ausmaße von einander unabhängig ist. Auf Grund dieser Sonderheit ihres Warenverkehrs hat sogar das ganze äußere Hafenbild der großen Handelsplätze ein sehr charakteristisches, stark unterschiedliches Gepräge erhalten. Rotterdam, das sich, wie schon betont, im Laufe seiner modernen Entwicklung hauptsächlich zum Umschlagsplatz der Ruhrkohle und der Erzeinfuhren sowie der Getreideimporte für die Versorgung der dichtbevölkerten Industriegebiete emporgeschwungen hat, ist damit ein ganz ausgesprochener Massenguthafen geworden. Demgemäß bilden seine Hafenbecken breite, mächtige Bassins, wie sie am typischsten in dem neuesten Hafenteil, dem Waalhafen, ausgebildet sind. In diesen geräumigen Becken liegen die Schiffe nach allen Seiten frei im Wasser, nur an eingerammten Pfählen, den Ducdalben, vertäut, so daß der Güterumschlag direkt zwischen Seeschiff und Flußprahm nach 2 Seiten zugleich bewerkstelligt werden kann. Die Getreideschiffe werden durch schwimmende Elevatoren, die Kohlen- und Erzschiffe durch Kohlenheber oder Verladebrücken, die bis zu 55 m vom Kai aus übers Wasser ragen, in die Flußschiffe entleert oder geladen. Diese Umschlagsart ist für Massengüter direkt charakteristisch, da sie die einfachste und weitaus schnellste ist, doch ist dafür unbedingt ein weites Hafenbecken erforderlich. In striktestem Gegensatz zu den geräumigen Häfen Rotterdams sind diejenigen Antwerpens eng zusammengedrängt, von verhältnismäßig geringer Flächenausdehnung, aber mit zahlreichen, langhingestreckten Kaianlagen ausgestattet. Diese Hafenform des belgischen Handelsplatzes ist gleichfalls ganz den Anforderungen zur Bewältigung des Schiffsverkehrs angepaßt wie die besondere Ausgestaltung der Rotterdamer Anlagen. Antwerpen weist einen ganz ausgesprochenen Stückgutverkehr auf; es werden im belgischen Haupthafen hauptsächlich wertvollere Güter von verhältnismäßig geringen Raumausmaßen umgeschlagen. Diese Verkehrsart hat aber den außerordentlich regen Schiffsverkehr im Antwerpener Hafen hervorgerufen, da Stückgüter nur eine kurze Ladezeit beanspruchen, so daß der Zeitverlust durch das Anlaufen des Scheldehafens für die die Nordseerouten im Überseeverkehr befahrenden Schiffe nur gering ist. Dieser schnelle und umfangreiche Güterumschlag erfordert jedoch unbedingt die besonders große Anzahl von Schiffsliegeplätzen, wie sie der belgische Welthafen besitzt. Hamburgs Hafenbild stellt die Vereinigung beider Hafenformen dar, da die Massengüter wie die Edelgüter im Hamburger Umschlagsverkehr eine gleich bedeutende Rolle spielen. Den Hamburg anlaufenden Schiffen stehen sowohl die für den umfangreichen, universellen Stückgutverkehr des Elbehafens notwendigen zahlreichen Kaianlagen zur Verfügung, die dem Hamburger Hafen sein imposantes Gepräge verleihen, als auch gleicherweise geräumige Hafenbassins mit weiten Wasserflächen, um den Umschlag der zum großen Teil von der Elbflußschiffahrt weitergeleiteten Massengüter zu bewältigen. Dieser Vergleich der verschiedenen Hafentypen kann auch auf die Bremer Hafenanlagen ausgedehnt werden, die lange Kais bei nur geringer Anzahl von Hafenbecken aufweisen, wie es dem im Verhältnis zu den 3 anderen Häfen sehr viel einseitigeren Warenverkehr Bremens entspricht (78).

Prägt sich die Verschiedenheit des Verkehrs der 3 Welthäfen demnach bereits deutlich im äußeren Hafenbild aus, so kommt dieselbe ebenso sinnfällig auch in dem Ladungsverhältnis des Schiffsverkehrs der 3 großen Konkurrenten zum Ausdruck. Dasselbe hat z. B. vor dem Kriege für die nachstehend genannten 5 Häfen folgenden Wert angenommen (78):

Verhältnis der Ladungsmenge zum Netto-Raumgehalt (t/NRT.).
für den eingehenden Verkehr

Rotterdam 1,8
Hamburg 1,2
Bremen 1,0
Amsterdam 1,0
Antwerpen 0,8.

Diese Ziffern stimmen mit der Eigenart des Verkehrs der verschiedenen Häfen vollkommen überein. Rotterdams Schiffsverkehr bietet naturgemäß bei dem Überwiegen der Massengüter die weitaus günstigste Raumausnützung für die Schiffe, Antwerpen aber, das von vielen Schiffen nur zur Vervollständigung der Ladung durch einzelne Stückgüter angelaufen wird, und in dessen Verkehr die raumfüllenden Güter fast ganz fehlen, muß gegen den holländischen Welthafen in dieser Hinsicht weit zurücktreten. Die Verhältniszahl der Schiffsraumausnutzung im Hamburger Verkehr hält sich zwischen denen seiner beiden Konkurrenten, und zwar ist Hamburg hierin Antwerpen ebenso sehr überlegen wie Rotterdam dem deutschen Welthafen, nämlich in dem Verhältnis 3:2. Diese Ziffern des Ladungsverhältnisses der 3 Häfen sind in der Nachkriegszeit infolge des Tonnageüberflusses in der Weltschiffahrt durchweg stark zurückgegangen; für Hamburg z. B. ist das Verhältnis bis zum Jahre 1925 auf 0,55 zurückgefallen, wie Tabelle 18 (S. 44) erkennen läßt, und eine ähnlich rückläufige Entwicklung der Schiffsraumausnutzung ist auch in den beiden andern Häfen zu verzeichnen. Diese Veränderungen kommen in der Entwicklung der Mengen des jährlichen Güterverkehrs der 3 Häfen deutlich zur Erscheinung. Dieselbe zeigt einmal aufs klarste die Verschiedenheit der Art des Warenverkehrs der großen Nordseehäfen, andererseits beweist sie bei einer Gegenüberstellung der Entwicklung der jährlichen Verkehrstonnage der 3 Häfen, wie sich das Ladungsverhältnis in der Nachkriegszeit in den einzelnen Jahren verändert hat. Der Umfang der jährlichen Warenmengen des Schiffsverkehrs der 3 Welthäfen wird aus der Tabelle 37 ersichtlich.

Tabelle 37:
Die Entwicklung des Güterverkehrs von Hamburg, Rotterdam und Antwerpen in der Nachkriegszeit nach Gewichtsmengen.
(In 1000 Tonnen à 1000 kg.)
Übernommen aus „Technik und Wirtschaft"[1].

Hamburg

	Eingang	Ausgang	Zusammen
1913	17 210	9 800	27 010
1923	14 158	6 774	20 932
1924	13 514	7 211	20 725
1925	12 645	7 217	19 862

Antwerpen[2]

	Eingang	Ausgang	Zusammen
1913	10 210	8 661	18 871
1923	11 400	7 900	19 300

Rotterdam

	Eingang	Ausgang	Zusammen
1913	20 984	7 161	28 145
1923	12 282	3 396	15 678
1924	14 825	10 119	24 944
1925	17 046	11 857	28 903

Im reinen Gewichtsumfang ist demnach der Hamburger Güterverkehr seit dem Kriege ganz erheblich zurückgegangen, so daß sich die Verschlechterung des Ladungsverhältnisses bei dem gleichzeitigen Ansteigen der Schiffstonnage vollkommen erklären läßt (vgl. Tab. 34, S. 87). Für den Antwerpener Verkehr haben sich die Verhältnisse nur wenig geändert. Die Verkehrsziffern für den Hafen von Rotterdam aber zeigen einmal, daß sich das Ladungsverhältnis seines Schiffsverkehrs ebenfalls verschlechtert hat, da der Umfang der jährlich Rotterdam anlaufenden Schiffstonnage in der Nachkriegszeit ganz beträchtlich gestiegen ist, ferner jedoch, daß der Rotterdamer Warenverkehr infolge der

---
[1] Vgl. „Technik und Wirtschaft", Jahrg. 1926, S. 158 ff.
[2] Die Ziffern sind teilweise geschätzt.

überwiegenden Massengüter in seinem Umfang denjenigen der beiden anderen Häfen weit übertroffen hat, und daß auch die große Spanne zwischen den Einfuhr- und Ausfuhrmengen im Rotterdamer Warenverkehr sich seit dem Kriege ganz erheblich gemildert hat.

Infolge dieser Eigenart des Güterverkehrs der drei führenden Nordseehäfen ist deshalb also ihre Konkurrenzmöglichkeit untereinander nur eine beschränkte; Rotterdam kann z. B. Antwerpens und Hamburgs Stückgutumschlag ebensowenig gefährden, wie umgekehrt der deutsche und vor allem der belgische Haupthafen die überragende Stellung Rotterdams im Massengutsverkehr übermäßig zu beeinträchtigen vermag. Am günstigsten liegen die Verhältnisse an sich für den Hamburger Hafen, da er den beiden westlichen Häfen vermöge seiner hervorragenden, allen Verkehrszwecken genügenden Hafenanlagen die schärfste Konkurrenz bereiten kann. Dieser Umstand verdient erhöhte Beachtung, seitdem die großen deutschen Kanal-Projekte in Vorschlag gebracht sind; denn wenn diese Pläne einmal zur Durchführung gelangen, wird sich die Konkurrenzkraft Hamburgs und Bremens ganz wesentlich den holländisch-belgischen Welthäfen gegenüber erhöhen, zumal deshalb, weil damit dann der große Nachteil des belgischen und namentlich des holländischen Welthafens zur Auswirkung kommen muß, daß ihr wichtigstes Hinterland jenseits der Landesgrenze liegt. Nur von den enormen Anlagekosten dieser Projekte hängt ein nicht unwesentlicher Teil der Welthafenstellung Rotterdams und in geringerem Maße auch Antwerpens ab; theoretisch könnte die Landesgrenze beiden Häfen einmal zum Schicksal werden.

4. Die britischen Welt- und Haupthäfen.

Die zweite Gruppe der großen Seehäfen des Weltverkehrs im europäischen Teile des nordatlantischen Verkehrsgebiets bilden die zahlreichen Hafenplätze des britischen Inselreichs unter Führung der beiden Welthäfen London und Liverpool, sowie des bedeutendsten Passagierhafens Southampton. Der Schiffsverkehr dieser 3 großen britischen Häfen, die im Überseeverkehr Großbritanniens eine überragende Stellung einnehmen, hat in der Nachkriegszeit einen weiteren mächtigen Aufschwung genommen, wie in der Tabelle 38 zum Ausdruck kommt.

Die Verkehrsziffern der 3 Häfen zeigen also seit der Wiederaufnahme des Schiffsverkehrs unter Friedensverhältnissen einen überaus stetigen Anstieg bis zum Jahre 1923, in welchem sie sämtlich bereits den Stand des Vorkriegsverkehrs überschritten haben. Im übrigen läßt die Tabelle 38 auch die besondere Bedeutung Londons im britischen Küstenverkehr erkennen, der in der Vorkriegszeit wie auch wieder in den Jahren seit 1922 einen Umfang von rund 6 Millionen Tonnen eingenommen hat, so daß London in seinem gesamten Schiffsverkehr die 3 Welthäfen des Kontinents weit überflügelt hat.

Im Folgenden sind nun die Veränderungserscheinungen des Hafenverkehrs der drei wichtigsten britischen Häfen im einzelnen dargelegt worden.

a) London.

Die hervorragende Stellung Londons als Seehafen kann ebenfalls als ein typisches Beispiel der Bedeutung der Hafenbautechnik für die Entwicklung

Tabelle 38:

Die Entwicklung des Schiffsverkehrs in den britischen Häfen London, Liverpool und Southampton in der Zeit von 1913 bis 1923.
Zusammengestellt nach der britischen Seeverkehrsstatistik (128).
(Angaben in 1000 Tonnen Netto.)
Im Mittel von Ein- und Ausgang.

A. Im Seeverkehr:

	1913	1919	1920	1921	1922	1923
London	12 565	8 519	10 801	12 302	13 740	14 825
Liverpool	11 632	7 770	8 517	9 196	10 844	12 348
Southampton	6 663	1 230	3 822	4 464	6 665	8 680

B. Im Gesamtverkehr (See- und Küstenverkehr):

London	20 037	13 168	16 379	17 047	19 647	20 608
Liverpool	15 512	10 867	12 942	12 263	14 432	15 262
Southampton	8 236	2 023	4 897	5 489	7 915	9 876

eines Hafens angesehen werden. Die natürliche Beschaffenheit des Londoner Hafens ist an sich keineswegs vorteilhaft für die Anziehung eines umfangreichen, den heutigen Schiffsgrößen entsprechenden Schiffsverkehrs, denn ein besonders starker Gezeiteneinfluß auf die Stromtiefe der Themse läßt die Verbindung Londons mit der See für die Verkehrsabwicklung außerordentlich unsicher werden, und die Anlage offener Hafenbecken ist vollends ausgeschlossen, da der Wasserstand der Themse bei Niedrigwasser nur den kleinsten Schiffseinheiten den Aufenthalt im Hafen gestatten würde. Um die Wasserstandsdifferenz zu neutralisieren, sind die Londoner Häfen, ebenso wie in Antwerpen, als geschlossene Dockhäfen ausgebildet worden, so daß ihre Wassertiefe durch Schleusen sowie durch Pumpenanlagen reguliert werden kann. Die Londoner Dockhäfen bilden einzelne unter sich völlig abgeschlossene Hafengruppen, die sich in ganz ungewöhnlich weiter Ausdehnung fast sämtlich am Nordufer des Stromes hinstrecken, und deren jede an ihren langen Kais eine große Anzahl von Schiffen zugleich aufzunehmen vermag. Bei dem ungeheuren Anwachsen der Schiffsgrößen seit Anfang des 20. Jahrhunderts mußten diese geschlossenen Becken fortlaufend dem Tiefgang der größeren und teilweise auch der größten Schiffseinheiten angepaßt werden, um die Leistungsfähigkeit des Welthafens in vollem Umfange zu erhalten. Diese umfangreichen, großangelegten Hafenverbesserungen sind auch in der Nachkriegszeit noch weitergeführt worden. In fast sämtlichen Docks sind in den Jahren nach Kriegsende neue Kaianlagen erbaut worden; der jüngste, erst in den letzten Vorkriegsjahren neu angelegte Hafen, das „King George V. Dock", ist in der Nachkriegszeit um ein ganz neues Becken von 64 acres[1] Wasserfläche und einem Tiefgang von 35 Fuß erweitert worden, sowie durch eine neue Schleusenanlage mit dem benachbarten Royal Albert Dock verbunden. Endlich ist die Stromrinne selber in folgenden Ausmaßen weiterhin vertieft worden (100):

---

[1] Englisches Flächenmaß. 1 Acre = 0,4047 ha.

	Breite	Tiefe
London Bridge — Tower Bridge	450 Fuß	14 Fuß
Tower Bridge — Thames Tunnel	500 "	14 "
Thames Tunnel — Greenland Docks	500 "	16 "
Greenland Docks — Royal Albert Dock	600 "	20 "
Royal Albert Dock — Coldharbour Point	600 "	30 "
Coldharbour Point — the Nore	1000 "	30 "

Nach diesen Verbesserungen der Hafenbecken und der Stromrinne, sowie auch durch die mustergültige Ausstattung der Häfen mit den modernsten Lade- und Löscheinrichtungen, ist der Londoner Hafenbehörde, „the Port of London Authority", die große Aufgabe durchzuführen gelungen, die natürlichen Schwierigkeiten und Hemmnisse der Londoner Hafenanlage in wirklich vollkommener Weise zu beheben, soweit eben Menschenkraft dies überhaupt vermag, so daß sich der Schiffsverkehr des britischen Welthafens nach dem Kriege weiterhin ungehindert entfalten und ausdehnen konnte.

So unvorteilhaft schon Londons Hafenanlage für den modernen Seeverkehr ist, so wenig verfügt der Themsehafen überdies auch über ein Hinterland, das so bedeutend wäre, daß es seine Weltgeltung hinreichend erklären könnte. Infolge der besonderen Struktur des britischen Inselreiches besitzen alle englischen Häfen nicht annähernd ein Hinterland in dem Sinn, wie es den großen Kontinenthäfen zugehörig ist. Allerdings ist London als Hauptstadt des mächtigen britischen Reiches mit seiner Millionenbevölkerung die Quelle und der Anziehungspunkt eines großen Verkehrs über See, aber die eigentliche Stärke des Londoner Schiffsverkehrs beruht auf der Eigenschaft Londons als bedeutendstes Zentrum des Welthandels, auf der wirtschaftlichen Machtstellung des britischen Reiches, das auf Grund seiner in jahrhundertalter Handelstätigkeit erworbenen Reichtümer und Erfahrungen sowie seines ungeheuren Kolonialbesitzes der größte Makler im überseeischen Güterhandel ist, der sich in der großen Handelsmetropole London konzentriert (81 u. 101). Die britische Hauptstadt ist der größte Umschlagsplatz des Weltverkehrs; auf seinen Warenmärkten findet in einigen Warengattungen die Verteilung fast der gesamten Weltproduktion statt; zum mindesten in allen Kolonialartikeln des britischen Reiches ist die Londoner Börse uneingeschränkte Herrscherin. Damit wird aber Londons natürliche Lage für die Entwicklung seiner Rangstellung im wesentlichen bedeutungslos (100, 101, 103 u. 104).

β) Liverpool.

Der Verkehrscharakter des anderen, an der Westküste gelegenen britischen Welthafens versinnbildlicht den zweiten Stärkepol der englischen Weltgeltung im internationalen Wirtschaftsleben, der in der hochentwickelten Industrie Großbritanniens verankert ist. Die Entwicklung der jährlichen Schiffsbewegungen im Liverpooler Hafen ist direkt der sichtbare Ausschlag des Beschäftigungsgrades der blühenden Industriebezirke Mittelenglands. Der Merseyhafen ist sowohl als wichtigster Umschlagsplatz des über See gehenden mächtigen Verkehrs dieser industriereichen Gebiete der bedeutendste britische Ausfuhrhafen, als auch gleicherweise der erste Einfuhrplatz dieses hochbedeutenden Hinterlandes, das mit seinen zahllosen Spinnerei- und Webereibetrieben und der zu hoher Entwicklung gelangten Mühlenindustrie, die auch in Liverpool zu großem Teile beheimatet ist, in der unmittelbarsten Peripherie des Merseyhafens gelegen ist.

Der Welthafen Liverpool ist entsprechend seiner Abhängigkeit von der britischen Industrie noch verhältnismäßig sehr jungen Alters; er ist eine typische Schöpfung der modernen technischen Aera und verdankt seine Weltstellung im Gegensatz zu London ausschließlich seinen hervorragenden natürlichen Verkehrsgrundlagen. Die Vorteile des Hafens von Liverpool liegen einmal in seiner innigen Beziehung zu seinem bedeutenden Exportbezugsgebiet; da außerdem auch sein Standort von allen anderen großen europäischen Häfen am weitesten nach Westen vorgeschoben ist, so ist Liverpool auch im nordatlantischen Verkehr, auf den bedeutendsten Schiffahrtsstraßen des Weltverkehrs, namentlich aber im Schnellverkehr mit den großen Häfen Nordamerikas, vor anderen Häfen besonders bevorzugt. Endlich sind auch die Hafeneigenschaften Liverpools für die Entwicklung eines großen Schiffsverkehrs ganz außerordentlich günstig. Infolge seiner Lage an der breiten Merseymündung liegt der Hafen fast unmittelbar an der freien See, in tiefem Wasser, allerdings unter dem Einfluß einer starken Wasserstandsdifferenz, die eine Hafenform geschlossener Dockhäfen erforderlich gemacht hat (99). Dennoch sind im Liverpooler Hafen mit Ausnahme einer vorgelagerten Sandbarre, in der eine tiefe Fahrrinne offengehalten werden muß, keine weiteren Stromarbeiten notwendig, und auch die ausgedehnten Hafenbecken, die in zusammenhängender, einheitlicher Linie am Nordufer des Mersey angelegt worden sind, haben nach dem Kriege nicht erweitert zu werden brauchen.

Während in der Regel eine nahe Seelage für einen Handelshafen ganz unzweckmäßig ist, bleibt dieselbe für Liverpool im großen ganzen ohne weitere nachteilige Einwirkung, da ungefähr sein gesamtes Hinterland in der direkten, unmittelbaren Umgebung des Hafens gelegen ist. Aber selbst bei diesem engverbundenen Verhältnis von Hafen und Hinterland ist Liverpool trotzdem ein Konkurrent lediglich dadurch entstanden, daß die Stadt Manchester, mitten im englischen Industriegebiet selbst gelegen, durch den Bau eines Kanals zum Mersey im Jahre 1894 ein Seehafen geworden ist, der über eine weit bessere Binnenlage verfügt als Liverpool, denn die Gesamtentfernung der beiden Städte längs des Kanalweges beträgt 85 km, also eine Strecke, über die sich die größeren Kosten der Bahnfracht bereits bemerkbar machen müssen. In der Tat hat Manchester auch, besonders in den Jahren nach dem Kriege, einen stetig größer werdenden Teil des den Mersey anlaufenden Schiffsverkehrs direkt an Liverpools Kaianlagen vorbei in das Herz des Industriegebietes selber hineingezogen. Bis zum Jahre 1923 hat der Seeschiffsverkehr Manchesters bereits einen Umfang von mehr als $^1/_5$ der Liverpooler Verkehrstonnage angenommen. Die ständige Ausbreitung der Verkehrsbedeutung dieses neuen Konkurrenten des Welthafens an der englischen Westküste geht aus der Tabelle 39 (S. 110) hervor.

Aus diesen Ziffern ist zu entnehmen, daß Liverpool, wenn es auch den Schiffsverkehr Manchesters in seinem Hafen abfertigen würde, im Umfang seines Seeverkehrs zum mindesten die Verkehrsfrequenz des Londoner Hafens erreichen würde. —

Tabelle 39:
Die Entwicklung des Schiffsverkehrs in Liverpool und Manchester in der Zeit von 1913 bis 1923.
Zusammengestellt nach der britischen Seeverkehrsstatistik (128).
(Angaben in 1000 Tonnen Netto.)

A. Seeverkehr:

	1913	1919	1920	1921	1922	1923
Liverpool[1]	11 632	7 770	8 517	9 196	10 844	12 348
Manchester	1 682	1 125	1 554	1 614	2 198	2 508

B. Gesamtverkehr (See- und Küstenverkehr):

	1913	1919	1920	1921	1922	1923
Liverpool[1]	15 512	10 867	12 942	12 263	14 432	15 262
Manchester	2 686	1 768	2 272	2 152	2 847	3 207

Außer Manchester ist jedoch auch der britische Kanalhafen Southampton in stärkerem Maße als in der Vorkriegszeit als Rivale Liverpools hervorgetreten.

γ) Southampton.

Der Verkehrsaufschwung des Hafens von Southampton in der Zeit von 1913 bis 1923, wie er in der Tabelle 38 (S. 107) zum Ausdruck gekommen ist, hat seinen Antrieb nahezu ausschließlich durch die mächtige Entfaltung des Personenverkehrs erhalten, der auch in der Nachkriegszeit in ausgedehntestem Maße unaufhaltsam von Liverpool nach dem Kanalhafen abgewandert ist. Der Merseyhafen liegt trotz seiner günstigen Hafenlage, die selbst den größten Ozeanriesen das Einlaufen in den Hafen selber gestattet, dennoch von den Hauptwegen des Personenverkehrs zu abgelegen. Sowohl für London, dem großen Verkehrsmittelpunkt des Passagierverkehrs, als auch ganz besonders für den gesamten mächtigen Kontinentverkehr liegt Southampton ungleich vorteilhafter. Diesem Umstand haben die großen britischen Schiffahrtsgesellschaften bereits vor dem Kriege, in noch höherem Ausmaß aber in der Nachkriegszeit Rechnung getragen, indem sie die Abfahrten ihrer Schiffe auf den Überseelinien, vor allem der Verbindung auf der wichtigsten Schiffahrtsroute, der Dienste nach den Häfen der Vereinigten Staaten von dem Hauptsitz der britischen Liniengesellschaften, dem Welthafen von Liverpool, teilweise nach Southampton verlegt haben, um der Konkurrenz der Schiffahrtslinien vom europäischen Kontinent und der Festlandhäfen besser begegnen zu können. Zudem hat sich der Schiffsverkehr Southamptons jedoch auch deshalb in der Nachkriegszeit so außerordentlich erhöht, weil die großen Liniengesellschaften der Kontinenthäfen den britischen Kanalhafen, der direkt auf ihrer Route gelegen ist, in zunehmendem Umfange als Anlaufhafen benutzt haben. —

Im wesentlichen stehen die 3 großen britischen Häfen trotz mancher Rivalität auf gewissen Verkehrsgebieten dennoch in ihrer Stellung im Weltver-

[1] Vgl. Tabelle 37 (S. 107).

kehr fast gänzlich unabhängig nebeneinander. London ist der große Umschlagsplatz des britischen Seeverkehrs, Liverpool der Seehafen des wichtigsten englischen Industriegebietes und Southampton ein reiner Personenhafen. Überdies haben die 3 Häfen bisher auch in den Festlandsplätzen keine allzu ernsten Konkurrenten gehabt: Liverpool überhaupt nicht, Southampton nur innerhalb des Personenverkehrs, der sich zwischen dem Kontinent und den Überseeländern abwickelt, keineswegs aber in dem gesamten britischen Passagierverkehr. Nur London muß gerade in den letzten Jahren in den 3 Welthäfen des Kontinents, Hamburg, Bremen und Antwerpen sehr ernste Konkurrenten aufsteigen sehen. Es ist deshalb notwendig, auch über das Verhältnis des Londoner Hafens zu den 3 großen Festlandshäfen, über ihre gegenseitigen Beziehungen und die Interessengemeinsamkeiten, in denen sie miteinander rivalisieren, einen zusammenfassenden Überblick zu geben.

5. London und die großen Kontinenthäfen.

Der britische Welthafen London besitzt der Stärke und weitreichenden Machtstellung seines Warenmarktes zufolge wenn auch kein Hinterland im eigenen Lande, so doch ein wirtschaftlich mindestens ebenso bedeutendes im Bereiche des Nordseegebiets mit seinen großen Seehäfen und deren Einflußzonen. Die Vorherrschaft Londons vor allen großen Nordseehäfen auf dem Gebiete des Umschlagsverkehrs aller Waren, die börsenmäßig gehandelt werden, ist aus dem Grunde so überaus fest und schwer angreifbar, weil das britische Weltreich bei seinem riesigen Kolonialbesitz über einen wesentlichen Teil der Gesamtproduktion vieler überseeischer Erzeugnisse disponieren kann. Auf diesem Fundament der Handelsbedeutung Londons hat sich dann die Geltung der Warenmärkte des Themsehafens auch auf einen sehr großen Teil der Handelsartikel ausgedehnt, die in außerbritischen Ländern erzeugt worden sind. Während aber der Warenhandel in britischen Kolonialgütern auch heute noch von London fast vollkommen monopolisiert wird, haben sich die großen Kontinenthäfen bei ihrer machtvollen Entwicklung seit der Jahrhundertwende auch mit Erfolg bemüht, in dem Warenhandel, der nicht unter britischer Vormundschaft steht, eigene Märkte zu umfassender Bedeutung und Geltung im Welthandel zu bringen, und in solchen Handelszweigen London ernstlich den Vorrang streitig zu machen. In diesem bedeutsamen Wettstreit sind nun die deutschen Nordseehäfen und Antwerpen durch den Ausbruch und die lange Dauer des Weltkrieges wieder ganz erheblich zurückgeworfen und ausgeschaltet worden. Die deutschen Häfen haben sogar bis zum Jahre 1924 auf den Kampf gegen die Londoner Vorherrschaft verzichten müssen, da das Deutsche Reich in den Nachkriegsjahren aus währungstechnischen Gründen bis zum Beginn der Markstabilisierung den gesamten Terminhandel noch vollkommen untersagt hat, womit aber die Warenbörsen der beiden deutschen Handelsstädte ihre Haupttriebkraft verloren haben. Diese ungünstigen Verhältnisse sind natürlich ein sehr großes Hindernis für die weitere Entwicklung der Marktgeltung der beiden Hansestädte gewesen, zumal da der erst im Entwicklungsstadium begriffene Gewöhnungsprozeß, der den Welthandel allmählich an die deutschen Märkte fesseln sollte, durch deren zehnjähriges völliges Ausscheiden in verhängnisvoll langer Zeitdauer unterbrochen worden ist. Sie haben nicht unwesentlich dazu beigetragen, daß der Londoner Seeverkehr sich seit dem Kriege so überaus vorteilhaft entwickelt hat (vgl. Tab. 34, S. 87). Gerade auf dem Spezialgebiete des Warenhandels kann sich die Konkurrenzkraft der Festlandshäfen erst ganz allmählich entwickeln, denn der Warenmarkt eines Handelsplatzes gewinnt allein durch Tradition, Gewöhnung und hauptsächlich durch die Stärke seiner Kapitalkraft seine Bedeutung und Stellung im Weltverkehr. Auf diese Elemente kann sich aber der Londoner Markt im Gegensatz zu den Kontinenthäfen in unerreichter Vollkommenheit berufen, und auf sie gründet sich seine Führung vor allen anderen Häfen ebenso sehr wie auf seine aus einer jahrhundertalten Entwicklung stammende Pflege des Seeverkehrs und auf das große Ansehen der britischen Schiffahrt in der ganzen Welt.

Über einen derartig traditionellen Markt, eine ähnliche finanzielle Machtstellung und Bedeutung ihrer Handelsschiffahrt verfügen die Kontinenthäfen noch nicht. Wenn sie auch, vor allem Hamburg, Antwerpen und auch Amsterdam, auf eine fast ebenso alte Vergangenheit zurückblicken können, wie London, so haben sie im Laufe der Jahrhunderte doch sämtlich nur eine vorübergehende Blütezeit gehabt, um dann wieder für lange Zeit als wichtige Handelsplätze des Weltverkehrs gänzlich ausgeschaltet zu werden. Hamburg blühte zur Hansezeit, Antwerpen ist zur Zeit Karls V., und Amsterdam im 17. Jahrhundert der größte Seehafen der Erde gewesen (92). Aber ihre heutige Größe stellt entweder lediglich eine erneute Blüteperiode dar, wie sie für die Häfen von Hamburg und Antwerpen zutrifft, oder sie sind überhaupt erst im neuen technischen Zeitalter entstanden, wie Rotterdam, oder aber nur noch ein Schattenbild früherer Größe, wie z. B. Amsterdam. Alle großen Festlandshäfen der Jetztzeit sind also in gewissem Sinn erst eine direkte Schöpfung des industriellen Zeitalters, und deshalb sind ihre Märkte noch nicht fest genug eingewurzelt in dem Welthandelsverkehr, um London schon ernstlich gefährlich werden zu können.

Noch ein anderes Moment ließ jedoch die nordwesteuropäischen Welthäfen in den Nachkriegsjahren in scharfem Konkurrenzkampf gegenübertreten. Die Billigkeit des Verkehrs spielt in Handel und Schiffahrt eine führende bedeutungsvolle Rolle. Die Ladungs- und Hafenkosten der britischen Häfen, also auch Londons, sind aber nach dem Kriege ganz wesentlich höher gewesen als diejenigen der Kontinenthäfen. Nach den Angaben einer englischen Zeitschrift sind diese Verhältnisse zahlenmäßig untersucht worden derart, daß zu diesem Vergleich 12 britische Häfen, darunter London, sowie 4 Kontinentplätze, unter denen sich Antwerpen und Rotterdam befinden, zur Errechnung der Gesamtkosten der Ladung oder Löschung eines Schiffes herangezogen worden sind. Berücksichtigt sind dabei die Kosten der Lotsen-, Schlepp-, Dock- und Hafenabgaben, sowie die Entladekosten im Durchschnitt der Jahre 1922/23. Der Kostenbetrag hat sich ergeben[1]:

    für die englischen Häfen zu 35,2 Pence/Tonnen Netto,
    für die Kontinenthäfen zu 21,2 Pence/Tonnen Netto.

Die Kosten in den britischen Häfen haben sich demnach in diesen Jahren um 67 % höher gestellt. Die Ursache dieser großen Differenz hat vor allem in der verschiedenen Höhe der Löhne gelegen, denn der Durchschnittsmindestlohn der Hafenarbeiter in den britischen Häfen hat sich in dieser Zeit auf 12 sh., in den

---

[1] Vgl. Archivalien des Kieler Instituts, Mappe 500 v 15.

Festlandshäfen aber nur auf 7,55 sh. belaufen[1]. Diese Kostenentwicklung hat für viele Waren eine Abwanderung nach den Festlandshäfen zur Folge haben müssen.

Diese Erscheinung ist jedoch lediglich vorübergehender Natur gewesen. Im ganzen genommen hat sich der Londoner Schiffsverkehr in der Nachkriegszeit auf Grund der Eigenschaft der britischen Hauptstadt als Welthandelszentrum so überaus günstig entwickeln können, daß London seit 1925 die Führung unter den Welthäfen Europas an sich gerissen hat. Ungeachtet dieser mächtigen Verkehrsentwicklung des Themsehafens aber haben die Jahre seit Kriegsausbruch das hochbedeutsame Ergebnis gezeigt, daß das Fundament der Weltstellung des Londoner Hafens dennoch in diesen Jahren erschüttert worden ist. Nicht die großen Festlandshäfen Europas, wohl aber der Riesenhafen und die mächtige Handelsmetropole auf der anderen Seite des nordatlantischen Ozeans, New York, ist dem Handel der britischen Hauptstadt ein Konkurrent geworden, mit dem London den gewaltigen Kampf um die Führerstellung im Welthandel auszufechten hat. Diese Gegensätze zwischen den beiden größten Häfen der Erde, den Angelpunkten des gesamten nordatlantischen Verkehrs sind in späteren Ausführungen noch näher behandelt worden (vgl. S. 130 ff.).

6. Die französischen Haupthäfen.

Frankreichs große Häfen an der atlantischen Küste, sowie am Kanal können im Sinne einer universellen Bedeutung für den Weltverkehr sämtlich keinen Anspruch auf die Bezeichnung eines Welthafens erheben. Sogar unter ihnen selbst nimmt keiner der Seehäfen Frankreichs, in der gesamten Reihe von Dünkirchen bis Bordeaux einschließlich, eine besondere, überragende Stellung ein. Die 3 für den französischen Seeverkehr bedeutendsten Häfen sind Le Havre und Rouen, beide an der Seine gelegen, sowie Cherbourg. Jeder der 3 Häfen hat eine ganz spezifische Bedeutung innerhalb des französischen Gesamtverkehrs: Le Havre ist der bedeutendste Hafen dem Werte nach, Rouen hinsichtlich des Gesamtumfangs der umgeschlagenen Güter, Cherbourg nach dem Umfang der ein- und auslaufenden Schiffstonnage.

Diese Beschränkung ihrer Handelsbedeutung verdanken sie vornehmlich ihrer wenig vorteilhaften Lage. —

a) Le Havre.

Le Havre ist trotz seiner Position an der Mündung der Seine, dem verkehrsreichsten, wichtigsten Strom Frankreichs, der die bedeutenden Wirtschaftsgebiete Nordfrankreichs erschließt, verkehrsgeographisch sowohl gegen die großen europäischen Haupthäfen benachteiligt als auch in ganz besonderem Maße noch zudem gegen Rouen, seinem größten Konkurrenten, da Le Havre unmittelbar in die Küstenlinie eingegliedert ist, also der überaus wichtigen, guten Binnenlage völlig entbehrt. Immerhin bewirkt das industriereiche Hinterland des Hafens, die nordfranzösischen Provinzen, daß sich der Schiffsverkehr Le Havres ziemlich stetig und unverändert auf einer Höhe erhält, die z. B. derjenigen des deutschen Hafens Bremen gleichsteht. Bei diesen stabilen Ver-

---

[1] Vgl. Archivalien des Kieler Instituts, Mappe 500 v 15.

kehrsverhältnissen hat sich auch das Hafenbild Le Havres seit dem Kriege durch keine irgendwie nennenswerten hafenbaulichen Erweiterungen verändert.

Wesentlich anders jedoch liegen die Verkehrsverhältnisse für den zweiten Seinehafen, Rouen.

β) Rouen.

Dieser Hafen, ein typischer, in rascher Entwicklung begriffener, moderner Flußhafen, der, 125 km von der Seinemündung landeinwärts gelegen, über eine ganz hervorragende Binnenlage verfügt, hat infolge umfangreicher Vergrößerungen und Verbesserungen seiner Hafenanlagen in der neueren Zeit seinen Schiffsverkehr zu blühender Entwicklung bringen können, wie die Tabelle 40 erkennen läßt.

Tabelle 40:
Die Entwicklung des Schiffsverkehrs des Hafens von Rouen in der Zeit von 1913 bis 1923.
Übernommen aus: Chamber of Commerce, the Port of Rouen (107).
(Einkommende Schiffe, Angaben in 1000 Tonnen Netto.)

Jahre	Tons Netto
1913	2530
1914	2680
1915	4600
1916	5300
1917	5150
1918	5200
1919	4010
1920	3100
1921	2250
1922	3750
1923	4100

Durch diese Verkehrssteigerung seit dem Jahre 1913 hat Rouen, von den Kriegsjahren abgesehen, in denen es der Haupthafen des englisch-französischen Kriegsverkehrs gewesen ist, seit 1922 im Umfang des Warenumschlags die führende Stellung unter allen französischen Häfen erlangt, wie aus einem Diagramm in der Ausgabe der Handelskammer von Rouen zum Ausdruck kommt. In mehreren eingehenden, bilder- und kartenreichen Abhandlungen wird der Ausbau Rouens zu einem modernen Seehafen in allen seinen Einzelheiten dargelegt (106, 107 und 108). Das letzte bedeutende Bauprogramm ist nach dem Gesetz vom 26. August 1913 zur Durchführung gekommen, und hat die Erweiterung der Hafenbecken, unter ihnen auch die Aushebung neuer Dockhäfen, sowie die Verbesserung der Schiffbarkeit der Seine zum Ziele gehabt. Diese Projekte, die großenteils schon fertiggestellt oder bereits in Arbeit genommen sind, werden aus der nebenstehenden Hafenkarte (vgl. Skizze 2, S. 115) in anschaulicher Weise ersichtlich, in welcher alle bereits durchgeführten Vergrößerungen oder geplanten Erweiterungen eingezeichnet sind (107). Nach Fertigstellung dieser Bauarbeiten — ungefähr im Jahre 1928 —

wird der Hafen von Rouen eine Kailänge von insgesamt 12 800 Metern aufweisen, mit der ein Warenverkehr von ca. 8—9 Millionen Tonnen bewältigt zu werden vermag, und die Verbesserung der Stromrinne der Seine wird es

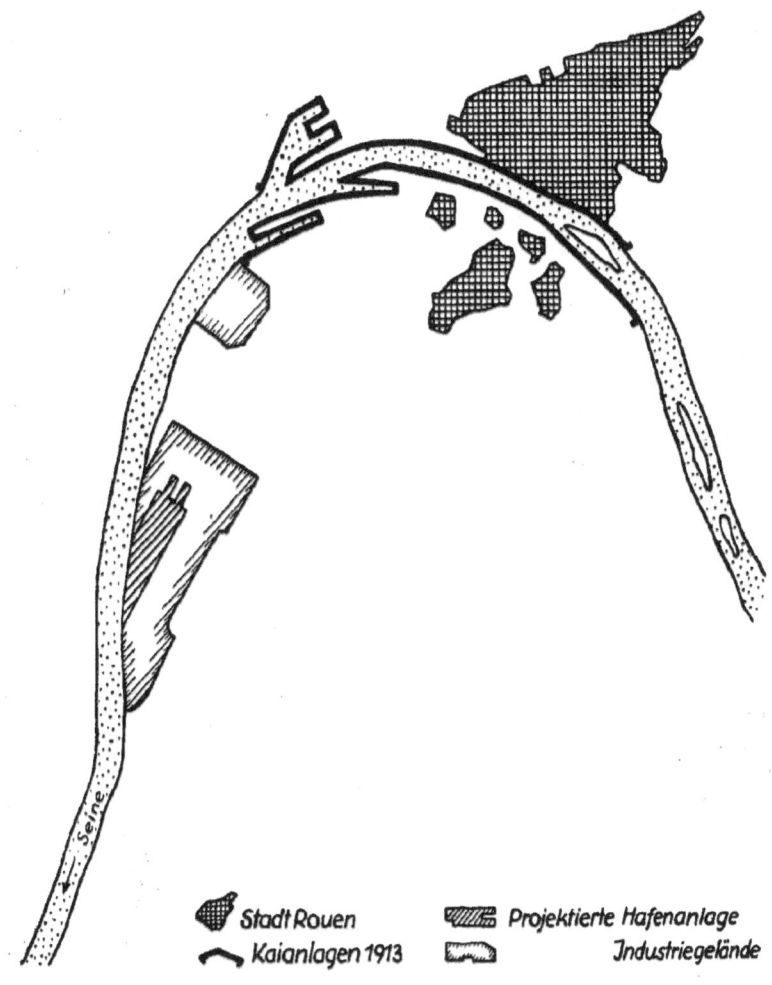

Skizze 2:

Die Erweiterungen des Hafens von Rouen.

fortan Schiffen von 8 Meter Tiefgang und 200 Meter Länge gestatten, den Hafen von Rouen selbst zu erreichen. So hat Rouen in kürzester Zeit den alten Haupthafen Nordfrankreichs, Le Havre, im Umfang seines Warenverkehrs weit überflügeln können. Die Entwicklung Rouens als Seehafen ist ein

Musterbeispiel für die außerordentliche Bedeutung einer möglichst tief ins Binnenland zurückgezogenen Lage eines Hafenplatzes für den Frachtverkehr. Die Beförderungskosten für die Strecke von Le Havre bis Rouen auf dem Bahnwege ist für den Warenverkehr eine fast vollkommene Ersparnis, da diese Entfernung für die Höhe der Schiffsfracht so gut wie gar keine Rolle spielt. —

Die Eigenart der Verkehrsbedeutung des dritten großen Hafens an der französischen Kanal-Küste Cherbourgs, beruht ebenfalls auf seiner besonderen geographischen Lage.

γ) Cherbourg.

Cherbourg, an der Spitze der weit in den Ärmelkanal vorspringenden Halbinsel der Normandie gelegen, zeigt eine ganz ausgesprochene Seelage, die für die Entwicklung eines umfangreichen Personenverkehrs wie geschaffen ist. Demgemäß ist Cherbourg auch ausschließlich Passagierhafen, hat aber in diesem Verkehrszweig eine Bedeutung erlangt, die ihn alle anderen Kanalhäfen, die sich dem Personenverkehr widmen, weit überragen läßt. Der französische Hafen ist bei seiner weit ins Meer vorgeschobenen Lage der gegebenste Anlaufhafen der großen überseeischen Schiffahrtslinien. Vor dem Kriege noch ist Boulogne infolge seiner größeren Nähe zu Paris namentlich von den deutschen Linien als Zwischenhafen benutzt worden. Seitdem aber auf der englischen Kanalseite Southampton, das Cherbourg ungefähr direkt gegenüberliegt, in immer bedeutenderem Maße der Abfahrtshafen der großen Linien geworden ist, hat auch zwangsläufig die Bedeutung Cherbourgs als französischer Anlaufhafen gegen Boulogne das absolute Übergewicht bekommen müssen. Diese Veränderungen seiner Verkehrsgrundlage äußern sich ganz besonders deutlich in der Nachkriegsentwicklung seines Schiffsverkehrs, die in der Tabelle 34 (S. 87) bereits zum Ausdruck gebracht ist, und dessen intensive Steigerung auch aus dem Diagramm 8 (S. 88) ersichtlich wird. Demnach hat sich der Schiffsverkehr in Cherbourg in der Zeit von 1913 bis 1925 um 239 % ausgedehnt, nachdem derselbe im Jahre 1925 einen Wert von fast 11 Millionen Tonnen erreicht und damit auch den britischen Kanalhafen Southampton weit übertroffen hat. Der Warenumschlag Cherbourgs ist jedoch ebenso unbeträchtlich geblieben wie in der Zeit vor dem Weltkriege; der Hafen spielt im Weltverkehr als Handelshafen überhaupt keine nennenswerte Rolle.

7. Der portugiesische Haupthafen.

Lissabon.

Die Verkehrsentwicklung des portugiesischen Haupthafens Lissabon ist seit dem Kriege eine sehr ungünstige gewesen; seine Verkehrsziffern haben sich in den Nachkriegsjahren stark rückläufig bewegt, wie die Tabelle 34 (S. 87) zum Ausdruck gebracht hat. In der Zeit von 1913 bis 1924 hat sich der Schiffsverkehr Lissabons um ungefähr ¼ verringert, ist dann allerdings im letzten Jahre, 1925, wieder etwas angestiegen. Dennoch ist derselbe auch in der Nachkriegszeit noch ganz erheblich umfangreicher gewesen, als derjenige von so bedeutenden Häfen wie Bremen oder Le Havre. Nun ist die Handelsflotte Lissabons und der portugiesische Außenhandel viel zu gering, um den mächtigen Umfang des Lissaboner Schiffsverkehrs erklären zu können. Vielmehr liegt seine Hauptbedeutung für den Seeverkehr ähnlich wie bei dem französischen Hafen Cherbourg in seiner günstigen Lage für den Zwischenverkehr der großen Überseelinien; denn Portugal ist, ebenso wie die spanischen Atlantikhäfen, ganz außerordentlich vorteilhaft zu den Hauptrouten des Weltverkehrs gelegen. Seine Häfen, namentlich aber Lissabon, werden von mehreren Großschiffahrtswegen unmittelbar berührt, nämlich von den Routen Kap Lizard—Mittelmeer, Kap Lizard—Südamerika, Kap Lizard—Afrika (Westküste) und Nordamerika—Mittelmeer. Diesen bedeutenden Schiffahrtsrouten haben die Häfen der pyrenäischen Halbinsel und im besonderen Lissabon ihre heutige Stellung im Weltverkehr zu verdanken. Da der Schiffsverkehr dieser großen Schiffahrtswege im direktesten Anlaufbereich derselben liegt, ist Lissabon der letzte bedeutende Zwischenhafen Europas auf den Überseereisen aller von dem nördlichen Europa kommenden Schiffe. Bei der großen Zahl regelmäßiger Schiffahrtsverbindungen, die auf den obengenannten wichtigen Hauptrouten eingestellt sind, wird somit auch der auffallende Umfang des Lissaboner Verkehrs verständlich. Der sehr bedeutende Rückgang der Verkehrsziffern des portugiesischen Haupthafens ist also lediglich eine Folgeerscheinung der Veränderungen, die in der Nachkriegszeit in dem Schiffsverkehr der Lissabon berührenden Hauptrouten aufgetreten sind. Die Ursachen dieser Veränderungen sind erst in späteren Darlegungen behandelt worden (vgl. Abschnitt IV, S. 133 ff.).

8. Die amerikanischen Welt- und Haupthäfen.

Den großen europäischen Hafenplätzen stehen im nordatlantischen Verkehr als Gegenpole hauptsächlich die zahlreichen bedeutenden Häfen der nordamerikanischen Atlantikküste gegenüber. Diese Umschlagsstätten des gewaltigen seewärtigen Warenverkehrs der Vereinigten Staaten haben mit dem mächtigen, unaufhaltsamen Wirtschaftsaufschwung des an inneren Reichtümern so übermäßig gesegneten Landes ihren Schiffsverkehr seit dem Kriege weiterhin ganz außerordentlich steigern können, wie die Tabelle 41 (S. 118) erkennen läßt.

Nach der Tabelle 41 ist der Verkehr in den amerikanischen Häfen der atlantischen Küste in den Nachkriegsjahren seit 1919 um durchschnittlich 36 %, im Rekordjahr 1920 sogar um 46 % angewachsen. Die auffallenden Schwankungen der Gesamtziffern sind, mit alleiniger Ausnahme des New Yorker Hafens, durch die ungleichmäßige Verkehrsentwicklung der einzelnen Häfen verursacht worden. Da nun dieselben ohne Ausnahme Spezialhäfen für einige bestimmte Warenarten sind, und der Verkehr dieser Häfen infolge des außerordentlichen Exportüberschusses des amerikanischen Handels entscheidend von der Höhe der Ausfuhrgüter bestimmt wird, müssen diese Differenzen mit den starken jährlichen Veränderungen der Ausfuhrmengen in den verschiedenen Häfen erklärt werden. In der Tabelle 42 ist deshalb der Export der einzelnen Häfen in den wichtigsten amerikanischen Ausfuhrartikeln während der Zeit von 1913 bis 1923 zahlenmäßig nachgewiesen. Diese Übersicht zeigt deutlich die auf gewisse Güterarten beschränkte Bedeutung der Häfen der Vereinigten Staaten, abgesehen von dem Welthafen New York, und erklärt gleichzeitig die Veränderungen der Verkehrsziffern der einzelnen

Tabelle 41:
Die Entwicklung des Schiffsverkehrs in den Haupthäfen der Vereinigten Staaten in der Zeit von 1913 bis 1923.
Zusammengestellt nach der amerikanischen Seeverkehrsstatistik (109).
(Angaben in 1000 Tonnen Netto, im Mittel von Ein- und Ausgang.)

Zolldistrikte [1]	1913	1919	1920	1921	1922	1923
New York	14 567	14 201	16 225	15 970	18 774	18 682
Maryland	1 747	2 320	4 017	2 480	1 842	1 881
Massachusetts	2 526	1 528	1 794	2 394	3 383	3 266
Philadelphia	2 580	3 053	3 663	2 698	2 864	2 568
Virginia	1 249	1 417	5 192	3 148	1 352	1 725
Florida	1 526	1 547	2 345	2 064	3 773	2 295
Galveston (Texas)	1 662	1 262	2 633	3 096	2 461	2 804
New Orleans (Texas)	2 655	3 306	4 753	5 445	4 948	4 599
Sabine (Texas)	711	1 297	2 121	2 526	2 458	1 541
Total:	29 223	29 931	42 743	39 821	41 855	39 361

Tabelle 42:
Die Entwicklung des Exports der wichtigsten Ausfuhrartikel in den großen Atlantikhäfen der Vereinigten Staaten.
Zusammengestellt nach der amerikanischen Seeverkehrsstatistik (109)[2].

		Weizen in 1000 Bushels	Baumw. in 1000 Ballen	Tabak in Millionen Pfund	Erdöl in Millionen Gallonen	Kohle in 1000 Tonnen
New York (New York)	1913	25 968	579	199,1	870,3	205
	1919	39 131	353	272,1	673,1	100,1
	1921	22 477	103	69,4	606,5	192
	1923	10 833	379	55,2	626,8	101,1
Massachusetts (Boston)	1913	2 541	163,6	7,5	—	—
	1919	9 351	15,7	36,5	1,5	5,1
	1921	183	13,0	—	19,6	3,0
	1923	147	13,0	—	12,6	—

[1] Die Nachweise des Seeverkehrs der amerikanischen Häfen sind in der Verkehrsstatistik der Vereinigten Staaten nach „Customs Districts", den einzelnen Zolldistrikten der atlantischen Küste, aufgeteilt. Die größeren Häfen verteilen sich auf dieselben wie folgt:
    Zolldistrikt New York: New York, Newark, Perth Amboy.
    „ Maryland: Baltimore.
    „ Massachusetts: Boston, Fall River, New Bedford, Plymouth.
    „ Philadelphia: Philadelphia, Wilmington.
    „ Virginia: Norfolk-Hampton Roads.
    „ Florida: Tampa, Boca Grande, Fernandina, Jacksonville, Pensacola.
    „ Galveston: Galveston.
    „ New Orleans: New Orleans.
    „ Sabine: Sabine, Port Arthur.
[2] Abschnitt: Exports of Domestic Merchandise by Articles and Customs Districts. Obige Ziffern sind selbst errechnet.

		Weizen in 1000 Bushels	Baumw. in 1000 Ballen	Tabak in Millionen Pfund	Erdöl in Millionen Gallonen	Kohle in 1000 Tonnen
Philadelphia (Philadelphia)	1913 1919 1921 1923	7 387 31 517 15 444 8 707	62,2 7,4 3,0 2,8	5,4 51,2 23,9 2,1	344 304 224,5 265,4	916 1064 679 356
Maryland (Baltimore)	1913 1919 1921 1923	6 519 25 501 15 603 3 742	66,4 3,4 2,0 2,3	81,9 154,1 50,4 28,2	13,5 11,1 26,4 18,3	751 1710 1471 1429
Virginia (Norfolk, Hampton R.)	1913 1919 1921 1923	— 2 336 39 1 074	72,5 139,0 181,0 214,1	11,6 39,9 210,8 246,8	— — — —	2302 4186 6023 2337
Sabine (Sabine, Port Arthur)	1913 1919 1921 1923	1 111 756 4 104 986	138,6 — — —	— — — —	167,6 494,5 636,7 578,7	— — — —
Georgia (Savannah)	1913 1919 1921 1923	— — — —	844,0 1295,1 690,3 260,4	— 5,6 2,3 3,0	— 0,5 19,4 1,8	— — 9 —
New Orleans (New Orleans)	1913 1919 1921 1923	14 356 12 786 57 032 11 733	1355 1374 1249 667,5	79,8 149,3 131,8 134,1	41,5 315,0 515,2 559,2	17,6 18,0 7,1 —
Galveston (Galveston)	1913 1919 1921 1923	13 214 17 588 92 122 11 368	3877 2111 3302 3107	— 11,9 — —	0,7 2,4 88,4 256,1	— — — —

Häfen, wie sie in Tabelle 41 angegeben sind; außerdem läßt sie eindeutig den Charakter von New York als einen Welthafen von universeller Bedeutung im Gegensatz zu den übrigen Häfen, die lediglich Spezialhäfen sind, erkennen.

Bei so außerordentlich variierenden Ausfuhrmengen der obengenannten Exportgüter der verschiedenen Häfen, die namentlich für die kleineren Plätze den größten Teil des gesamten seegängigen Warenverkehrs einnehmen, werden die Schwankungen der jährlichen Verkehrstonnage in den einzelnen Häfen verständlich erscheinen.

Die Ursache der Beschränkung der Warenausfuhren der Häfen auf ganz bestimmte Güter beruht sehr wesentlich, wenn nicht sogar ausschlaggebend, auf ihrer geographischen Lage: die Produktionsstätten der amerikanischen Hauptausfuhrartikel sind auf ganz gewisse Gebiete des ungeheuer weit ausgedehnten Landes konzentriert, und die Lage der Häfen zu diesen wichtigsten Rohstoffgebieten bestimmt hauptsächlich die Bedeutung des Ausfuhrverkehrs der verschiedenen Häfen. Da diese Hauptexportartikel nun größtenteils Bodenerzeugnisse sind, so ist es klar, daß die jeweilige Jahresproduktion dieser Güter stark variiert. Diese Verhältnisse sind grundlegend für die Veränderungen des Schiffsverkehrs aller nordamerikanischen Häfen. —

Nach dieser in kurzer Übersicht zusammengefaßten Darlegung der hauptsächlichen Änderungen des über die amerikanischen Häfen gehenden Warenverkehrs während der Nachkriegsjahre möge wieder die Entwicklung der verschiedenen Häfen selber in ihren Einzelheiten verfolgt werden.

a) New York.

Unter den zahlreichen Häfen der langgestreckten Atlantikküste der Vereinigten Staaten ragt der Hafen von New York, der größte Seehafen der Erde, riesengleich und alles überschattend mit seinem mächtigen Schiffsverkehr, in einsamer, unerreichter Höhe empor, wie die Tabelle 41 (S. 118) auch zum Ausdruck bringt. Der New Yorker Schiffsverkehr hat in der Nachkriegszeit eine weitere wichtige Ausdehnung erfahren, die allein an der Kapazitätsgrenze des Hafens selbst zum Stillstand gekommen ist. Da dieser ungewöhnliche Verkehrsandrang im amerikanischen Welthafen nicht mehr bewältigt zu werden vermochte, hat sich daraus eine ganz erhebliche Verkehrsabwanderung auf die übrigen großen Häfen der Atlantikküste ergeben, die damit also zu einer plötzlichen sehr bedeutenden Erhöhung ihres Schiffsverkehrs Veranlassung gegeben hat.

Das Mißverhältnis des Schiffsverkehrs zu den vorhandenen Kaianlagen im New Yorker Hafen beruht vor allem wohl darauf, daß das Anwachsen des Verkehrs so ungewöhnlich schnell vor sich gegangen ist. Wohl ist die Hafenanlage New Yorks an sich ganz außerordentlich günstig: der breite Hudson und der East River, die New Yorks Zentrum, die Insel Manhattan, umschließen, sowie die vorgelagerte, weit ausgedehnte „Upper Bay", scheinen bei großer Wassertiefe zwar einen vollkommen ausreichenden Raum für die erforderlichen Kaianlagen zu bieten, aber tatsächlich liegen die Verhältnisse nicht annähernd so einfach (110). Einmal ist das wichtigste Kaigelände, das Manhattanufer des Hudson, nicht in seiner vollen Länge für die Landungsstellen der Seeschiffahrt verwendbar, da ein großer Teil des Ufers infolge der Insellage der Weltstadt für deren Verbindung mit dem Festlande reserviert bleiben muß. Der East River aber ist einerseits wegen seines felsigen Ufers und seiner starken Strömung kein guter Hafenplatz, und außerdem ist das Ufergelände auf Manhattan größtenteils in Privathänden, so daß es für den allgemeinen Verkehr ausfällt. Da sich zudem die zwei Staaten der Union New York und New Jersey in das Ufergelände teilen, sich jedoch nicht zu gemeinsamer Arbeit zusammenfinden können, um durch einen weiteren Ausbau des Ufergeländes die fernere Entwicklung des Welthafens zu sichern, so sind die weiten Uferstrecken des Staates New Jersey erst in ganz geringem Umfange ausgenutzt worden (vgl. Skizze 3, S. 121).

Um nun die tatsächlich bebaute Uferlänge im New Yorker Hafen in möglichst intensiver Form zu verwerten und die Kaianlagen mit dem Schiffsverkehr des Hafens einigermaßen in Einklang zu bringen, sind die Kais nach dem sogenannten Piersystem angelegt worden, das in den meisten amerikanischen Häfen zur Anwendung gekommen ist. Die Kais werden bei dieser Anordnung senkrecht oder schräg in das Hafenbecken hineingebaut, so daß die Uferlänge auf diese Weise mehr als verdreifacht werden kann (110). Trotz dieser besonders vorteilhaften Nutzung der Wasserfläche vermochten jedoch

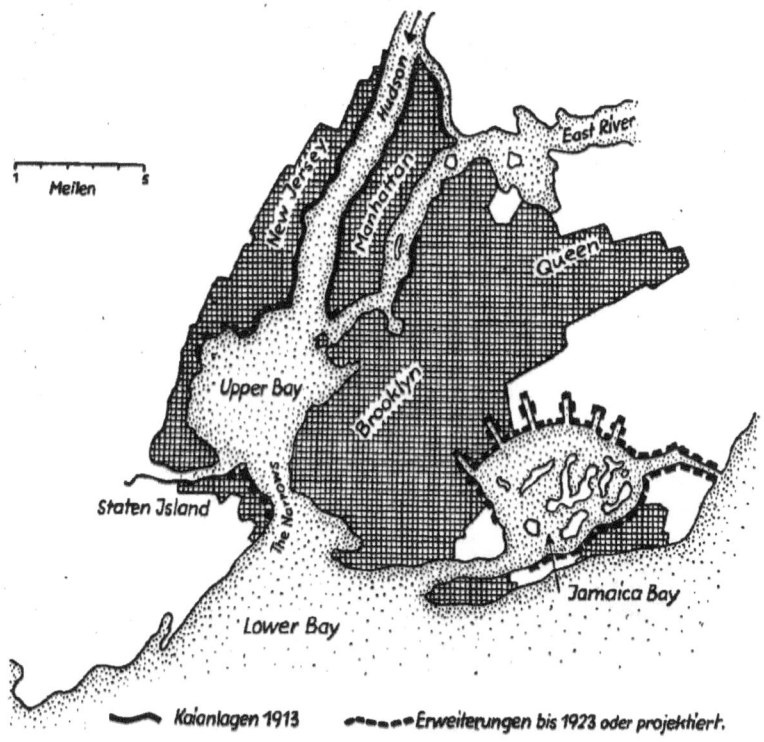

Skizze 3:

Die Erweiterungen des Hafens von New York.

die vorhandenen Kais den nach dem Kriege noch weiter anwachsenden Riesenverkehr nicht mehr zu bewältigen. So sind denn in den Jahren nach Kriegsende einmal auf Staten Island an der Upper Bay neue Piers angelegt (vgl. Skizze 3) und außerdem ist ein großangelegtes Projekt in Angriff genommen worden, nämlich der Ausbau der Jamaica Bay auf Long Island, durch welchen ein neuer mächtiger Hafen am freien Ozean geschaffen würde. Diese Hafenpläne New Yorks sind in ihren Einzelheiten eingehend, auch an Hand von Kartenskizzen, von R u s h dargelegt worden, die zu nebenstehender Karte verwendet worden sind (110).

Das amerikanische Piersystem hat bei seinen großen Vorzügen auch schwerwiegende Nachteile für den New Yorker Hafen. Die Piers sind, da sich unmittelbar an dieselben bereits das dichtgedrängte Häusermeer der New Yorker City anschließt, nur in den seltensten Fällen direkt mit dem Schienenstrang zu verbinden, so daß in den Jahren vor dem Kriege ¾ des gesamten Güterumschlags durch Leichter auf dem Wasserwege getätigt worden ist; an diesem Verhältnis wird sich auch in der Nachkriegszeit nichts wesentliches geändert haben. Bei dem neuen Hafenprojekt in der Jamaika Bay aber würde ein Bahnanschluß in vollkommenster Weise durchzuführen sein, denn durch Untertunnelung der engen Einfahrt in die Upper Bay, „the Narrows" genannt, würde dann das ganze ungeheure Eisenbahnnetz, das in New York zusammentrifft, durch den neuen Hafen einen direkten Endpunkt im offenen Ozean besitzen.

Die hervorragende Entwicklung New Yorks als Welthafen und Handelsplatz beruht auf seiner einzigartigen Lage, die es zum natürlichen Ausfalltor des Außenhandels der Vereinigten Staaten gestaltet. F a i r g r i e v e (69) zeigt diese geographischen Vorzüge New Yorks an Hand einer Kartenskizze, die offenbart, daß der amerikanische Welthafen der einzige natürliche Zugang des industriereichen Hinterlandes der Nordstaaten und der großen Seen zum Ozean ist. Das breite Hudsontal vermittelt durch den berühmten Erie-Kanal (9 u. 62) die einzige Wasserstraßenverbindung zu den wirtschaftlich überaus bedeutenden Gebieten der großen amerikanischen Binnenseen, und gestattet zudem auch trotz eines nicht unerheblichen Umweges eine billigere und schnellere Bahnfracht als von den übrigen Häfen der Vereinigten Staaten über die Hochländer der Appalachen und der New England Hills. Eine glänzende Seelage und ebenso überragende Verbindungen zum Hinterland sichern New York im Verein mit seiner enormen Kapitalkraft, seinen universellen Beziehungen zum Weltverkehr und der Stärke seiner Warenmärkte die unangreifbare Vormachtstellung vor den anderen nordamerikanischen Häfen.

Auf Grund dieser natürlichen und wirtschaftlichen Vorteile unterbindet New York auch noch nach dem Kriege eine größere Verkehrsentwicklung seiner 3 bedeutenden Nachbarhäfen Boston, Philadelphia und Baltimore, wie auch Tabelle 41 (S. 118) erkennen läßt. In der gleichen Tabelle kommt auch zum Ausdruck, daß die Verkehrsabziehung von New York in den Nachkriegsjahren weniger diesen 3 nördlichen Häfen, als in erster Linie den bedeutenden südlichen Handelsplätzen zugute gekommen ist. Daraus ist aber zu schließen, daß lediglich der Außenhandel des Welthafens mit den Vereinsstaaten des Südens seit dem Kriege von New York auf die Südhäfen abgewandert ist, was nur ein wirtschaftlich vollkommen natürlicher Vorgang ist. Im Norden ist die Weltstadt den 3 übrigen großen Seehäfen auch in der Nachkriegszeit nach wie vor absolut überlegen.

β) Boston.

Boston, der nördlichste der großen Häfen der Vereinigten Staaten, hat, wie Tabelle 41 (S. 118) erkennen läßt, überhaupt keine ausgesprochene Monopolstellung im amerikanischen Ausfuhrhandel. In der Tat ist der gesamte Exporthandel des Bostoner Hafens nur von geringerer, meist lokaler Bedeutung. Er ist im wesentlichen Gelegenheitshafen für die kanadischen Getreideausfuhren während der Wintermonate (113), da der St. Lorenz-Strom durch seine völlige Vereisung die kanadischen Häfen von November bis Mai zum Stilliegen verurteilt, und außerdem der Haupthafen des Staates New England, dessen fast alleiniger Umschlagsplatz Boston ist. Die Ursache der beschränkten Bedeutung Bostons als amerikanischer Ausfuhrplatz beruht auf der ungünstigen geographischen Beschaffenheit seines Hinterlandes. Der Ort ist durch seine stark bergige Umgebung, den New England Hills, so sehr benachteiligt, daß der ausgehende Verkehr schon lediglich aus verkehrsgeographischen Gründen nach dem viel vorteilhafter gelegenen großen Nachbarhafen New York ziehen muß.

Die eigentliche Stärke des Bostoner Hafens ist sein ausgedehnter Einfuhrhandel, namentlich von den europäischen Ländern, mit denen er die bedeutendsten Beziehungen unterhält. Diese hervorragende Stellung als Importhafen verdankt Boston ganz besonders seiner gegen die anderen nordamerikanischen Haupthäfen am weitesten nach Osten vorgeschobenen Lage, denn sein Verbindungsweg mit den europäischen Häfen ist die kürzeste Route im transatlantischen Verkehr.

Bostons Hafenanlagen, die in dem Werk von Clapp auch zeichnerisch dargestellt sind (112), haben sich seit dem Kriege nicht wesentlich verändert, da der Schiffsverkehr Bostons seit dem Jahre 1913 keine nennenswerten Erweiterungen erforderlich gemacht hat.

γ) Philadelphia.

Der südlich von New York gelegene Hafen von Philadelphia ist bei seiner engen Nachbarschaft zum Welthafen ebenso wie New York zu den wichtigen Produktionsgebieten der Nordstaaten hervorragend günstig gelegen. Darauf beruht auch die Möglichkeit einer sehr erheblichen Steigerung des Schiffsverkehrs im Hafen von Philadelphia, der, wie Tabelle 41 (S. 118) bereits ersichtlich werden läßt, in der Tat im Jahre 1920 vorübergehend auf einen ganz besonders großen Umfang angewachsen ist; sind doch in diesem Jahre Schiffe mit einer Gesamttonnage von fast 3,7 Millionen Netto Tonnen im Hafen eingelaufen. Allerdings hat Philadelphia diesen bedeutenden Verkehrszuwachs in den folgenden Jahren nicht mehr halten können, da sich für den Hafen immer wieder die übermächtige Konkurrenz des Welthafens New York bemerkbar machen muß.

Seiner vorteilhaften Lage zu den großen amerikanischen Erzeugungsstätten des Getreides sowie zu den Gebieten der Kohlevorkommen und den Erdöldistrikten entsprechend, ist der Hafen ein sehr bedeutender Ausfuhrplatz in diesen wichtigsten Handelsartikeln der Vereinigten Staaten, wie auch Tabelle 42 (S. 118) eindeutig zum Ausdruck bringt. Nach dieser Aufstellung, sowie nach Tabelle 41 (S. 118) decken sich die Entwicklung der Verkehrs- und Ausfuhrziffern des Platzes in den Jahren der Nachkriegszeit vollkommen. Nach der größten Blütezeit seines Verkehrs in den ersten Jahren nach Kriegsende ist derselbe bis 1923 wieder auf den Vorkriegsstand zurückgegangen, hauptsächlich, weil sich die Mengen seiner wichtigsten Ausfuhrgüter seit 1920 wieder ganz außerordentlich verringert haben. Dieser Umstand muß mit der wachsenden Konkurrenz und der zunehmenden Verkehrsbedeutung der südlichen Atlantikhäfen der Vereinigten Staaten erklärt werden. In dem Ausfuhrhandel in Weizen, Baumwolle und Erdöl haben die Golfhäfen seit Kriegsende eine überragende Stellung erlangt, in der Tabak- und Kohlenausfuhr aber die Häfen Virginias.

δ) Baltimore.

Der im Zuge nach Süden nächstfolgende große Hafen der nordamerikanischen Atlantikküste ist Baltimore, für den nahezu die gleichen Verhältnisse gelten, wie sie bereits für Philadelphia dargelegt worden sind. Die Entwicklung seines Schiffsverkehrs, die allerdings ganz im Gegensatz zu derjenigen seines Nachbarhafens seit dem Kriege einen mächtigen Aufschwung genommen hat, wie aus Tabelle 41 (S. 118) hervorgeht, zeigt mit der Entwicklung der jährlichen Warenausfuhren des Hafens eine absolute Übereinstimmung. Da Baltimore südlicher gelegen ist als Philadelphia, liegt es vorteilhafter zu den Tabakgegenden, ungünstiger dagegen zu den Petroleumdistrikten der Nordstaaten. Von besonderer Bedeutung sind vor allem die Kohlenexporte des Hafens, die in ihrer Höhe nur von den Spezialkohlenhäfen Virginias übertroffen werden.

Beiden Häfen, sowohl Baltimore wie auch Philadelphia, ist aber eine sehr ungünstige Lage zur See gemeinsam. Weit im Innern der Chesapeake- bzw. der Delaware-Bay gelegen, weisen sie bis zum freien Ozean für den Schiffsverkehr eine Fahrtstrecke von mehreren 100 km auf, der denselben in ausgedehntem Maße davon abhält, die beiden Häfen in überseeischen Verbindungen zu benutzen, denn trotz dieser langen Seezufahrtstraße ist ihre Binnenlage keineswegs günstiger als diejenige des Hafens von New York, der aber ganz bedeutend einfacher anzulaufen ist. Um diese ungünstige Seelage auszugleichen, haben die Amerikaner das Projekt vorgeschlagen, die beiden Buchten durch einen Kanaldurchstich durch die schmale Halbinsel, die der Chesapeake Bay vorgelagert ist, miteinander zu verbinden. Durch diese Anlage wäre nicht nur eine ganz beträchtliche Abkürzung des seewärtigen Verbindungsweges von Baltimore und Philadelphia erreicht, welche für den ausgedehnten nordamerikanischen Küstenverkehr von größter Bedeutung wäre, sondern überdies hätte noch Baltimore im besonderen durch den Kanal den Gewinn, daß es absolut auch betreffs seiner Seelage ganz erheblich günstigere Verhältnisse für den Seeschiffsverkehr aufweisen könnte. Diese Pläne sind jedoch bisher noch nicht zu praktischer Auswirkung gekommen (136). —

Die sämtlichen 4 nördlichen Haupthäfen der Vereinigten Staaten schöpfen also ihre Hauptkraft aus den reichen Industrie- und Rohstoffgebieten des Nordostens der Union, die allein schon einen derartig umfangreichen Außenhandel über die amerikanischen Seehäfen veranlassen, daß sie schon dadurch die Bedeutung dieser nördlichen Haupthäfen sicherstellen. Zudem können diese Plätze bei den ungeheuren Entfernungen des riesigen Hinterlandes nicht mehr erfolgreich in den Südstaaten mit den dortigen großen Häfen wie New Orleans, Galveston und anderen konkurrieren, so daß sich demnach die Einflußgebiete der nördlichen und südlichen Atlantikhäfen ziemlich scharf von einander trennen. Weizen und die anderen Getreidearten wachsen außer in dem ausgesprochenen Getreidedistrikt, der sogenannten „Kornkammer" der Vereinigten Staaten, gleichmäßig in allen Teilen des Landes, die Erdölvorkommen sind mindestens gleich bedeutend in dem Petroleumgebiet des Nordostens, wie in den Südstaaten, und die Lage der großen amerikanischen Kohlenfelder begünstigt namentlich die mittleren Atlantikhäfen. So haben die nördlichen Häfen in den Plätzen des Südens viel weniger ernste Konkurrenten, als vielmehr in den großen Häfen der amerikanischen Binnenseen, die einen ganz erheblichen Teil der Fleisch-, Getreide-, Erz- und Kohlenausfuhren an sich gezogen haben, und deren Rivalität von den 4 nördlichen Haupthäfen mit wachsender Besorgnis beobachtet wird, namentlich seit in den Nachkriegsjahren durch die großzügige Kanalisierung der mächtigen Wasserstraße von den großen Seen zum Ozean, des St. Lorenz-Stroms, diese bedeutenden Binnenhäfen, wie z. B. Chicago, Buffalo, Minneapolis und Detroit, auch für Seeschiffe erreichbar geworden sind (9, 18, 62 und 136).

Lediglich in dem Baumwoll- und Tabakexport sind die Häfen des Nordens und Südens in der Nachkriegszeit miteinander in direkten Wettstreit getreten. Angesichts der südlichen Lage der Erzeugungsgebiete dieser beiden Produkte ist es unausbleiblich gewesen, daß mit der zunehmenden Entwicklung und Modernisierung der südlichen Häfen diese nach dem Krieg nahezu den gesamten Export an Baumwolle und den weitaus größten Teil der Tabakausfuhren an sich gerissen haben. Nur New York hat infolge seiner hervorragenden Stellung als Handelszentrum der Vereinigten Staaten und auf Grund der Bedeutung seiner Warenbörse noch weiterhin einen größeren Umfang des Exports dieser beiden wichtigen Handelsartikel an sich ziehen können. Im ganzen aber ist der Baumwollexport der 4 nördlichen Häfen von 872 000 Ballen im Jahre 1913 auf nur 395 000 Ballen im Jahre 1923 zurückgegangen, die Tabakausfuhren von 294 Millionen auf 86 Millionen Pfund in dem gleichen Zeitraum. Demgemäß haben sich die Ausfuhrziffern der Südhäfen in diesen Artikeln seit der Vorkriegszeit ganz außerordentlich vergrößert, und auch der Schiffsverkehr derselben hat einen entsprechenden, sehr beträchtlichen Aufschwung genommen, wie dies Tabelle 41 und 42 (S. 118) bereits zum Ausdruck gebracht hat.

ε) Norfolk-Hampton Roads.

Norfolk ist in der jüngsten Zeit der bedeutendste Kohlenhafen der Vereinigten Staaten geworden. Dies ist auch der Hauptgrund des auffallenden Emporschnellens der Verkehrsziffern der Häfen des Staates Virginia im Jahre 1920, unter welchen Norfolk die führende Stellung einnimmt. In jenem Jahr haben die Kohlenausfuhren des Hafens einen ganz außerordentlichen Umfang angenommen, der in der Hauptsache die plötzliche, wenn auch nur vorübergehende Steigerung des Schiffsverkehrs auf einen Wert von fast 5,2 Millionen Tonnen Netto verursacht hat. Seine weitere Bedeutung liegt in seiner zentralen Lage zu den amerikanischen Tabakdistrikten, deren erster Ausfuhrplatz Norfolk seit dem Kriege geworden ist. Auch aus seiner Lage an der Peripherie der Baumwollgegenden der Südstaaten hat der Hafen in der Nachkriegszeit einen größeren Nutzen ziehen können. Die Ursache der vorteilhaften Entwicklung des Schiffsverkehrs im Hafen von Norfolk beruht namentlich auf der großzügigen, intensiven Modernisierung seiner Hafenanlagen seit dem Kriege, im besonderen der Einrichtungen für die Kohlenbunkerung, die Norfolk zu einem Spezialplatz des Kohlenumschlags gemacht haben[1].

---

[1] Vgl. Materialien des Kieler Instituts, Mappe 310 v 13.

ζ) Savannah.

Savannah ist vornehmlich ein Spezialhafen für Baumwollexporte, da es bereits im Zentrum der Produktionsgebiete dieses Artikels liegt. Dennoch ist die Verkehrsentwicklung des Hafens seit dem Kriege eine recht ungünstige gewesen, wie Tabelle 42 (S. 118) erkennen läßt. Aus diesem Grunde hat Savannah, um den Schiffsverkehr an sich zu fesseln, in der letzten Zeit seinen Hafen nach modernen Gesichtspunkten erweitert. Zudem ist dem Platz ein ganz besonderer Vorteil dadurch erwachsen, daß es durch Kongreßbeschluß im Jahre 1925 der erste Freihafen der Vereinigten Staaten geworden ist[1]. Die natürlichen Vorzüge des Hafens bestehen darin, daß er der letzte, südlichste größere Handelsplatz unter den Häfen ist, die am atlantischen Ozean selber gelegen sind, während sich die Seereise nach den Golfhäfen infolge der weit vorspringenden Halbinsel von Florida um eine ganz erhebliche Entfernung verlängert.

η) Sabine und Port Arthur.

Diese beiden Häfen sind ausgesprochene Spezialhäfen für die Erdölexporte von Texas. Obwohl im Bezirke der Baumwollproduktion gelegen, haben die Plätze den Ausfuhrverkehr in diesem Produkt nach dem Kriege gänzlich verloren, so daß sich die Exporte der Häfen neben einem beschränkten Getreideumschlag ganz auf das Erdöl konzentriert haben. In diesem Spezialhandel haben aber die beiden Häfen nach dem Kriege unter allen Golfhäfen die führende Stellung erringen können.

ϑ) New Orleans.

New Orleans hat seit dem Kriege eine hervorragende Entwicklung erfahren[2]; bereits seit 1919 ist er der zweitgrößte Hafen der nordamerikanischen Atlantikküste geworden (115, 119, 120 und 122). Seine wachsende Bedeutung verdankt New Orleans vor allem seiner bevorzugten Lage am Mississippi-Delta, vermöge welcher es sogar wohl als der einzige Hafen anzusprechen ist, der sich gegen die wirtschaftliche Hegemonie des Welthafens New York in weitem Sinne unabhängig zu machen gewußt hat.

Bisher hat New Orleans dabei erst einen ganz geringen Bruchteil der wirklichen Leistungsfähigkeit des Mississippi ausnutzen und verwerten können, denn obwohl das ungeheure Stromgebiet, dessen Gesamtlänge ungefähr 24000 km beträgt, eine Hauptverkehrsader des nordatlantischen Handels und eine ganz überragende Seezufahrtsstraße der sämtlichen Binnenstaaten der Union sein könnte, ist seine Schiffbarkeit bisher nur von rein lokalem Wert, da ein durchgehender Verkehr bis zur Strommündung durch die zahlreichen Stromschnellen und Sandbarren des Flusses selbst für kleine Fahrzeuge undurchführbar ist. Daß aber der Strom nicht längst schon hinreichend reguliert ist, um einen Schiffsverkehr von einem seiner wahren Verkehrsbedeutung entsprechendem Umfange mit ungefähr 1000—2000 Tonnen-Schiffen zu gewährleisten, ist lediglich der Erfolg des Widerstandes der großen amerikanischen Eisenbahnunternehmen, die vermöge ihres mächtigen wirtschaftlichen Einflusses diesen Ausbau verhindert haben, da derselbe natürlich für sie nur

[1] Vgl. Materialien des Kieler Instituts, Mappe 310 v 13.
[2] Aus „Werft, Reederei, Hafen", Jahrg. 1925, Heft 10.

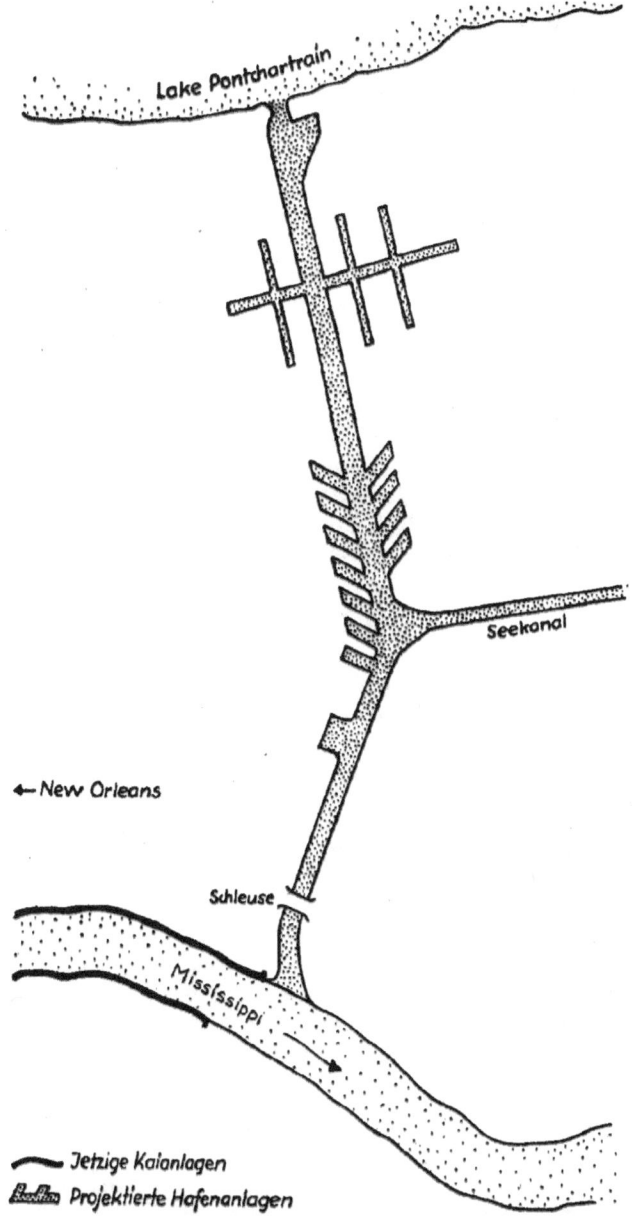

Skizze 4:
Die Erweiterungen des Hafens von New Orleans.

eine überaus ernste Konkurrenz bedeuten würde. So ist bisher ein Werk unterbunden worden, das für die gesamte amerikanische Wirtschaft von der höchsten Wichtigkeit werden könnte, das aber reinen privatwirtschaftlichen Vorteilen hintangestellt worden ist.

Aber auch ohne dies hat New Orleans eine große Entwicklung seines Schiffsverkehrs seit dem Kriege erlebt, da es sich zum Hauptausfuhrhafen der Erzeugnisse der reichen Südstaaten hat aufschwingen können, wie die Tabellen 41 und 42 (S. 118) zum Ausdruck bringen[1]. Mit dieser Verkehrsausdehnung ist ein gleichzeitiger umfangreicher Ausbau der Hafenanlagen verbunden gewesen, der bei der natürlichen überaus günstigen Beschaffenheit der Hafenlage ein besonders einfacher gewesen ist. In einer Ausdehnung von ca. 20 km Länge haben die Ufer des Hauptstroms lediglich durch Kaianlagen befestigt zu werden brauchen, da die Stromtiefe am Kai immer noch ungefähr 9 m beträgt[2]. Einen nicht unerheblichen Nachteil haben allerdings diese im offenen Strom liegenden Schiffsanlegestellen: den Schiffen werden die zeitweise sehr ungünstigen Strom- und Wasserstandsverhältnisse des Mississippi oftmals sehr hinderlich. Das Niveau des Flusses weist, nicht infolge einer besonders starken Tide, sondern vielmehr wegen des stark wechselnden Wasserreichtums des Stromes in den verschiedenen Jahreszeiten, sehr große Differenzen auf. Deshalb sind in den Jahren nach Kriegsende weitere Hafenbecken auf künstlichem Wege neu geschaffen worden, oder teilweise noch im Entstehen begriffen (vgl. Skizze 4, S. 127). Mit diesen Erweiterungen ist das Projekt zur Durchführung gekommen, den Mississippi mit einem 8 km entfernten Binnensee, dem Lake Pontchartrain, zu verbinden, dessen Ufer für die Zukunft eine ebenso ausgedehnte wie ausgezeichnete Gelegenheit zur Anlegung von Kais bieten. Im Laufe des kanalartigen Zwischenstücks aber sind jetzt bereits mehrere umfangreiche Hafenbecken fertiggestellt worden, die als geschlossene Dockhäfen ausgebildet sind, um die Wasserstandsdifferenzen des Hauptstromes zu neutralisieren, und für die ein besonderer Zugangsweg vom freien Ozean aus durch den Ausbau eines weiteren Kanals projektiert ist. Aus diesen bereits fertiggestellten und geplanten Hafenbauarbeiten, die in der beigegebenen Skizze 4 dargestellt sind, ist zu ersehen, daß New Orleans auch für die weitere, zukünftige Entwicklung seines Schiffsverkehrs in ganz hervorragender Weise Vorrichtungen getroffen hat. Vervollständigt wird das Bild der Hafenanlagen des Mississippi-Hafens noch durch die Erwähnung der mustergültigen, modernsten Einrichtungen für den Güterumschlag der wichtigsten Ausfuhrartikel des Hafens, so vor allem der Baumwollanlagen, der großen Getreidesilos und der nach den neuesten Gesichtspunkten konstruierten Kohlenverladeanlage, so daß New Orleans seit dem Kriegsausbruch ein wahrhaft erstklassiger Seehafen geworden ist[2].

i) Galveston.

Auch Galveston hat sich seit dem Kriege zu einem mächtigen Umschlagsplatz des amerikanischen Außenhandelsverkehrs entwickelt. Der Platz ist seit dem Kriege nicht nur der größte Baumwollhafen der Vereinigten Staaten, sondern sogar der ganzen Erde geworden. Nach Tabelle 42 (S. 118) sind die

---
[1] Vgl. auch das über Erdöl S. 129 Gesagte.
[2] Vgl. „Werft, Reederei, Hafen", Jahrg. 1925, Heft 10.

Exportmengen, die in Galveston jährlich an Baumwolle zur Verladung gekommen sind, in allen Jahren größer als diejenigen aller anderen Atlantikhäfen zusammen. Diese führende Stellung im amerikanischen Baumwollhandel hat der Hafen schon unverändert seit den Vorkriegszeiten behaupten können.

Daneben betreibt Galveston noch vor allem einen ganz ausgedehnten Getreidehandel, der besonders im Jahre 1921 einen Umfang eingenommen hat, der ganz erheblich größer gewesen ist, als derjenige aller übrigen Atlantikhäfen zu jener Zeit, und der wohl auch zum größten Teil den Höchststand des Schiffsverkehrs von Galveston in diesem Jahre verursacht hat, der den Hafen damit vorübergehend auf den dritten Platz unter den Atlantikhäfen erhoben hat (Tab. 41, S. 118). Eine weitere hervorragende Entwicklung hat der Hafen seit dem Kriege im Erdölexport gezeigt, der namentlich durch den in der Nachkriegszeit so außerordentlich gesteigerten Bedarf der Weltwirtschaft an Erdöl verursacht worden ist, ebenso wie die Ausdehnung der Ölausfuhren im Hafen von New Orleans hiermit zu erklären ist. Tabelle 42 (S. 118) zeigt, daß die Ölgewinnung in Texas erst seit dem Kriege den bedeutenden Umfang eingenommen hat, der dieselbe nach dem Jahre 1921 weit über die Produktion der nördlichen Öldistrikte erhoben hat. New Orleans, Galveston, Sabine und Port Arthur haben vor dem Kriege 210 Millionen, 1923 aber 1394 Millionen Gallonen an Erdöl ausführen können.

Dem mächtigen Verkehrsaufschwung entsprechend hat Galveston seit dem Kriege seine Hafenanlagen durch die modernsten Baumwollspeicher und Getreideelevatoren vervollkommnet, seine Kaianlagen erweitert und großzügige Projekte in Bearbeitung genommen, um durch höchste Leistungsfähigkeit des Hafens seine Verkehrsentwicklung weiterhin zu fördern (116). —

Bei dieser allgemeinen Abhängigkeit fast aller Häfen der amerikanischen Atlantikküste von den Hauptausfuhrprodukten des Binnenlandes der Vereinigten Staaten, von der sich nur der Welthafen New York infolge seiner hundertfältigen Bedeutung und seines umfassenden Wirkungsbereichs freihalten kann, sind die Schwankungen der Gesamtziffern des Verkehrs der nordamerikanischen Atlantikhäfen naturgemäß auch ganz wesentlich, wenn nicht entscheidend, durch die Veränderungen der Gesamtausfuhren der Vereinigten Staaten in diesen angeführten Rohstoffen verursacht worden. Diese beruhen aber nun nicht allein auf dem von Jahr zu Jahr verschiedenen Weltbedarf an diesen Naturprodukten, auf den Veränderungen der Kapitalkraft der einzelnen Absatzländer und auf den entsprechenden Preisbewegungen der Produkte, sondern vor allem auch bei allen pflanzlichen Erzeugnissen, wie Baumwolle, Getreide und Tabak, sowie vielen anderen Warenarten, auf den erheblichen Differenzen der jährlichen Ertragsergebnisse. Wenn allein die jährliche Weizenausfuhr der in der Tabelle 42 (S. 118) genannten Häfen im Jahre 1921 einen Umfang von 206 Millionen Bushels, 1923 aber nur einen solchen von 48 Millionen aufweist, so wird es verständlich erscheinen, daß die Verkehrsziffern der amerikanischen Häfen bei dem bestimmenden Einfluß der Ausfuhren auf dieselben keine konstanten Werte zu bilden vermögen.

Nur für New York gelten diese Ursachen der Verkehrsveränderungen nicht in solch entscheidendem Umfange. Seine allseitige außerordentliche Bedeutung im überseeischen Warenverkehr, sein ungeheurer Personenverkehr basieren ebenso sehr auf den rein wirtschaftlichen Faktoren, die New York seine einzigartige Weltstellung im Seeverkehr verschafft haben, auf seiner Eigenschaft als Handelszentrum des gesamten amerikanischen Wirtschaftslebens, seiner außerordentlichen Kapitalkraft und dementsprechend der Bedeutung seiner Warenmärkte. Demgegenüber spielen auch die neuzeitlicheren, moderneren Hafeneinrichtungen der anderen großen Atlantikhäfen der Vereinigten Staaten und eine günstigere Lage derselben zu den Ursprungs- oder Bestimmungsgebieten des Warenverkehrs nur eine ganz untergeordnete Rolle in der Verkehrsentwicklung des New Yorker Hafens. Dies ist eben die Eigenart und die absolute Sonderstellung eines Welthafens von der mächtigen Bedeutung der amerikanischen Handelsmetropole, daß die ursächlichen Zusammenhänge seiner Verkehrsentwicklung über rein lokale Ausmaße hinauswachsen. Für den New Yorker Handel besteht nicht mehr die Hauptfrage, wie der Konkurrenz seiner Nachbarhäfen zu begegnen ist, sondern wie einem Handelszentrum von der Bedeutung des Londoner Welthafens, der doch durch einen Ozean von ihm getrennt ist, die Vormachtstellung im Welthandel abzuringen ist!

9. New York und die europäischen Welthäfen.

Die New Yorker Warenbörse hat bereits in den Jahren vor dem Weltkriege durch die Beherrschung des Handels in den amerikanischen Ausfuhrprodukten, die für die gesamte Weltwirtschaft von der größten Bedeutung sind, auf den Welthandel einen bestimmenden Einfluß ausgeübt[1]. Diese über die Weltmeere reichenden Auswirkungen der mächtigen Stellung New Yorks im Weltverkehr haben sich seit dem Kriege noch ganz außerordentlich ausgedehnt. Sie sind so weitreichend in ihren Folgen gewesen, daß in dem gesamten Weltverkehr eine förmliche Zentrumsverschiebung seit dem Kriege von dem nordwesteuropäischen Wirtschaftsgebiet mit seinen großen Häfen auf dasjenige der Vereinigten Staaten mit dem Mittelpunkt in New York stattgefunden hat. Die direkte Ursache dieser Umwälzung, die für die Weltwirtschaftslage die allergrößte Bedeutung hat, ist der Weltkrieg selber gewesen, durch den sich die führenden europäischen Wirtschaftsstaaten so außerordentlich geschwächt haben, daß sie bei dem gleichzeitigen intensiven Emporkommen der amerikanischen Wirtschaft, das durch den Krieg seinen letzten Impuls erhalten hat, nach Kriegsende von dem neuen machtvollen Wirtschaftsstaat der nordamerikanischen Union überflügelt werden mußten.

Es ist ein alter Erfahrungssatz, daß der Güterverkehr stets Hand in Hand mit dem Geldhandel geht. Wie er seinen Wahrheitsbeweis schon durch die Blütezeit Amsterdams vor 200 Jahren erbracht hat, so besteht in unserer Zeit jetzt die Gefahr, daß sich derselbe an der Entwicklung des amerikanischen Welthafens auf Kosten der europäischen Wirtschaft aufs neue bewahrheitet. In erster Linie prallen hierbei natürlich die Interessen des alten Welthandels- und Kapitalzentrums London und die Expansions-Tendenz des New Yorker Handels aufeinander. Die führende Stellung im Geldmarkt des Welthandels, welche die britische Hauptstadt bis zum Kriege eingenommen hat, ist nach Kriegsende zum mindesten von dem amerikanischen Welthandelsplatz erreicht worden. Ist vorher London der größte Geldgeber der Weltwirtschaft gewesen, so haben seit dem Kriege die Vereinigten Staaten, und damit auch in erster Linie New York, durch die vorausschauende Politik der amerikanischen Wirtschaftskreise, nämlich durch umfangreichste Kapitalsanlagen im Auslande,

---

[1] Vgl. Archivalien des Kieler Instituts, Mappe 500 v 15.

durch ausgedehnte Aufnahmen von Bankverbindungen und großzügige Gewährung von Geldkrediten den bedeutungsvollen Erfolg erzielen können, daß sie seither der größte Gläubigerstaat geworden sind. Die Kapitalskraft der britischen Handelsmetropole hat durch den Krieg so gelitten, daß es ihr auch sehr schwer fallen wird, ihre alte Machtstellung dem unaufhaltsam weiter aufstrebenden New York in absehbarer Zeit wieder abzuringen.

Der erste Aufschwung des New Yorker Warenmarktes ist eine Kriegsauswirkung gewesen. Die Unterbrechung der direkten Verbindungen zwischen Europa und Südamerika, Asien und Australien hat während der Kriegsjahre die Veranlassung gegeben, daß die Waren in immer größerem Maße statt nach London nach dem amerikanischen Welthafen zum Verkauf versandt worden sind. Zwar ist nach Kriegsende der größte Teil des Verkehrs wieder über die Suez-Mittelmeer-Route auf die europäischen Häfen zurückgegangen, doch sind diese Jahre bereits für New York ausreichend gewesen, um seine neu erworbene Position im Umschlagshandel des Weltverkehrs kraft seiner finanziellen Führerstellung auch nach Kriegsende weiterhin aufrechterhalten zu können[1]. Die Ausdehnung des New Yorker Marktes über den Handel in den amerikanischen Produkten hinaus, der eigentliche Umschlagshandel von interozeanischem Geltungsbereich, wird in den Nachkriegsjahren im Verhältnis zur Vorkriegszeit besonders begünstigt durch den neuen Schiffahrtsweg über den Panama-Kanal. Als Mittelpunkt zwischen Europa einerseits und Nord- und Südamerika über den Panama-Kanal sowie Westindien andererseits ist New York ein gewaltiges Verkehrszentrum. Die Grenzen der Bedeutung der beiden großen Handelsmittelpunkte des überseeischen Umschlagsverkehrs auf Grund ihrer geographischen Lage gehen aus der Tabelle 43 hervor, die sich direkt aus einer entsprechenden Umformung der Tabelle 32 (S. 79) herleiten läßt.

Tabelle 43:

Entfernungen von New York über den Panama-Kanal und von London über den Suez-Kanal nach einzelnen überseeischen Handelsplätzen.

	Von New York via Panama	Von London via Suez
nach Hongkong ..	11 580	9 810
nach Yokohama ..	10 000	11 380
nach Adelaide ...	11 130	11 670
nach Sydney	10 150	12 720
nach Samoa	7 740	14 360

Aus diesen Ziffern geht die weitreichende Einflußsphäre New Yorks im interozeanischen Transithandel hervor, die London im Umschlagsverkehr mit vielen wichtigen Überseeländern in Verbindung mit der überragenden Kapitalkraft des amerikanischen Welthafens außerordentlich gefährlich werden kann. Der geometrische Ort gleicher Entfernungen nach den beiden Welthäfen New York und London ist der Meridian 130° östlich Greenwich; die hartnäckigste Konkurrenz um die Führung im überseeischen Umschlagshandel

---

[1] Vgl. Archivalien des Kieler Instituts, Mappe 500 v 15.

zwischen den beiden großen Häfen wird demnach in dem wichtigen Handelsgebiet Ostasiens bemerkbar werden.

So ist London in New York ein viel gefährlicherer Gegner erwachsen, als die 3 europäischen großen Kontinenthäfen für den Themsehafen bedeutet haben und bedeuten. Noch verfügt London über seine wertvollen, alteingeführten Handelsverbindungen und Beziehungen im Weltverkehr, die sich über den ganzen Erdball verteilen, und die namentlich in den britischen Kolonien eine ganz besonders feste Stütze finden, und der Reichtum der City von London ist noch immer von einer hervorragenden Bedeutung, aber dennoch wird die Zukunft Londons als Mittelpunkt des Welthandels von der ferneren Entwicklung seines Kapitalmarktes abhängig sein. —

Vierter Teil.

Die Veränderungen der Leistungen des nordatlantischen Seeverkehrs.

Sind im Vorhergehenden die Veränderungen der verschiedenen Grundelemente und Grundlagen des Seeverkehrs während der Jahre seit Kriegsausbruch dargelegt worden, so ist nun als Abschluß des Gesamtbildes der Verkehrsentwicklung im nordatlantischen Ozean seit den Kriegsjahren noch ein Überblick zu geben über die Veränderungen der Verkehrsleistungen selber, die den Entwicklungsverlauf der Wirtschaftsbeziehungen der nordatlantischen Randgebiete in der Nachkriegszeit in der eindringlichsten Weise zu schildern vermögen.

Im Rahmen dieser Arbeit können sich die Betrachtungen der Veränderungen der jährlichen Verkehrsleistungen der Seeschiffahrt im Gebiete des Nordatlantik nur auf den Umfang der Schiffsbewegungen, nicht aber auch zugleich auf denjenigen des Warenverkehrs beziehen. Abgesehen davon, daß der seewärtige Güterverkehr in den Statistiken der einzelnen Länder nur gänzlich unvollkommen, uneinheitlich dargestellt, in keinem Falle aber zur Schiffstonnage in Beziehung gesetzt worden ist, sind die Veränderungen in dem überseeischen Warenverkehr Gegenstand ausgesprochener Detailuntersuchungen, welche in dieser Arbeit nicht angestellt werden konnten.

Wenn in den folgenden Ausführungen dennoch die Betrachtungen über die Veränderungen des Schiffsverkehrs nach Güter- und Personenverkehr unterschieden worden sind, so ist diese Trennung nur in der Weise möglich gewesen, daß die Schiffsbewegungen in ihrer Gesamtheit auf den Güterverkehr bezogen werden, während die Änderungen in dem Personenverkehr an Hand besonderer Statistiken nach der Zahl der jährlich beförderten Passagiere untersucht worden sind. Diese Betrachtungsart ist die einzig gangbare, da die tabellarischen Nachweise der Seeverkehrsstatistiken der einzelnen Länder nur den gesamten Schiffsverkehr angeben, nicht aber über die Schiffstonnage des Personenverkehrs Aufschluß geben. Da nun jedoch selbst die Spezialschiffe des Passagierverkehrs zu einem gewissen, wenn auch nur geringen Prozentsatz Güter befördern, so ergibt sich durch diese Wahl der Untersuchungen, daß die Verkehrsänderungen aller derjenigen Schiffe dargestellt werden, die im Güterverkehr beschäftigt sind.

a) Die Veränderungen des Güterverkehrs und ihre Ursachen.

Vor den eigentlichen Darlegungen der Veränderungserscheinungen in dem Schiffsverkehr der einzelnen nordatlantischen Hauptrouten möge noch auf eine besondere Eigenart der amtlichen Seeverkehrsstatistiken hingewiesen werden, die für die folgenden Darlegungen von grundsätzlichem Interesse und Wert sind. Bei einem Vergleich der Verkehrsangaben in den Statistiken der Vereinigten Staaten und der einzelnen europäischen Länder hat sich das auffallende Ergebnis gezeigt, daß die Verkehrsstatistiken dieser Länder und diejenige der Vereinigten Staaten mehr oder weniger stark untereinander differieren, und zwar sind die Unterschiede zwischen den beiden jeweiligen Statistiken umso größer, je weiter die betreffenden europäischen Staaten nach Westen vorgerückt sind. Es bestehen also zwischen den Angaben der französischen Verkehrsnachweise und den Daten der amerikanischen Statistik die größten Differenzen, während die britischen, holländischen, belgischen und deutschen Tabellen weniger große Unterschiede aufweisen. Diese bemerkenswerte Tatsache vermögen wir nur so zu erklären, daß die amerikanische Verkehrsaufstellung die genannten Staaten als Herkunfts- und Bestimmungsländer der Schiffsbewegungen lediglich dann aufführt, wenn ein Schiff die Häfen dieser Staaten direkt als Abgangs- oder Zielhafen benutzt hat, nicht aber auch dann, wenn ein Fahrzeug diese Häfen nur als Zwischenziel angelaufen hat, denn diese Schiffe sind in den amerikanischen Berichten ja bereits zu dem Land gerechnet worden, dessen Häfen der tatsächliche Herkunftsbzw. Bestimmungsort derselben gewesen ist. Die Statistik der europäischen Länder dagegen muß natürlich auch alle diejenigen Fahrzeuge zu den Schiffsbewegungen zwischen ihren eigenen und den amerikanischen Häfen rechnen, die ihre Häfen nur im Zwischenverkehr berührt haben. Auf den verschiedenen Einzelrouten der großen nordatlantischen Schiffahrtswege gilt also die folgende Formel: „Direkter" Verkehr plus Zwischenverkehr = „Gesamtverkehr". Der „direkte" Verkehr ist in der amerikanischen Statistik nachgewiesen, der „Gesamtverkehr" dagegen in den Seeverkehrstabellen der europäischen Länder, und die Differenz dieser beiden Angaben würde den Zwischenverkehr der verschiedenen Staaten auf den einzelnen Teilrouten ergeben. Nun ist es klar, daß die Differenz der Verkehrsziffern abnehmen muß, je weiter östlich der Ursprungs- oder Zielhafen des betreffenden Schiffahrtsweges gelegen ist. Frankreich wird in der Fahrt der europäischen Schiffahrt auf den nordatlantischen Hauptverkehrswegen von Schiffen als Zwischenziel angelaufen, deren Herkunfts- oder Bestimmungsort britische, holländische, belgische, deutsche und Ostseehäfen gewesen sind, Deutschland aber nur von solchen Schiffen, die zwischen den Vereinigten Staaten und den Ostseeländern verkehren. Diese Ursachen der Differenzen in den Verkehrsangaben sind einseitig auf die europäischen Länder beschränkt, da die nordamerikanischen Häfen nahezu vollkommen als Zielhäfen anzusprechen sind.

Es ist also folgendes zu erkennen: diejenigen Länder, die infolge besonderer verkehrsgeographischer Lagenverhältnisse für die Gesamtheit der Hauptrouten Endpole bilden, wie die Vereinigten Staaten, Kanada und die Ostseestaaten, stehen lediglich in einem „direkten" Verkehr miteinander, sie sind stets Ursprungs- bzw. Zielländer des Verkehrs. Bei den Ländern jedoch, die ihrer Lage nach von anderen Hauptrouten berührt werden, ist die Entscheidung, ob und bis zu welchem Grade sie Zwischenziel der Schiffsbewegungen zu sein pflegen, abhängig einmal von der Größe und der Verkehrsbeteiligung der eigenen Handelsflotte, und außerdem von der Bedeutung und dem Umfang des Gesamtverkehrs. Großbritannien, das seiner Lage nach wohl einen starken Zwischenverkehr anziehen müßte, unterhält selbst einen viel zu bedeutenden Verkehr mit den Vereinigten Staaten, und die britische Flotte beherrscht denselben in viel zu großem Maße, als daß sich, natürlich mit Ausnahme des Passagierverkehrs, ein besonders umfangreicher Zwischenverkehr in den englischen Häfen entwickeln könnte. Frankreich, ebenso wie Holland und Belgien sind aber im großen ganzen nur insoweit Endpole des Verkehrs, als derselbe von der eigenen Flotte übernommen ist, und die Schiffe fremder Flaggen im Linienverkehr auf der betreffenden Route eingestellt sind, oder im Trampdienst volle Ladungen finden; in allen anderen Fällen werden die Handelsflotten fremder Staaten die Häfen der 3 Länder überwiegend als Zwischenstation anlaufen.

Diese Erkenntnis ist von sehr wesentlicher Bedeutung für die Beurteilung des Umfangs des Güterverkehrs. Während man annehmen darf, daß die in der „direkten" Fahrt laufenden Schiffe zumeist entweder ganz unbeladen oder ziemlich vollständig geladen sind, ist es klar, daß die Schiffe im Zwischenverkehr größtenteils nur Teilladungen oder -entladungen ausführen werden. Im letzteren Falle täuschen also die Verkehrsnachweise der Länder einen höheren Güterverkehr vor, als dem Umfang der tatsächlichen Nettotonnage der beförderten Waren entspricht. Nach diesen Ausführungen sind die in den folgenden Betrachtungen gebrauchten Unterscheidungen des Schiffsverkehrs zu verstehen. —

Der ungeheure Umfang der Schiffsbewegungen im nordatlantischen Ozean in der heutigen Zeit verteilt sich im wesentlichen auf einige große Hauptrouten des Überseeverkehrs, die über das Gebiet des Nordatlantik hinaus in der gesamten Weltschiffahrt eine überragende Bedeutung einnehmen; es sind dies die folgenden 7 Hauptschiffahrtsstraßen des nordatlantischen Seeverkehrs:

Die Route Nordwesteuropa	— Nordamerika,
" " "	— Mittelmeer,
" " "	— Südamerika-Westafrika,
" " "	— Westindien-Panama,
" " Nordamerika	— Westindien-Panama,
" " "	— Südamerika-Westafrika,
" " "	— Mittelmeer.

In welchem Umfange und in welcher Art hat sich nun der Schiffsverkehr auf diesen 7 Hauptrouten des Nordatlantik in den Jahren seit dem Kriege verändert? Diese Fragen sind in den nachstehenden Betrachtungen im einzelnen dargelegt worden. —

Eine Übersicht zunächst über die Verkehrsbedeutung der einzelnen nordatlantischen Hauptschiffahrtswege, die in der jährlichen Frequenz der Schiffsbewegungen direkt zum Ausdruck kommt, gibt in anschaulicher Weise die am Schluß beigegebene Karte I. Durch die Darstellung des jährlichen Umfangs der Verkehrstonnage auf den 7 Hauptrouten des Nordatlantik in den

Jahren 1913 und 1923 drückt sie schematisch die Entwicklung des nordatlantischen Schiffsverkehrs in diesem Jahrzehnt aus. Gleichzeitig aber läßt sie auch deutlich das gegenseitige Größenverhältnis des Verkehrs der großen Schiffahrtsstraßen des nördlichen Atlantik erkennen. Damit zeigt die Karte bereits den Umriß der folgenden Betrachtungen, deren wesentliche Momente sie in großen Zügen zur Darstellung bringt. —

Der mächtigste Verkehr unter den großen nordatlantischen Schiffahrtsstraßen wickelt sich zwischen den nordeuropäischen und nordamerikanischen Häfen ab; hat sich derselbe schon 1913 auf fast 32 Millionen Tonnen belaufen, so hat er sich bis 1923 noch weiterhin um ca. 20 % auf 38 Millionen Tonnen ausgedehnt. Damit ist diese Schiffahrtsroute über den Bereich des Nordatlantik hinaus die belebteste des gesamten Erdballs.

Die nächstwichtigste Verkehrsstraße ist die Verbindung zwischen den nordwesteuropäischen Staaten und dem Mittelmeer, da sich auf derselben außer den direkten Schiffahrtsverbindungen mit den Mittelmeer-Ländern auch noch über den Suez-Kanal der ganze ungeheure Verkehr der nordwesteuropäischen Länder mit den zahlreichen Rohstoff- und Absatzgebieten in Asien und Australien abwickelt. So bewegt der Verkehr dieser Schiffahrtsstraße, ohne in der Zeit von 1913—1923 größere Veränderungen aufzuweisen, eine jährliche Tonnage von fast 30 Millionen Tonnen Netto in beiden Richtungen. —

In dem Größenverhältnis der beiden nächstfolgenden Hauptrouten sind seit dem Kriege dagegen die umfangreichsten Änderungen eingetreten. Vor dem Krieg ist der Verkehr zwischen dem Ärmelkanal und dem südlichen Atlantik, der dem Wege über die Kanarischen Inseln folgend, Südamerika wie auch West- und Südafrika mit Nordeuropa verbindet, an 3. Stelle unter den 7 Hauptrouten gestanden. Seit Eröffnung des Panama-Kanals aber ist der Verkehr zwischen Nordamerika und Westindien, der vor dem Krieg nur nach Kuba von Bedeutung gewesen ist, in ganz ungewöhnlichem Maße gewachsen, während die Europa-Südatlantik-Route in der gleichen Zeit stark zurückgegangen ist. Damit stehen sich diese beiden Schiffahrtswege 1923 annähernd gleichwertig gegenüber.

Die 3 übrigen Schiffahrtswege des nordatlantischen Verkehrs sind, wie die Karte zeigt, nur von geringerer Bedeutung; der Verkehr der Nord-Südamerika-Route ist durch die Panama-Kanal-Eröffnung stark zurückgegangen, während derjenige der Europa-Westindien-Route erheblich gestiegen ist.

In ihren Einzelheiten sind die Veränderungen des nordatlantischen Schiffsverkehrs in den folgenden Ausführungen dargelegt worden.

1. Der Schiffahrtsweg Nordwesteuropa-Nordamerika.

Der Schiffahrtsweg zwischen den beiden größten Wirtschaftspolen der Erde, und dementsprechend der weitaus verkehrsreichste aller Schiffahrtswege, nimmt im einzelnen ungefähr folgenden Verlauf: auf der europäischen Seite entspringt die Route den großen Häfen des Nordseegebiets, des Ärmelkanals und der Westküste Englands, sowie den Ostseeländern. Die 2 Strahlen des aus dem Kanal und der Irischen See austretenden Verkehrs vereinigen sich sofort im Atlantik zu einer einzigen großen Schiffahrtsstraße, die sich erst in nächster Nähe des amerikanischen Kontinents wieder zu den verschiedenen Endhäfen der nordamerikanischen Küste verzweigt. Nordwestlich biegt die

Route nach dem St. Lorenz-Strom mit den kanadischen Endhäfen ab, in direkter Richtung ungefähr liegen die 4 nördlichen Haupthäfen der Vereinigten Staaten: Boston, New York, Philadelphia und Baltimore, und südöstlich laufen die Verbindungen nach den übrigen Häfen der Vereinigten Staaten weiter.

Diese Großschiffahrtsstraße ist in ihrem Gesamtverkehr weitaus am bedeutendsten unter allen überseeischen Hauptrouten, weil die sämtlichen nordeuropäischen Staaten mit einem umfangreichen Verkehr an den gesamten Schiffsbewegungen beteiligt sind. Von ganz besonderer Wichtigkeit unter diesen Teilrouten sind namentlich die 3 großen Schiffahrtswege zwischen den Vereinigten Staaten und Großbritannien, Deutschland und Frankreich, also die Verkehrsstraßen zwischen den 4 bedeutendsten Industrieländern der Erde, sowie die Route Kanada-Großbritannien, auf der sich der umfangreiche Verkehr zwischen dem produktionsreichen britischen Dominion und seinem Mutterland abwickelt.

Tabelle 44:
Die Entwicklung des Gesamtverkehrs auf der großen transatlantischen Schiffahrtsstraße zwischen Nordamerika und Nordwesteuropa 1913 bis 1923.
Zusammengestellt nach verschiedenen Quellen[1].
(Angaben in 1000 Tonnen Netto.)

	1913	1919	1920	1921	1922	1923
A. Westwärts						
Ver. Staaten-Großbritannien	7 840	7 797	10 004	8 316	9 342	9 203
„ „ -Deutschland	3 402	228	1 057	2 341	2 831	3 121
„ „ -Frankreich (Atl.)	902	1 753	2 321	1 596	1 448	1 537
„ „ -Holland	1 321	1 517	2 195	1 994	1 437	1 684
„ „ -Belgien	1 030	779	1 572	1 207	1 089	1 227
„ „ -Ostsee	491	671	1 253	1 235	1 087	1 164
Kanada-Großbritannien	2 693	2 132	2 264	2 301	2 563	2 890
„ -Deutschland	45	16	31	58	314	321
„ -Frankreich	194	150	272	177	479	675
Total:	17 918	15 043	20 969	19 225	20 590	21 822
B. Ostwärts						
Ver. Staaten-Großbritannien	7 344	7 431	7 413	7 728	7 916	8 190
„ „ -Deutschland	3 832	275	1 229	2 667	3 001	3 347
„ „ -Frankreich	1 325	2 763	3 739	1 758	1 831	1 943
„ „ -Holland	1 851	1 664	2 510	1 636	1 486	1 335
„ „ -Belgien	1 176	1 188	1 566	1 217	1 119	1 236
„ „ -Ostsee	554	1 092	2 095	1 022	979	1 083
Kanada-Großbritannien	2 872	2 625	2 158	2 174	2 466	2 510
„ -Deutschland	83	30	55	310	538	355
„ -Frankreich	203	260	328	139	484	640
Total:	19 240	17 308	21 093	18 651	19 820	20 639

[1] Vgl. Nr. 124 des Literatur-Verzeichnisses für alle Routen zwischen Europa und den Vereinigten Staaten, Nr. 128 für die Route Canada—Großbritannien, Nr. 21 für die Route Canada—Deutschland und Nr. 127 für die Route Canada—Frankreich.

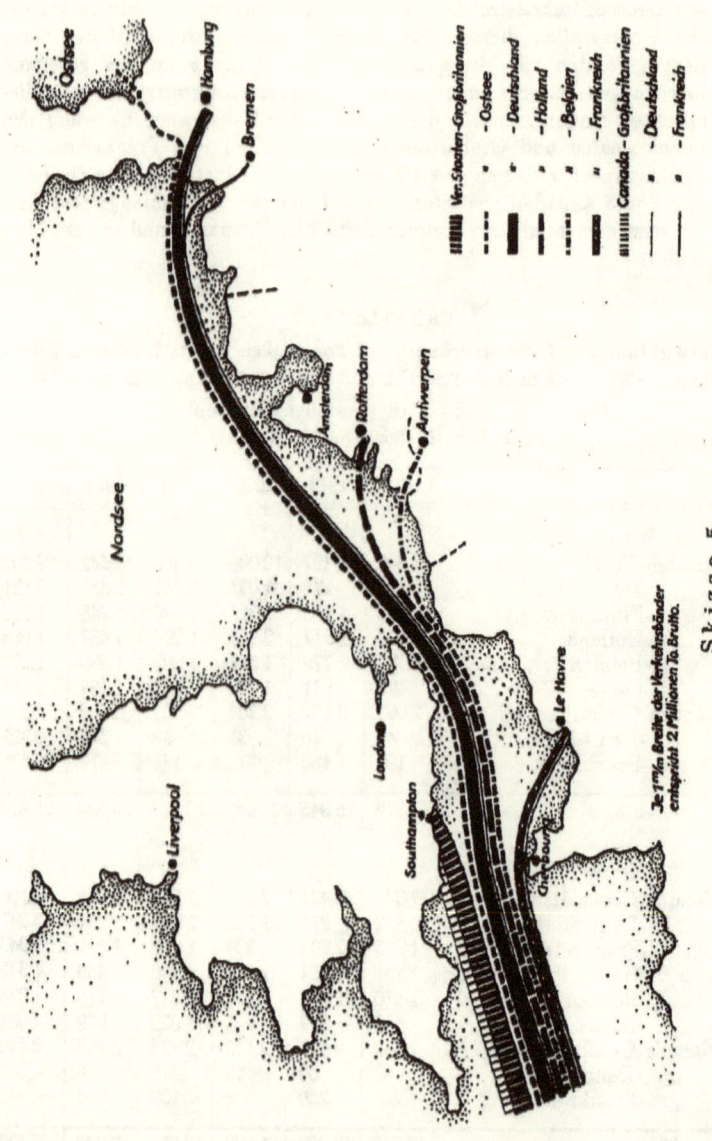

Skizze 5

Direkter Schiffsverkehr zwischen Nordwesteuropa und Nordamerika.

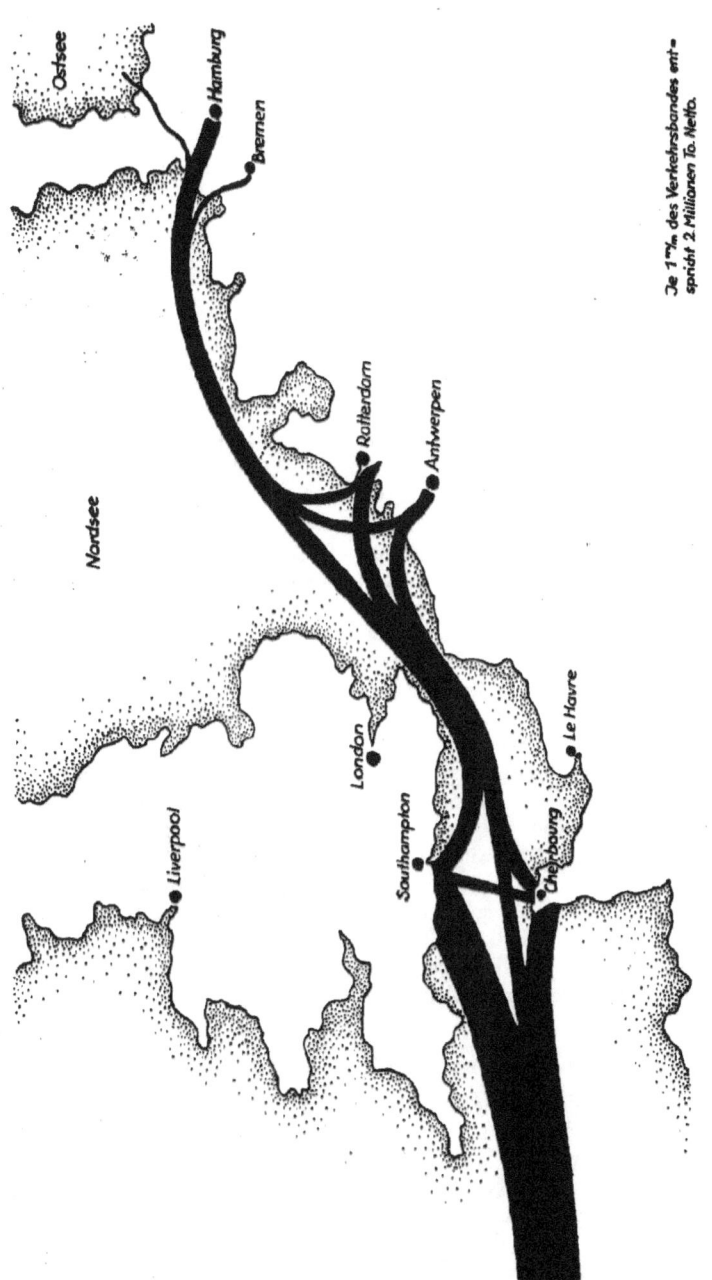

Skizze 6

Gesamtverkehr zwischen Nordwesteuropa und Nordamerika.

Die Entwicklung der ungeheuren jährlichen Verkehrsfrequenz dieser mächtigen Großschiffahrtsstraße in der Zeit von 1913 bis 1923 ist in der Tabelle 44 (S. 137) eindringlich zum Ausdruck gebracht worden.

Der Gesamtverkehr auf dieser Hauptroute beträgt demnach im Durchschnitt der einzelnen Nachkriegsjahre ungefähr 20 Millionen Tonnen Netto in jeder der beiden Richtungen. Um die außerordentliche Häufigkeit des Schiffsverkehrs näher zu kennzeichnen, möge die jährliche Tonnage auf die Tagesfrequenz zurückgerechnet werden. Dann ergibt sich die Verkehrsleistung pro Tag für alle Jahre zu durchschnittlich 55 000 Tonnen Netto. Das bedeutet aber, daß an jedem Tag des Jahres alle 25 Minuten ein 1000 Tonnen-Schiff in westlicher wie in östlicher Richtung auf dieser Route gelaufen sein würde. Da der gesamte Schiffsverkehr in der Tat einen ganz bestimmten, festgelegten Weg innehält, so läßt sich nach den obigen Vergleichszahlen ein überzeugendes Bild von der Lebhaftigkeit des Dampferverkehrs auf dieser Schiffahrtsstraße gewinnen, die die wichtigsten Wirtschaftsgebiete des europäischen und nordamerikanischen Kontinents miteinander verbindet.

Die beiden beigegebenen Skizzen (5 u. 6), die nach den verschiedenen Verkehrsnachweisen zusammengestellt sind, zeigen graphisch die Verteilung des Gesamtverkehrs der Route auf die einzelnen europäischen Staaten. Einmal ist (vgl. Skizze 5, S. 138) der „direkte" Verkehr dieser Länder mit Nordamerika nach den Verkehrsangaben für das Jahr 1923 aufgezeichnet worden. Den weitaus größten Teil der gesamten Schiffsbewegungen zieht der britische Verkehr an, doch ist auch der Umfang des deutsch-nordamerikanischen Schiffsverkehrs überaus beträchtlich. Auffallend gering dagegen ist der direkte Verkehr Frankreichs mit Nordamerika. Hier veranschaulicht die andere Skizze (6, S. 139), die den Gesamtverkehr der Route darstellt, daß die französischen, wie auch die holländischen und belgischen Schiffahrtsverbindungen mit Nordamerika überwiegend als Zwischenverkehr ausgebildet sind.

Wenngleich die wahren Verhältnisse der Zwischenlandungen bei den Schiffsbewegungen zwischen den europäischen Ländern viel zu kompliziert sind, um überhaupt genau dargestellt werden zu können, so bieten die beiden Karten dennoch eine sehr angenäherte, anschauliche Vergleichsmöglichkeit über die Art des Verlaufs des europäisch-nordamerikanischen Verkehrs.

Die nachstehenden Darlegungen zeigen die Verkehrsverhältnisse auf den einzelnen Teilrouten des transatlantischen Schiffahrtsweges im genaueren. Nach ihnen wird auch das beigegebene Kartenschema hinsichtlich der Größe und Art des Schiffsverkehrs vollkommen verständlich werden.

a) **Die Route Großbritannien-Vereinigte Staaten.**

Daß der Schiffahrtsweg zwischen Großbritannien und den Vereinigten Staaten bei weitem der bedeutendste aller Teilrouten der großen transatlantischen Schiffahrtsstraße ist, beruht darauf, daß England in ganz erheblich größerem Maße als die europäischen Staaten des Kontinents von den großen überseeischen Erzeugungsländern der wichtigsten Rohstoffe und Naturprodukte abhängig ist, unter denen die Vereinigten Staaten eine hervorragende Stellung einnehmen. Der mächtige Verkehr zwischen diesen beiden Ländern ist nun den besonderen, ganz anormalen Zeitverhältnissen entsprechend, seit dem Kriege ungewöhnlich starken Schwankungen unterworfen gewesen. Die

Entwicklung der jährlichen Gesamthöhe der Verkehrstonnage auf dieser Route zeigt Tabelle 45.

Tabelle 45:
Die Entwicklung des Schiffsverkehrs auf der Route Großbritannien-Vereinigte Staaten in der Zeit von 1913 bis 1923.
Zusammengestellt nach verschiedenen Quellen[1].
(Angaben in 1000 Tonnen Netto.)

Direkter Verkehr:	1913	1919	1920	1921	1922	1923
A. Westwärts						
Britische Schiffe	?	6471	7646	5513	6865	7075
Amerikan. Schiffe	228	928	1585	1815	1755	1805
Deutsche Schiffe	?	—	—	—	—	8
Übrige Tonnage	?	398	773	988	722	315
Total:	7845	7797	10004	8316	9342	9203
Gesamtverkehr:						
Britische Schiffe	6780	6288	8162	?	?	8340
Amerikan. Schiffe	362	2076	3030	?	?	2395
Deutsche Schiffe	1494	—	—	?	?	65
Übrige Tonnage	463	1190	2051	?	?	1790
Total:	9099	9554	13243	?	?	12590

Direkter Verkehr	1913	1919	1920	1921	1922	1923
B. Ostwärts						
Britische Schiffe	?	5557	5532[2]	5492	5881	6155
Amerikan. Schiffe	227	1810[1]	1670	1832	1686	1802
Deutsche Schiffe	?	—	—	—	—	45
Übrige Tonnage	?	264	211	404	369	183
Total:	7344	7631	7413	7728	7936	8185
Gesamtverkehr:						
Britische Schiffe	6657	5724	5439	?	?	7050
Amerikan. Schiffe	362	1242	1909	?	?	2372
Deutsche Schiffe	1426	—	—	?	?	95
Übrige Tonnage	654	286	601	?	?	1355
Total:	9099	7252	7949	?	?	10872

[1] Die Angaben für den „direkten" Verkehr aus Nr. 109, die Angaben für den Gesamtverkehr aus Nr. 128 des Literatur-Verzeichnisses.

[2] Daß in diesen Fällen auffallenderweise der „direkte" Verkehr größer ist als der Gesamtverkehr, beruht darauf, daß in den Angaben des ersteren auch der Verkehr zwischen den britischen Häfen und der Pazifikküste der Vereinigten Staaten enthalten ist. Es läßt sich jedoch nicht ermitteln, wie groß derselbe gewesen ist.

Diese Aufstellung läßt erkennen, daß der Zwischenverkehr in den britischen Häfen in allen Jahren im Verhältnis zur Gesamttonnage nur von ziemlich geringem Umfange gewesen ist. Die Gesamthöhe der jährlichen Schiffsbewegungen ist mit Kriegsende in sehr stetigem Anstieg — nur der Westwärts-Verkehr ist im Jahre 1920 vorübergehend von ganz besonders großem Umfang gewesen — erheblich über den Vorkriegsstand hinausgegangen. Innerhalb dieser stetigen Entwicklung des Gesamtverkehrs sind jedoch in der Nachkriegszeit die bedeutsamsten Veränderungen aufgetreten. Nicht nur die Beteiligung der einzelnen Flaggen an dem Verkehr der Route hat sich seit dem Kriege grundlegend verschoben, wie in Tabelle 45 zum Ausdruck kommt; auch die Entwicklung des Ladungsverhältnisses weist in der krisenhaften Zeit der Nachkriegsjahre die ungewöhnlichsten Veränderungen auf. Diese letzteren sind nach der Tabelle 46 im einzelnen zu verfolgen; daß in dieser Übersicht das Verhältnis von Ballasttonnage zum beladenen Schiffsraum lediglich für die Westwärts-Fahrt des Schiffsverkehrs der Route enthalten ist, beruht darauf, daß die Ballastreisen der Schiffe im Ostwärts-Verkehr nur von ganz unerheblichem Umfange sind. Dieselben treten also in bedeutendem Maße nur in der einen Verkehrsrichtung auf. Im Westwärts-Verkehr hat sich die Entwicklung der Jahreshöhe der bewegten Schiffstonnage folgendermaßen entwickelt (vgl. Tab. 46).

Tabelle 46:
Die Entwicklung des Ladungsverhältnisses in der Westwärts-Fahrt des britisch-nordamerikanischen Verkehrs in der Zeit von 1913 bis 1923.
Zusammengestellt nach verschiedenen Quellen (109).
(Angaben in 1000 Tonnen Netto.)

	Beladene Schiffe	Schiffe in Ballast	Gesamt-tonnage	Anteil an der Gesamttonnage Belad. Schiffe	Sch. in Ballast
1913	5621	2219	7 840	71,5 %	28,5 %
1919	3710	4087	7 797	47,5 %	52,5 %
1920	4879	5125	10 004	48,5 %	51,5 %
1921	4169	4147	8 316	50,0 %	50,0 %
1922	7098	2344	9 442	66,1 %	33,9 %
1923	6711	2492	9 203	73,0 %	23,0 %

Die Entwicklung des Verhältnisses von Schiffsraum zur Ladungsmenge in der Westwärts-Fahrt des britisch-nordamerikanischen Verkehrs wird ebenso wie diejenige des Anteils der verschiedenen Handelsflotten am Gesamtverkehr in dem Diagramm 9[1], dem die Zahlen der Tabellen 45 und 46 zugrunde liegen, übersichtlich zum Ausdruck gebracht; dasselbe hebt die hauptsächlichen typischen Veränderungen des Schiffsverkehrs der Route eindeutig hervor. Diese Zeichnung läßt folgendes erkennen: der Verkehr auf dem Schiffahrtsweg zwischen den beiden Ländern, die nach dem Krieg mehr als die Hälfte der gesamten Welthandelstonnage in ihrem Besitz gehabt haben, ist damit natürlich auch überwiegend von der britischen und amerikanischen Handelsflotte selbst getragen worden. Während der Prozentsatz im Jahre 1913 noch infolge der starken Beteiligung der deutschen Schiffahrt an dem Verkehr dieser Route nur 62 % des Gesamtverkehrs für die beiden Handelsflotten betragen

[1] Am Schluß des Bandes.

hat, hat derselbe sich bis 1923 auf 97 % erhöht. Die Schiffahrt der beiden Staaten hat also in den Nachkriegsjahren die fremden Handelsflotten nahezu ganz aus dem Verkehr dieses Schiffahrtsweges ausschließen können. Den Hauptanteil an diesem Verkehr hat sowohl vor wie nach dem Kriege die britische Schiffahrt eingenommen. Ihr Anteilsverhältnis an dem Gesamtverkehr schwankt in allen Jahren zwischen 73—80 %, hat sich demnach nach dem Kriege selbst bei der außerordentlichen Vergrößerung der amerikanischen Handelsflotte nur unwesentlich verschoben, da der bedeutendste Vorkriegskonkurrent auf dieser Route, die deutsche Schiffahrt, nach Beendigung des Weltkrieges dafür vollkommen aus dem Wettbewerb im transatlantischen Verkehr ausgeschieden ist. Hat sich die Entwicklung der Verkehrsbeteiligung der einzelnen Handelsflotten in der Nachkriegszeit also im großen ganzen noch in den Grenzen eines normalen Verlaufes gehalten, so sind andererseits die Veränderungen des Ladungsverhältnisses in dem auf der britisch-nordamerikanischen Route laufenden Schiffsverkehr von ganz auffallend großem Umfang gewesen. In den ersten Nachkriegsjahren hat sich die außergewöhnliche Erscheinung geltend gemacht, daß die Tonnage der in Ballast, also ohne Ladung fahrenden Schiffe größer gewesen ist, als diejenige der beladenen Fahrzeuge. Trotzdem der Umfang der Gesamttonnage des Schiffsverkehrs der Route ziemlich regelmäßig auf der gleichen Höhe geblieben ist, hat also die Zahl der Schiffe und der Umfang ihres Raumgehalts in bezug auf die Beschäftigungsmöglichkeit derselben auf dieser Route in jenen Jahren einen allerdings nur vorübergehenden ganz außerordentlich starken Rückschlag erfahren. Diese Entwicklung prägt sich in dem beigegebenen Diagramm sehr treffend aus; der steil abwärts verlaufenden Kurve der Tonnage der beladenen Schiffe entspricht der mächtige Aufstieg der Linie der Ballasttonnage in dem gleichen Zeitraum, und beide Kurven zusammen ergänzen sich zu einer neuen, die in ihrem Verlauf eine bedeutend geringere Schwankungstendenz aufweist. Bei dieser Entwicklung ist noch besonders zu beachten, daß diese Veränderungen des Ladungsverhältnisses überwiegend von der britischen Schiffahrt getragen worden sind.

Der auffallende Kontrast zwischen der Verkehrsentwicklung der Route in der Ostwärts-Fahrt und derjenigen in der Gegenrichtung beruht auf mehrfachen, wesentlichen Gründen. In der Gleichmäßigkeit des östlichen Verkehrs und den scharfen Schwankungen der jährlichen Schiffstonnage des westlichen Verkehrs der Route prägt sich klar die Überlegenheit des amerikanischen Exports nach England über die britischen Ausfuhren nach der Union aus. Der Umfang der Exporte der Vereinigten Staaten hat sich auch in den Nachkriegsjahren trotz der schwierigen wirtschaftlichen Verhältnisse in absoluter Stetigkeit unverändert erhalten, während der Einfuhrverkehr von Großbritannien in den Jahren 1919/21 stark zurückgegangen ist, wie aus dem Rückgang der Verkehrstonnage der mit Ladung fahrenden Schiffe in der Westwärts-Fahrt ohne weiteres zum Ausdruck kommt. Die Vereinigten Staaten sind ein ausgesprochenes Ausfuhrland, und seine Handelsbilanz weist, weit über den Verkehr mit Großbritannien hinaus, einen ganz außerordentlichen Exportüberschuß auf, der zeigt, daß die heimischen Produkte des großen nordamerikanischen Wirtschaftsstaates für die gesamte Weltwirtschaft von erheblich größerem Wert sind, als umgekehrt die ganze europäische und sonstige Einfuhr für das amerikanische Wirtschaftsleben.

Außerdem kommt jedoch in der ungewöhnlichen Erhöhung der Ballasttonnage während der Jahre 1919/21 noch einmal die in früheren Betrachtungen oft erwähnte Krisenperiode der Weltschiffahrt mit ihrem verheerenden Tonnageüberfluß zur Geltung. Wenn auf einer einzigen Schiffahrtsroute in dieser Zeit über 4 Millionen, im Jahre 1920 sogar mehr als 5 Millionen Netto Tonnen ohne Ladung den Nordatlantik überquert haben, so legt diese Tatsache das beredteste Zeugnis ab für den ungeheuren Überschuß an Schiffsraum innerhalb der Welthandelsflotte.

Daß auch in normalen Wirtschaftsjahren in dem Westwärts-Verkehr der Route ein so großer Prozentsatz aller Schiffe in Ballast gefahren ist, erklärt sich ebenfalls durch den größeren Umfang des amerikanischen Exports, sowie auch durch den ausgedehnten Personenverkehr dieses Schiffahrtsweges, denn die großen Passagierdampfer, die für die Güterbeförderung überhaupt nur in einem ganz beschränkten Maße eingerichtet sind, werden wohl in der Westwärts-Fahrt bei dem allgemein vorherrschenden Überangebot an Frachtschiffsraum zum weitaus größten Teil gar keine Güter geladen haben. Ganz besonders aber wird der bedeutende Anteil der in Ballast fahrenden Schiffe am Gesamtverkehr noch durch die ausgedehnte britische Trampschiffahrt verursacht worden sein, die neben der amerikanischen Handelsflotte Hauptträger des mächtigen Ausfuhrverkehrs der Vereinigten Staaten ist, und die ihre Schiffe, wenn sie mit Heimfrachten aus anderen Ländern in die britischen Häfen zurückgekehrt sind, unter häufigem Verzicht auf jegliche Ausfrachten nach den amerikanischen Häfen beordert, in denen ihren Schiffen eine bedeutend sicherere Gewähr geboten ist, in kurzer Zeit Ladung zu finden.

Diese umfangreichen Ballastreisen der Schiffe in der Westwärts-Fahrt der transatlantischen Route sind bei dem außerordentlichen Exportüberschuß der amerikanischen Wirtschaft nicht allein für die britische Verkehrsverbindung, sondern in mehr oder weniger ausgeprägtem Maße auch für die Schiffahrtswege der Vereinigten Staaten mit allen übrigen europäischen Ländern charakteristisch. Diese Erscheinung wird in den folgenden Ausführungen noch zum Ausdruck gebracht werden.

β) Die Route Deutschland-Vereinigte Staaten.

Dem deutsch-nordamerikanischen Schiffahrtsweg kommt gleichfalls eine ganz besondere Bedeutung im Weltverkehr zu. Der rege Warenaustausch zwischen dem Deutschen Reich und den Vereinigten Staaten hat einen ausgedehnten Schiffsverkehr auf dieser Route hervorgerufen, der bei einigermaßen normalen Wirtschaftsverhältnissen einen Umfang von 3—4 Millionen Netto Tonnen in jeder der beiden Fahrtrichtungen angenommen hat. Die Entwicklung des Schiffsverkehrs Deutschlands mit der Union in der Nachkriegszeit wird aus der beigegebenen Tabelle 47 (S. 145) ersichtlich.

Die Werte der Tabelle 47 zeigen, daß der Zwischenverkehr in den deutschen Häfen nur von verhältnismäßig geringem Umfang gewesen ist. Er findet, wie bereits erwähnt, lediglich auf der Schiffahrtsverbindung mit den Ostseeländern statt, doch ist die auf dieser Route eingesetzte Schiffstonnage nur unbedeutend gegenüber dem gewaltigen Verkehr, der sich in den deutschen Häfen mit den nordamerikanischen Plätzen direkt abwickelt, zumal der Ostseeverkehr zum größten Teil nicht durch die Ostseeschiffe selbst, sondern

Tabelle 47:

Die Entwicklung des Schiffsverkehrs auf der deutsch-nordamerikanischen Route in der Zeit von 1913—1923.

Zusammengestellt nach verschiedenen Quellen[1].

(Angaben in 1000 Tonnen Netto.)

Nationalität der Schiffe	1913	1919	1920	1921	1922	1923
A. Westwärts „direkter" Verkehr:						
Deutsche	?	1	9	68	372	875
Britische	?	—	65	365	599	720
Amerikanische	3	203	803	1613	1651	1388
Übrige	?	24	172	109	148	100
Total:	3092	228	1049	2155	2770	3083
Gesamtverkehr:						
Deutsche	2832	3	9	68	372	875
Britische	300	13	89	381	599	809
Amerikanische	3	264	940	1650	1820	1343
Übrige	69	42	172	169	148	100
Total:	3204	322	1210	2268	2939	3127

Nationalität der Schiffe	1913	1919	1920	1921	1922	1923
B. Ostwärts „direkter" Verkehr:						
Deutsche	?	2	19	84	411	883
Britische	?	13	177	572	660	746
Amerikanische	10	228	817	1550	1607	1292
Übrige	?	32	203	461	323	421
Total:	3832	275	1216	2667	3001	3342
Gesamtverkehr:						
Deutsche	2778	2	19	94	523	883
Britische	1044	125	200	884	1031	903
Amerikanische	21	433	986	1889	2067	1656
Übrige	99	84	203	520	558	474
Total:	3942	644	1408	3387	4179	3916

[1] Für den direkten Verkehr: vgl. Nr. 109 des Literatur-Verzeichnisses, für den Gesamtverkehr: Nr. 21.

durch kleinere Ostseedampfer im Anschlußverkehr bedient wird. Dieser Zwischenverkehr ergibt sich nach der Tabelle 47 aus der Differenz des direkten und des Gesamtverkehrs wie folgt:

	1913	1919	1920	1921	1922	1923
Westwärts	—	94	181	53	69	96
Ostwärts	70	369	192	720	1178	547

Es zeigt sich demnach, daß der Zwischenverkehr nur in der Ostwärts-Fahrt von erheblicher Bedeutung ist, während er in westlicher Richtung von ganz verschwindendem Umfange ist. Dieser einseitige Umfang des Zwischenverkehrs ist aber sehr erklärlich: da der amerikanische Ausfuhrverkehr auf dieser Route von wesentlich höherer Bedeutung ist, wie auch Tabelle 47 erkennen läßt, so ist den in östlicher Richtung fahrenden Schiffen in umfangreichem Ausmaße Gelegenheit gegeben, auf der Fahrt nach den Ostseeländern auch Ladung für Deutschland zu finden, während bei dem allgemeinen Frachtmangel in der Westwärts-Fahrt die von der Ostsee kommenden Schiffe größtenteils die deutschen Häfen gar nicht berühren.

Um die Entwicklung des Schiffsverkehrs auf der Route Deutschland-Vereinigte Staaten und der Beteiligung der einzelnen Flaggen an demselben anschaulich darzustellen, sind die Angaben der Tabelle 47 in dem beigegebenen Diagramm 10[1] aufgetragen worden, das für die beiden Verkehrsrichtungen der deutsch-nordamerikanischen Schiffahrtsroute eine ganz außerordentliche Ähnlichkeit erkennen läßt. Die verschiedenen Kurven des Diagramms für den Westwärts-Verkehr stimmen ganz auffallend mit denen des östlichen Verkehrs überein. In beiden Richtungen steigt der „direkte" Verkehr nach Kriegsende stetig wieder empor bis auf einen Umfang von mehr als 3 Millionen Netto Tonnen, und nimmt der Verkehrsanteil der einzelnen Schiffahrtsländer die gleiche bemerkenswerte Entwicklung, derart, daß die deutsche und britische Handelsflotte nach dem Kriege erst ganz allmählich wieder an Einfluß in dem Verkehr dieses Schiffahrtsweges gewonnen hat, während die amerikanische Handelsflotte in allen Nachkriegsjahren den führenden Anteil am Verkehr errungen hat. Der Kurvenverlauf des Diagramms läßt aber bereits vermuten, daß die deutsche Flotte in den Jahren nach 1923 wie in der Vorkriegszeit wieder die erste Stelle in dem Verkehr ihrer wichtigsten Schiffahrtsverbindung einnehmen wird. Die bedeutenden Veränderungen der Verkehrsbeteiligung der einzelnen Flaggen in der Nachkriegszeit gehen besonders deutlich aus der Tabelle 48 (S. 147) hervor, deren Zahlenwerte aus den Angaben der Tabelle 47 errechnet sind.

Nach der Tabelle 48 ergibt sich demnach, daß in beiden Verkehrsrichtungen die gleiche Entwicklungstendenz in der Beteiligung der drei Länder an dem gesamten Schiffsverkehr besteht. Ganz besonders zu beachten ist der auffallende Umstand, daß namentlich in der Ostwärts-Fahrt die Veränderungen der deutschen und amerikanischen Verkehrsbeteiligung direkt in einem reziproken Verhältnis zu einander stehen, so daß die Summe ihres Verkehrsanteils in allen Jahren fast konstante Werte ergibt.

Die deutsche Schiffahrt hat im Jahre 1913 in dem Schiffsverkehr der Route mit einem Anteil an der gesamten Verkehrstonnage von fast 90 % eine ab-

---

[1] Am Schluß des Bandes.

Tabelle 48:

Die Entwicklung der Verkehrsbeteiligung der wichtigsten Schiffahrtsländer auf der Route Deutschland-Vereinigte Staaten in der Zeit von 1913 bis 1923. Errechnet nach den Angaben der Tabelle 47 des „direkten" Schiffsverkehrs[1].
(Angaben in Prozent des Gesamtverkehrs.)

Nationalität	1913	1919	1921	1923
A. Westwärts				
Deutschland	89,7 %	—	6,5 %	28,7 %
Großbritannien	9,2 %	4,0 %	17,0 %	27,3 %
Vereinigte Staaten	—	89,0 %	75,0 %	43,4 %
Total:	98,9 %	93,0 %	98,5 %	99,4 %
B. Ostwärts				
Deutschland	70,0 %	—	4,0 %	29,5 %
Großbritannien	27,0 %	21,0 %	23,1 %	23,0 %
Vereinigte Staaten	—	71,0 %	66,2 %	44,3 %
Total:	97,0 %	92,0 %	93,3 %	96,8 %

solut beherrschende Stellung eingenommen. 1919 ist ihr Anteil dann bis auf den Nullpunkt zurückgefallen, doch hat sie bereits im Jahr 1923 wieder fast ⅓ desselben zurückgewonnen. Die gleiche vorherrschende Stellung auf dieser Route wie in der Vorkriegszeit wird die deutsche Handelsflotte jedoch infolge der außerordentlichen Ausdehnung der amerikanischen Schiffahrt in absehbarer Zeit niemals wieder erringen können. Bei dem ganz ungewöhnlich veränderten Größenverhältnis der beiden Flotten in der Nachkriegszeit ist es sogar als ein direkter Erfolg der deutschen Schiffahrt anzusprechen, daß sie seit dem Jahre 1923 wieder ein gleichwertiger Konkurrent der beiden führenden Handelsflotten der Weltschiffahrt in dem Verkehr auf dieser Route geworden ist. Dieses für die deutsche Schiffahrt überaus günstige Ergebnis tritt namentlich im Gegensatz zu der gleichfalls direkt an diesem Verkehr interessierten amerikanischen Flotte hervor, wenn die Entwicklung des Verkehrsanteils der beiden Handelsflotten mit derjenigen ihres Tonnagebestandes verglichen wird (Tab. 49, S. 148).

Danach ergibt sich, daß die deutsche Schiffahrt im Verhältnis zum Tonnageumfang ihrer Handelsflotte der amerikanischen Schiffahrt im Jahre 1923 bereits wieder ganz erheblich überlegen gewesen ist. Diese wichtige Tatsache ist darauf zurückzuführen, daß die deutsche Seeschiffahrt infolge der langjährigen, bewährten Beziehungen in dem Verkehr dieser Route, durch ihre weitaus größere Erfahrung und Praxis in dem gesamten Schiffahrtsbetrieb und durch die höhere Qualität ihres Schiffsparks eine bevorzugte Stellung in diesem bedeutenden Schiffahrtsweg innehat, außerdem jedoch darauf, daß der Prozentsatz des Verkehrs der betrachteten Route zum amerikanischen Gesamtverkehr erheblich größer ist, als derjenige zum deutschen Gesamtverkehr. Die ganze Entwicklung der wichtigsten deutschen Verkehrsverbindung in ihrer Beziehung zur deutschen Schiffahrt beweist also,

[1] Vgl. Nr. 109 des Literatur-Verzeichnisses.

Tabelle 49:

Die Veränderungen des Tonnagebestandes und der Verkehrsbeteiligung auf der deutsch-nordamerikanischen Route, und deren gegenseitiges Verhältnis, verglichen für die deutsche und die amerikanische Schiffahrt, nach dem Stande der Jahre 1913 bis 1923.

Zusammengestellt nach verschiedenen Quellen (1, 21 und 109).

	1913	1923
1. Tonnage der deutschen Flotte	5 200 000 To. Br.	2 600 000 To. Br.
Tonnage der amerikanischen Flotte	3 300 000 To. Br.	14 700 000 To. Br.
2. Verkehr an deutschen Schiffen		
westwärts	2 830 000 To. Netto	875 000 To. Netto
ostwärts	2 778 000 To. Netto	883 000 To. Netto
Verkehr an amerikanischen Schiffen		
westwärts	3 000 To. Netto	1 343 000 To. Netto
ostwärts	21 000 To. Netto	1 656 000 To. Netto
3. Verhältnis 2) : 1)		
Deutsche Schiffahrt		
westwärts	0,54	0,34
ostwärts	0,53	0,34
Amerikanische Schiffahrt		
westwärts	0,001	0,092
ostwärts	0,007	0,114

daß die deutsche Flagge in dem Verkehr dieser größten der nordatlantischen Hauptrouten in bewundernswert kurzer Zeit ihre Seegeltung wiederhergestellt hat.

Die Entwicklung des Grades der Schiffsraumausnützung in dem Verkehr der deutsch-nordamerikanischen Route ist in der Zeit von 1913 bis 1923 auch im Westwärts-Verkehr ganz besonders günstig gewesen, namentlich in Anbetracht der schlechten wirtschaftlichen Verhältnisse jener Jahre; in östlicher Richtung sind die Schiffe in allen Jahren überhaupt nahezu vollkommen mit Ladung gefahren. Die beifolgende Tabelle 50 bringt die Entwicklung des jährlichen Verhältnisses der Ballasttonnage zum Gesamtschiffsraum zur Geltung.

Tabelle 50:

Die Entwicklung des Ladungsverhältnisses im Westwärts-Verkehr der Route Deutschland-Vereinigte Staaten in Prozent für die Jahre 1913 bis 1923.

Errechnet nach Angaben der amerikanischen Verkehrsstatistik (109).

1913	1919	1920	1921	1922	1923
14	72	30	34	12	9,6

Diese Entwicklung des Umfangs der Ballasttonnage kommt auch bezüglich der Beteiligung der einzelnen Handelsflotten besonders anschaulich in dem Diagramm 10 zum Ausdruck. Dieses läßt vor allem erkennen, daß die deutsche Schiffahrt Ballastreisen ihrer Schiffe in dem ganzen Zeitraum von 1913 bis 1923 nahezu vollkommen vermeiden konnte, so daß hauptsächlich die amerikanischen Schiffe unter der ungenügenden Menge der Westwärts-Frachten zu leiden gehabt haben. Die Veränderungen des Anteilsverhältnisses der Ballasttonnage in den einzelnen Jahren sind direkt bedingt durch die außergewöhnlichen Umstände, in denen sich die Wirtschaft des Deutschen Reiches nach Kriegsende befunden hat: ist sie doch erst allmählich wieder von den Folgen der inner- und außenpolitischen Ereignisse soweit gesundet, daß sie auch den Ausfuhrhandel in größerem Umfange wieder aufnehmen konnte. So ist die Tabelle 50 das vollkommene Spiegelbild der fortschreitenden Erholung und Stärkung der deutschen Wirtschaft in der Nachkriegszeit. Die hohe Verhältniszahl des Jahres 1919 kann überhaupt nicht als regulär bezeichnet werden, da der gesamte Schiffsverkehr noch vollständig von den Kriegsfolgen beeinflußt gewesen ist, und die normalen Wirtschaftsbeziehungen 1919 noch so gut wie gar nicht wieder aufgenommen worden sind. Der stattgefundene geringe Schiffsverkehr ist in jenem Jahre größtenteils auf politische Maßnahmen zurückzuführen. Im Besonderen ist der dringendste Bedarf des Deutschen Reiches an Nahrungsmitteln sichergestellt worden, doch hat im Jahre 1919 an eine nennenswerte Ausfuhr von Deutschland noch überhaupt nicht gedacht werden können. Um diese schwierigen Fragen, die sich bei der Wiederanbahnung der Wirtschaftsbeziehungen seinerzeit ergeben haben, bewältigen zu können, haben deshalb fast alle europäischen Staaten die ganze Seeschiffahrt unter Regierungskontrolle arbeiten lassen; diese ist erst allmählich im Jahre 1920 wieder aufgehoben worden. Die staatliche Verfügungsgewalt über den Seeverkehr hat naturgemäß auch die Ziffern der Tabelle 50 erheblich beeinflußt, denn durch die Kontrolle haben viele Schiffe in den Jahren 1919/20 die deutschen Häfen wieder ohne Ladung verlassen müssen, für die im anderen Falle vielleicht Frachten verfügbar gewesen wären. In den Jahren 1922/23 ist dann das Ladungsverhältnis noch unter den Vorkriegswert gesunken: ein Beweis für die Bedeutung des deutschen Ausfuhrverkehrs für die Vereinigten Staaten.

γ) Die Route Frankreich-Vereinigte Staaten.

Die Verkehrsentwicklung dieses transatlantischen Schiffahrtsweges ist ganz besonders durch die außerordentliche Differenz zwischen dem direkten und dem gesamten Schiffsverkehr von Interesse, da dieselbe das hervorstechendste Charakteristikum des französischen Seeverkehrs darstellt. Die Bedeutung des Zwischenverkehrs in den französischen Häfen allein auf der Nordamerika-Route ist aus der beigegebenen Tabelle 51 (S. 150) deutlich zu ersehen.

Der Verlauf der obigen Tabellenwerte über die Jahre 1913 bis 1923 ist auch in dem beigegebenen Diagramm 11[1] zu erkennen, aus dem die außerordentlichen Abweichungen des direkten und des Gesamtverkehrs besonders klar zum Ausdruck kommt. Ihr gegenseitiges Größenverhältnis ergibt sich aus Tabelle 52.

Diese Zahlen bringen die bedeutenden Unterschiede zwischen dem di-

[1] Am Schluß des Bandes.

Tabelle 51:
Die jährlichen Veränderungen des Schiffsverkehrs auf der Route Frankreich-Vereinigte Staaten in der Zeit von 1913—1923.
Zusammengestellt nach verschiedenen Quellen[1].
(Angaben in 1000 Tonnen Netto.)

	1913	1919	1920	1921	1922	1923
A. Westwärts						
Direkter Verkehr	902	1753	2321	1696	1448	1537
Gesamtverkehr	3746	2636	5317	4378	5362	6265
B. Ostwärts						
Direkter Verkehr	1325	2763	3739	1758	1831	1943
Gesamtverkehr	4016	4062	6004	4780	5984	7329

rekten und dem Gesamtverkehr der französisch-nordamerikanischen Schifffahrtsroute ganz eindeutig zur Geltung. Die Entwicklungstendenz des Verkehrsverhältnisses stimmt in beiden Richtungen angenähert überein. Nachdem dasselbe bereits in der Vorkriegszeit einen sehr bedeutenden Umfang aufgewiesen hat, ist es nach Kriegsende bis auf das 1½fache zurückgegangen, in den darauffolgenden Jahren jedoch wieder auf den ganz beträchtlichen Wert von durchschnittlich 1:3,8 angewachsen. Wie Diagramm 11 erkennen läßt, hängt diese Entwicklung eng mit dem Schiffsverkehr der britischen und amerikanischen Schiffahrt zusammen, deren Handelsflotten sich in den beiden ersten Nachkriegsjahren 1919/20 in ungewöhnlich großem Umfange an dem direkten Verkehr beteiligt, in den späteren Jahren jedoch wieder überwiegend die französischen Häfen im Zwischenverkehr angelaufen haben. Dies beruht sehr wahrscheinlich auf der Eigenart der Verkehrsentwicklung des Deutschen Reiches, oder was dasselbe bedeutet, derjenigen der vier großen Haupthäfen des europäischen Kontinents Hamburg, Bremen, Rotterdam und Antwerpen, deren Verkehrsfrequenz in den Jahren 1919/20 noch von verhältnismäßig geringem Umfange gewesen ist. Während demnach die britische und amerikanische Handelsflotte in dieser Zeit dazu gezwungen gewesen ist, sich hauptsächlich auf den französischen Verkehr zu beschränken, hat sich mit dem Wiederaufblühen der vier Welthäfen in den folgenden Jahren der Verkehr ihrer Schiffe in umfangreichstem Maße wieder auf die deutschen, holländischen und belgischen Häfen ausgedehnt. In proportionaler Entwicklung dazu ist aber auch der Zwischenverkehr auf der betrachteten Route wieder gestiegen, so daß schließlich der Gesamtverkehr im Jahre 1923 den außerordentlichen Betrag von 7,3 Millionen Netto Tonnen im östlichen und von fast 6,3 Millionen Tonnen im westlichen Verkehr erreicht hat. Dabei ist noch zu berücksichtigen, daß der bedeutende Zwischenverkehr der deutschen Schiffahrt auf dieser Route, der vor dem Kriege nach Diagramm 11 zirka 1,4 Millionen Netto Tonnen betragen hat, und unter allen beteiligten Handelsflotten den größten Anteil innegehabt hat, infolge des Verbotes des französischen Staates für die deutschen Schiffe, die französischen Häfen anzulaufen, bis 1923 gänzlich aus dem Verkehr zwischen Frankreich und den Ver-

[1] Die Angaben für den direkten Verkehr aus Nr. 109, die Angaben für den Gesamtverkehr aus Nr. 127 des Literatur-Verzeichnisses.

Tabelle 52:

Die Veränderungen in dem Verhältnis des Tonnageumfanges des direkten und des Gesamtverkehrs auf der Route Frankreich-Vereinigte Staaten in der Zeit von 1913 bis 1923.

Errechnet nach den Angaben der Tabelle 51.

Jahre	Westwärts	Ostwärts
1913	1 : 4,1	1 : 3,04
1919	1 : 1,5	1 : 1,47
1920	1 : 2,4	1 : 1,66
1921	1 : 2,6	1 : 2,65
1922	1 : 3,7	1 : 3,28
1923	1 : 4,07	1 : 3,76

einigten Staaten ausgeschieden gewesen ist. So hat also die britische und amerikanische Handelsflotte nach dem Kriege auf Grund ihres stetig anwachsenden Zwischenverkehrs und der gewaltsamen Entfernung der deutschen Schiffahrtskonkurrenz durch die Versailler Vertragsbestimmungen und den Boykott deutscher Schiffe in französischen Häfen die Vorherrschaft im Gesamtverkehr dieses wichtigen Schiffahrtsweges errungen. Nur im direkten Verkehr ist die französische Schiffahrt fast in allen Jahren führend gewesen (vgl. Diagr. 11.)[1]

Die Ballastreisen der Schiffe haben auch auf dieser Route im Ostwärts-Verkehr in allen Jahren seit 1913 nur einen verschwindenden Anteil am Gesamtverkehr eingenommen. In dem Verkehr in westlicher Richtung jedoch sind sie von ganz beträchtlichem Umfang gewesen; hauptsächlich in den beiden ersten Nachkriegsjahren haben sie eine besonders große Ausdehnung erlangt. Die Hauptursache dieser Entwicklung ist wohl in dem Umstand zu suchen, daß Frankreich in dieser Zeit zwar einen großen Bedarf an amerikanischen Waren gehabt hat, daß die Menge der Ausfuhr nach den Vereinigten Staaten aber infolge der verminderten Leistungsfähigkeit der französischen Industrie, die sich teils noch nicht von der Kriegs- auf die Friedensfabrikation umgestellt, teils noch zu sehr unter dem Druck der Kriegsfolgen gestanden hat, in den beiden Jahren nur von geringem Umfang gewesen ist. An diesen Ballastreisen ist hauptsächlich die amerikanische Handelsflotte beteiligt gewesen. Da dieselbe in den Jahren 1919/20 den überseeischen Schiffahrtsbetrieb überhaupt erst in bedeutenderem Ausmaße neu aufgenommen hat — vor der Zeit ihrer plötzlichen mächtigen Ausdehnung hat sie sich im Überseeverkehr noch so gut wie gar nicht betätigt — und da ihr dementsprechend auch auf dieser Route die gefestigten Beziehungen und alteingeführten Verbindungen der anderen Handelsflotten, besonders der französischen Schiffahrt, gefehlt haben, so ist es erklärlich, daß sie unter der Unausgeglichenheit des östlichen und westlichen Güterverkehrs am meisten zu leiden gehabt hat. —

Die Nachkriegsentwicklung dieser drei hervorragendsten Schiffahrtswege der großen nordatlantischen Verbindungsstraße enthält für jeden einzelnen derselben eine ganz spezifische Charakteristik, die bildlich vortrefflich durch die vorstehenden Diagramme 9, 10 und 11 veranschaulicht wird. Die allgemeinen wesentlichen Ursachen dieser Verschiebungen sind immer wieder die gleichen, schon so oft genannten, folgenschweren wirtschaftlichen Ereignisse, die nach-

[1] Am Schluß des Bandes.

stehend noch einmal angeführt sein mögen: die allgemeine, tiefgreifende Zerrüttung der Staaten Nordwesteuropas, die Veränderungen der Größenverhältnisse der einzelnen Handelsflotten, namentlich der deutschen und amerikanischen Handelstonnage, und die allgemeine Vermehrung der Welthandelstonnage und der daraus entstandene Tonnageüberfluß.

Diese drei Momente sind die Grundelemente aller Veränderungsursachen im europäisch-nordamerikanischen Schiffsverkehr in den Nachkriegsjahren.

δ) Die Route Holland-Verein. Staaten und Belgien-Verein. Staaten.

Die Verkehrsveränderungen der Verbindungsroute zwischen den Vereinigten Staaten und Holland/Belgien sind gleichfalls ausschließlich die Auswirkung der drei vorgenannten Hauptursachen. Der direkte Schiffsverkehr dieser beiden Routen ist im westlichen Verkehr unter erheblichen Schwankungen von 2 343 000 Tonnen Netto im Jahre 1913 auf 2 731 000 Tonnen im Jahre 1923 gestiegen, in östlicher Richtung von 3 018 000 Tonnen auf 2 728 000 Tonnen in demselben Zeitraum gefallen (109). Auch auf diesen beiden Schiffahrtswegen sind in den beiden ersten Nachkriegsjahren 1919/20 die Ballastreisen der Schiffe zu einem ungewöhnlich hohen Prozentsatz angewachsen, wie aus der Tabelle 53 hervorgeht.

Tabelle 53:
Die Veränderungen des Ladungsverhältnisses in dem Westwärts-Verkehr der Vereinigten Staaten mit Holland und Belgien in der Zeit von 1913 bis 1923.
Errechnet nach der amerikanischen Verkehrsstatistik (109).
(Angaben in Prozent der Gesamttonnage.)

	1913	1919	1920	1921	1922	1923
Holländische Route	27,8	68,8	59,5	46,1	30,0	30,0
Belgische Route	17,5	60,1	40,5	37,5	16,0	13,2

Daß die Ballasttonnage auf der holländischen Route einen durchschnittlich größeren Anteil am Gesamtverkehr nimmt, als diejenige des belgisch-nordamerikanischen Schiffahrtsweges, beruht darauf, daß in den niederländischen Hafenplätzen eine sehr bedeutende Handelsflotte beheimatet ist, die stets wieder den Heimatshafen auch ohne Ladung anläuft oder verläßt, während in den belgischen Häfen, die der eigenen bedeutenden Handelstonnage entbehren, in viel ausgeprägterem Maße nur die Schiffe verkehren, die mit Ladungen eingetroffen sind, oder die auf die Übernahme von Frachten in diesen Häfen einigermaßen bestimmt rechnen können. Im großen ganzen aber stimmt die Höhe der Verhältniszahlen in den einzelnen Jahren mit denen des Ballastverkehrs aller anderen europäisch-nordamerikanischen Schiffahrtswege vollkommen überein.

ε) Die Route Vereinigte Staaten-Ostsee.

Endlich mögen auch noch die Verkehrsveränderungen der Schiffahrtsverbindung zwischen den Vereinigten Staaten und den Ostseeländern eingehender betrachtet werden, zumal auch die außerordentliche Verkehrsausdehnung dieses Schiffahrtsweges in der Nachkriegszeit bereits in früheren Ausführungen erwähnt worden ist[1], da dieselbe auf die Entwicklung des Hamburger Schiffsverkehrs in diesen Jahren einen nicht unbeträchtlichen Einfluß ausgeübt hat. In Einklang mit diesen vorhergehenden Darlegungen läßt die Tabelle 54 den bedeutenden Aufschwung der Verkehrsziffern der Route, namentlich im Jahre 1920, deutlich erkennen.

Tabelle 54:
Die Verkehrsentwicklung auf der Route Vereinigte Staaten-Ostsee in der Zeit von 1913 bis 1923.
Zusammengestellt nach der amerikanischen Verkehrsstatistik (109).
(Angaben in 1000 Tonnen Netto.)

	1913	1919	1920	1921	1922	1923
Westwärtsverkehr	491	671	1253	1235	1087	1164
Ostwärtsverkehr	554	1093	2095	1022	979	1083

Diese Tabelle unterstreicht nochmals die bereits früher erwähnten Bemühungen der amerikanischen Schiffahrt, sich im Ostseegebiet einen bedeutenden Absatzmarkt zu schaffen, wodurch die Verkehrsziffern geradezu sprunghaft in den beiden ersten Jahren nach Kriegsende in die Höhe geschnellt sind. Sie beweist jedoch auch gleichfalls, daß die Vereinigten Staaten diesen Umfang ihres Ausfuhrverkehrs schon im nächsten Jahre nicht mehr halten konnten, nicht zum wenigsten eben infolge der wiedererstarkenden deutschen Konkurrenz, die im Ostseehandel eine viel festere Position hat. Dies ist in den früheren Darlegungen bereits ausgeführt worden.

Auch diese Route macht in der Entwicklung des Ladungsverhältnisses in der Westwärts-Fahrt keine Ausnahme vor den übrigen europäisch-nordamerikanischen Schiffahrtsverbindungen, wie die folgende Aufstellung erkennen läßt[2].

	1913	1919	1920	1921	1922	1923
in % des Gesamtverkehrs	12,3	51,6	46,1	25,1	17,5	14,6

In den Jahren 1919/20 ist demnach der Anteil der Ballastreisen am Gesamtverkehr ganz besonders groß gewesen.

ζ) Die Route Kanada-Nordwesteuropa.

Die kanadisch-nordwesteuropäischen Schiffahrtsverbindungen vervollständigen den gesamten Verkehr auf der nördlichen transatlantischen Hauptroute. Von wesentlicher Bedeutung ist unter denselben nur die britisch-kanadische Route, deren Verkehrsumfang jedoch in dem Zeitraum von 1913 bis 1923 keine erheblichen Veränderungen gezeigt hat. Außer dieser Verbindung bestehen zwischen dem britischen Dominion und den europäischen Staaten lediglich noch

---

[1] Vgl. S. 91.
[2] Errechnet nach den Angaben in Nr. 109 des Literatur-Verzeichnisses.

mit Frankreich und Deutschland umfangreichere Schiffahrtsbeziehungen; auf diesen beiden Routen hat sich der Verkehr erst in den Nachkriegsjahren seit 1922/23 in höherem Ausmaße entwickelt. —

Neben dieser gewaltigen nordatlantischen Verkehrsstraße, welche die Küsten der alten und der neuen Welt miteinander verbindet, steht als ebenfalls hochbedeutender Schiffahrtsweg die verkehrsreiche Verbindungsroute zwischen den nordwesteuropäischen Wirtschaftsstaaten und deren wertvollen Kolonialgebieten in Nordafrika, Asien und Australien.

2. Der Schiffahrtsweg Nordwesteuropa-Mittelmeer.

Dieser zweite Hauptschiffahrtsweg des Weltverkehrs hat seine eigentliche umfassende Bedeutung erst durch die Eröffnung des Suezkanals im Jahre 1869 erlangt, denn dadurch ist die Route zum Verbindungsweg der großen europäischen Staaten mit den hervorragend wichtigen Rohstoff- und Absatzgebieten der Randländer des Stillen und Indischen Ozeans geworden. Großbritanniens wertvollste Kolonie Indien, ferner China, das große Absatzgebiet der europäischen Wirtschaft, und Japan, dessen Beziehungen zu den Staaten Europas durch seine europäisierte Zivilisation in der neuesten Zeit von der größten Bedeutung geworden sind, dazu Australien, die reichen holländischen Kolonien in Ostindien, die Ostküste Afrikas und alle Länder, welche das Mittelmeer selber und das Schwarze Meer umsäumen, sind die Ursprungs- oder Zielländer des Schiffsverkehrs der Route, die Nordwesteuropa durch den Nordatlantik um die pyrenäische Halbinsel herum mit dem Mittelländischen Meer verbindet.

Es muß vorausgeschickt werden, daß die Veränderungen der Verkehrsleistung auf dieser Hauptroute nicht nach dem gleichen Schema verfolgt werden können, wie hinsichtlich des Verkehrs zwischen Nordamerika und den nordwesteuropäischen Staaten. Für die Schiffsbewegungen der Mittelmeer-Route, wie übrigens auch aller anderen von Nordwesteuropa ausgehenden Hauptschiffahrtswege nach außereuropäischen Gegenden, fehlen die Verkehrsnachweise der überseeischen Länder, so daß eine Bestimmung des Zwischenverkehrs der einzelnen europäischen Handelsflotten nicht möglich ist. Es läßt sich demnach nicht feststellen, ein wie hoher Anteil aller auf der britischen und französischen Mittelmeer-Route fahrenden Schiffe deutsche, holländische oder belgische Häfen als Ursprungs- bzw. Zielhäfen benutzt haben. So ist auch eine Addition der einzelnen Verkehrsdaten der europäischen Staaten zur Feststellung des Gesamtverkehrs auf dieser Hauptroute nicht durchführbar, da bei solchem Vorgehen ein großer Prozentsatz der jährlichen Verkehrstonnage doppelt in die Rechnung einbezogen sein würde. Die Verkehrsleistung der europäischen Mittelmeer-Route kann also lediglich für die einzelnen Staaten gesondert betrachtet werden.

a) Die Route Großbritannien-Mittelmeer.

Diese Einzelroute ist unter allen Schiffahrtswegen zwischen dem nördlichen Europa und dem Mittelmeer von überragender Bedeutung; liegen doch, wie bereits erwähnt, die wertvollsten Kolonien des britischen Reiches im Bereich dieses Schiffahrtsweges. Indien, Australien, Ägypten, die wichtigen Verbindungen mit China, Japan, Ostafrika und den Mittelmeerländern, insbesondere Italien, sind für England von so außerordentlicher Bedeutung, daß diese Route der britisch-nordamerikanischen in wirtschaftlicher Beziehung mindestens gleichwertig ist, denn sie ist der hauptsächlichste Lebensnerv der Weltmachtstellung des britischen Reiches. Diese hervorragende Bedeutung der Route für den Weltverkehr Großbritanniens kommt in dem mächtigen Umfang des Schiffsverkehrs zum Ausdruck, der in der Tabelle 55 in seiner Entwicklung über die Jahre von 1913 bis 1923 dargestellt ist.

Tabelle 55:
Die Verkehrsentwicklung auf der Route Großbritannien-Mittelmeer in der Zeit von 1913 bis 1923.

Zusammengestellt nach der britischen Verkehrsstatistik[1].
(Angaben in 1000 Tonnen Netto.)

Nationalität der Schiffe	1913	1919	1920	1923
A. Nach Großbritannien				
Britische	8975,5	5686,4	6181,7	7920,1
Deutsche	478,0	2,9	—	196,2
Amerikanische	—	18,1	85,5	85,8
Norwegische	167,0	177,5	128,4	136,9
Dänische	112,0	98,2	51,7	71,1
Schwedische	91,0	64,1	162,3	86,7
Holländische	148,0	127,2	87,7	326,2
Französische	109,0	5,4	69,8	62,1
Italienische	564,0	201,3	272,2	838,5
Japanische	435,0	183,3	254,9	462,2
Übrige	130,0	333,6	393,8	357,7
Total:	11 209,5	6898,0	7688,0	10 543,5
B. Von Großbritannien				
Britische	11 588,1	7825,4	7015,5	8883,9
Deutsche	714,3	—	—	202,9
Amerikanische	—	19,0	133,5	3,4
Norwegische	328,0	198,6	253,4	231,5
Dänische	194,7	132,7	101,4	119,4
Schwedische	158,9	78,7	70,2	48,2
Holländische	396,4	277,1	311,2	452,5
Französische	71,1	266,3	329,6	247,8
Italienische	864,1	283,1	483,7	1245,3
Japanische	151,3	174,9	223,3	244,1
Übrige	783,9	253,5	309,8	805,3
Total:	15 250,8	9509,3	9231,6	12 484,3

[1] Die Zahlenwerte sind durch Addition der einzelnen Verkehrsangaben für die verschiedenen an der Mittelmeer-Route gelegenen Länder erhalten worden (128).

Der Gesamtumfang des Schiffsverkehrs der Route ist demnach in den ersten Nachkriegsjahren noch gegenüber dem Jahre 1913 von einem ganz erheblich geringeren Umfang gewesen, doch hat sich derselbe wieder bis zum Jahre 1923 allmählich vergrößert, ohne allerdings den Vorkriegswert wieder erreichen zu können. Die Ursache dieser Entwicklung muß in dem allgemeinen Niedergang der Weltwirtschaft in den Nachkriegsjahren gesucht werden, besonders da die Nordeuropa-Mittelmeer-Route der Verbindungsweg von vier Erdteilen ist, also eine universelle Bedeutung im Weltverkehr einnimmt.

An dem gesamten Verkehr der britischen Mittelmeer-Route ist die englische Handelsflotte naturgemäß mit dem weitaus größten Prozentsatz, nämlich mit durchschnittlich 75—80% beteiligt. Die Veränderungen ihrer Verkehrsleistung stehen in beiden Richtungen der Route in völligem Einklang mit demjenigen des gesamten Schiffsverkehrs, wie die Ziffern der Tabelle 54 deutlich erkennen lassen. Unter den übrigen Handelsflotten weist die italienische den weitaus bedeutendsten Verkehrsanteil auf, da, wie in früheren Darlegungen bereits festgestellt worden ist, Italien mit England in lebhafter Schiffsverbindung steht, und die nationale Schiffahrt an diesem Verkehr natürlich in erheblichem Maße beteiligt ist. Die deutsche Flagge mußte in der ersten Nachkriegszeit nach dem gänzlichen Verlust ihrer Handelsflotte auch hier völlig aus dem Wettbewerb der Nationen verschwinden, hat jedoch bis zum Jahre 1923 einen beträchtlichen Teil ihrer Vorkriegsstellung auf diesem wichtigen Schiffahrtsweg wiedererringen können. Auf Grund ihrer hervorragenden Vorkriegsbeziehungen im Weltverkehr hat die neu erstandene deutsche Handelsflotte in der Überseeschiffahrt auch hier ihre seit dem Kriege verlorene Position langsam zurückgewinnen können. Die amerikanische Handelsflotte ist in der Vorkriegszeit noch in der Überseeschiffahrt so gut wie gar nicht vertreten gewesen, wie auch ihr gänzliches Fehlen in dem Verkehr der Route im Jahre 1913 aufs neue beweist. Aber selbst nach dem Kriege ist die amerikanische Flagge trotz der ungeheuren Ausdehnung der Schiffahrt der Vereinigten Staaten in dem Verkehr der Route noch nicht besonders hervorgetreten. Die japanische Flotte hat infolge der beträchtlichen Vermehrung ihrer Handelstonnage seit dem Kriege auch ihren Verkehrsanteil an der für die japanische Wirtschaft sehr bedeutungsvollen Verbindung mit Großbritannien wesentlich zu steigern vermocht.

Der Umfang der Ballasttonnage ist in allen Jahren unverändert ca. 10% des Gesamtverkehrs gewesen, und zwar in beiden Verkehrsrichtungen (128). Großbritannien ist für die an der Mittelmeer-Route gelegenen Länder ein ebenso hervorragendes Ausfuhrland für industrielle Erzeugnisse, Kohle, Erze und viele andere Handelsartikel, wie für dieselben ein besonders wichtiges Einfuhrland für ihre Rohstoffe und einheimischen Erzeugnisse.

Die vorstehenden Zahlenangaben der Tabelle 55 drücken eindeutig die absolute Vormachtstellung des britischen Reiches im überseeischen Schiffsverkehr aus, denn schon allein auf den beiden bisher betrachteten Hauptrouten bewegt der britische Außenhandel eine jährliche Schiffsräumte von durchschnittlich ungefähr 20 Millionen Netto Tonnen, ein Umfang, den der überseeische Schiffsverkehr keines anderen Landes auch nur annähernd erreicht hat. Allein die Vereinigten Staaten können sich mit Großbritannien in dem Tonnageumfang des seewärtigen Schiffsverkehrs messen, doch muß hierbei der ungeheure Größenunterschied der Flächenausdehnung der beiden Staaten ganz wesentlich in Berücksichtigung gezogen werden.

Die Verkehrsziffern der Tabelle 55 bilden aber auch einen überwältigenden Beweis dafür, wie lebensnotwendig für das britische Weltreich der Besitz der drei „Tore" dieser hochbedeutenden Schiffahrtsstraße, Aden, Suez und Gibraltar, ist. Dadurch ist Großbritannien der ungehinderte Verkehr auf dieser Hauptpulsader seiner weltbeherrschenden Handelstätigkeit, aus welcher es seine ganze Kraft und wirtschaftliche Stärke schöpft, gesichert.

β) Die Route Deutschland-Mittelmeer.

Unter den übrigen Schiffahrtsrouten zwischen den sich um das Nordseegebiet gruppierenden Staaten und dem Mittelmeer ist die deutsche Verkehrsverbindung dieser Hauptroute die bedeutendste und verkehrsreichste. Die Tabelle 56 bringt die Entwicklung des Schiffsverkehrs dieser überaus wichtigen Verbindungsstraße des Deutschen Reiches mit den überseeischen Ländern hinsichtlich des jährlichen Umfangs der Verkehrstonnage zahlenmäßig zur Geltung.

Tabelle 56:
Die Entwicklung des Schiffsverkehrs auf der Route Deutschland-Mittelmeer in der Zeit von 1913 bis 1923.

Zusammengestellt nach der deutschen Seeverkehrsstatistik[1].
(Angaben in 1000 Tonnen Netto.)

Nationalität der Schiffe	1913	1919	1920	1921	1922	1923
A. Nach Deutschland						
Deutsche	1637	16	51	219	531	851
Britische	601	6	137	994	1271	1197
Italienische	11	18	57	57	76	150
Norwegische	35	—	10	62	76	97
Holländische	100	4	71	337	512	522
Übrige	32	20	180	204	423	466
Total:	2416	64	506	1873	2889	3283
B. Von Deutschland						
Deutsche	1456	14	66	323	602	868
Britische	224	—	153	488	708	635
Italienische	—	8	48	56	23	144
Norwegische	—	2	13	66	56	89
Holländische	63	10	142	309	439	450
Übrige	44	14	151	222	400	419
Total:	1787	48	573	1464	2228	2605

Die jährlichen Veränderungen des von der deutschen Handelsflotte geleisteten Verkehrs seit dem Jahre 1913 sind danach ungefähr direkt propor-

[1] Vgl. Nr. 21 des Literatur-Verzeichnisses, Band 289, 295, 299, 305, 309, 314/III.

tional der Entwicklung ihres Tonnagebestandes in der Nachkriegszeit. Bei dem völligen Verlust aller Schiffe nach Kriegsende ist natürlich auch der Verkehr deutscher Schiffe auf dieser Route zwangsläufig bis auf einen nicht nennenswerten Betrag zurückgegangen, in den folgenden Jahren jedoch entsprechend der Wiedervergrößerung der Flotte aufs neue stetig angewachsen. Neben der Entwicklung des Verkehrs der deutschen Schiffahrt ist noch diejenige der britischen und holländischen Handelsflotte besonders bemerkenswert. Der Verkehrsanteil der britischen Schiffahrt ist in den drei Jahren 1921/23 plötzlich sehr stark emporgestiegen. Die Ursache dieser bedeutenden Ausdehnung des britischen Schiffsverkehrs auf der deutschen Mittelmeer-Route ist wohl in dem Umstand zu suchen, daß in den drei Jahren, also seit 1921, der Warenhandel und auch der Personenverkehr zwischen den deutschen Haupthäfen und den an der Mittelmeer-Route liegenden Ländern wieder den Umfang der Vorkriegshöhe erreicht und überschritten hat, jedoch von der deutschen Handelsflotte, die in dieser Zeit nur einen Bruchteil der Vorkriegstonnage für den Verkehr dieser Route zur Verfügung stellen konnte, nicht annähernd bewältigt worden ist. Der Aufschwung der holländischen Verkehrsbeteiligung auf der deutschen Mittelmeer-Route wird wohl auf der Ausdehnung der Handelsbeziehungen zwischen Deutschland und Holländisch-Indien beruhen.

Nach Tabelle 56 (S. 157) ist der von Deutschland ausgehende Verkehr viel kleiner, als derjenige der Gegenrichtung, denn die ostasiatischen Länder sind als besonders wichtige Erzeugungsgebiete der wertvollsten Rohstoffe überwiegend Ausfuhrländer. Um so mehr ist der Aufschwung des von Deutschland kommenden Verkehrs in den Jahren 1922/23 zu beachten. Die Entwicklung des Verkehrs auf der Schiffahrtsstraße zwischen Deutschland und dem Mittelländischen Meer läßt sehr wirkungsvoll das Wiederaufblühen des deutschen Außenhandels in der Nachkriegszeit erkennen, und eröffnet für dessen zukünftige Entwicklung die günstigsten Aussichten. Diese Verkehrsausdehnung ist, wie auch auf allen anderen deutschen Überseerouten, natürlich in erster Linie von der Wiederbelebung der deutschen Wirtschaft abhängig, die im gesamten Außenverkehr die treibende Kraft darstellt.

Die Ballasttonnage hat in keinem Jahr einen nennenswerten Betrag angenommen (21). Dies beweist weiterhin, daß das Ladungsverhältnis im deutschen Überseeverkehr im Vergleich zu demjenigen anderer Staaten ganz außergewöhnlich günstig gewesen ist, namentlich in Anbetracht der kritischen Jahre des Tonnageüberflusses der Weltschiffahrt seit ungefähr 1921.

Der Verkehr des Deutschen Reiches, wie auch aller anderen europäischen Staaten auf der Mittelmeer-Route, steht aus einem ganz bestimmten, triftigen Grunde erheblich hinter demjenigen Englands zurück. Die große Differenz des Verkehrsumfanges der beiden Länder beruht auf der Eigenart der geographischen Lagenverhältnisse der verschiedenen europäischen Staaten. Im Handel mit allen Ländern, die an der Mittelmeer-Route gelegen sind, behaupten die Mittelhäfen des gesamten Kontinents durchweg vor den Nordseehäfen und den Hafenplätzen des Ärmelkanals eine absolut übermächtige Stellung: Marseille vor Le Havre, Rouen, Cherbourg und Bordeaux; Genua und Triest vor Rotterdam, Antwerpen, Bremen und Hamburg. Der Umweg des Schiffsverkehrs von den nordwesteuropäischen Häfen zum Mittelmeer ist ein zu gewaltiger, so daß, mit Ausnahme der Güter, deren Abgangs- oder Zielort in der unmittelbarsten Umgebung der nördlichen Kontinenthäfen gelegen ist, der größte Teil des Warenverkehrs trotz der wesentlich teureren Bahnfrachten auf dem Schienenwege über die Häfen des mittelländischen Meeres geleitet wird. Der Passagierverkehr vollends wird ausnahmslos fast nur in den Mittelmeer-Häfen abgefertigt; selbst die billigsten Preistarife der Schiffahrtsgesellschaften können die Reisenden nur in Einzelfällen veranlassen, die 5—6tägige Fahrt um die pyrenäische Halbinsel und durch den stürmischen Golf von Biskaya der kurzen Bahnstrecke zu den Mittelmeerhäfen vorzuziehen (61).

Daß der Verkehr der deutschen Mittelmeer-Route dennoch einen sehr bedeutenden Umfang einnimmt, ist eine Folgeerscheinung der mächtigen Stellung seiner beiden großen Welthäfen Hamburg und Bremen, die namentlich im ostasiatischen Handel eine hervorragende Position innehaben. Hier erweist sich der Vorteil des engen Zusammengehens von Handel und Schiffahrt der beiden Hansestädte. Wie der Übersee-Kaufmann den Sitz seines Stammhauses in den beiden Welthäfen hat, so ist auch der gesamte Schiffsraum der in der Übersee-Fahrt laufenden Handelstonnage in Hamburg und Bremen beheimatet. Durch die innigen Beziehungen des Handels zu den Schiffahrtsgesellschaften, vor allem aber durch einen mustergültigen Ausbau der Verkehrsverbindungen der Mittelmeer-Route und durch die Marktbedeutung der Hamburger und Bremer Warenbörsen ziehen die beiden deutschen Haupthäfen trotz der Nachteile ihrer natürlichen Hafenlage einen erheblichen Teil des Verkehrs von den Mittelmeerhäfen ab, zumal die denselben vorgelagerte Alpenkette für die Bewältigung des Gütertransportes ein außerordentlich schwerwiegendes Hindernis darstellt.

γ) Die Route Frankreich-Mittelmeer.

Aus den vorstehend genannten Gründen ist der Schiffsverkehr von den französischen Atlantikhäfen zum Mittelmeer nur von ganz untergeordneter Bedeutung. Marseille beherrscht schon allein durch seine absolut bevorzugte Lage nahezu den gesamten Verkehr dieser Route, ganz abgesehen davon, daß dieser Hafen der bedeutendste aller französischen Handelsplätze ist. Entscheidend fällt beim französischen Verkehr im Gegensatz zum deutschen der Umstand ins Gewicht, daß Frankreich selber direkt am Mittelmeer gelegen ist, denn im deutschen Warenverkehr mit den von der Mittelmeer-Route berührten Ländern bedeutet die Tatsache, daß zwei Landesgrenzen zwischen dem deutschen Hinterland und den italienischen Häfen liegen, ein sehr beträchtliches Hemmnis, das für den französischen Verkehr völlig fortfällt. So ergibt sich auf Grund der französischen Statistik (127), daß der Gesamtverkehr Frankreichs auf der Mittelmeer-Route durchschnittlich ziemlich unverändert 6—7 Millionen Tonnen Netto betragen hat, von denen in allen Jahren auf den Verkehr der Atlantikhäfen nur insgesamt 50—150 000 Tonnen entfallen sind. Damit wird aber der französische Verkehr auf der Mittelmeer-Route für die Betrachtungen dieser Arbeit bedeutungslos.

δ) Die Route Holland-Mittelmeer.

Dieser Schiffahrtsweg weist in dem Zeitraum von 1913 bis 1923 in seinem jährlichen Schiffsverkehr keine besonderen Veränderungen auf. Der weitaus größte Teil dieses Verkehrs läuft zwischen Holländisch-Indien und dem Mutter-

land, und darauf beruht wohl auch die gleichmäßige Entwicklung der jährlichen Schiffsbewegungen. —
Besonders beachtenswert dagegen sind die Veränderungen des Verkehrs auf der Mittelmeerverbindung der 3 skandinavischen Staaten.

e) Die Route Skandinavien-Mittelmeer.

Der Verkehr dieser Schiffahrtsverbindung hat während der Nachkriegszeit einen sehr beträchtlichen Aufschwung erlebt, was umso bemerkenswerter ist, als auch der Schiffsverkehr dieser Länder nach Nordamerika in den Jahren nach dem Kriege erheblich größer geworden ist. Die Verkehrsentwicklung der 3 nordischen Staaten kommt in der beigegebenen Tabelle 57 zahlenmäßig zum Ausdruck.

Tabelle 57:
Die Entwicklung des Schiffsverkehrs auf der Route Skandinavien-Mittelmeer in der Zeit von 1913 bis 1923.
Zusammengestellt nach verschiedenen Quellen (58, 130—132).
(Angaben in 1000 Tonnen Netto.)

	1913	1919	1923
A. Nach den nordischen Staaten			
nach Norwegen	155	82	140
nach Schweden	136	129	459
nach Dänemark	103	96	163
Total:	394	307	662
B. Von den nordischen Staaten			
von Norwegen	228	81	339
von Schweden	651	386	1321
von Dänemark	44	3	90
Total:	923	470	1750

Die Tonnagehöhe des Verkehrs der 3 Länder ist demnach vom Jahre 1913 bis 1923 um 75—85 % gestiegen, nachdem die Verkehrsziffern im ersten Nachkriegsjahr 1919 naturgemäß einen verhältnismäßig niedrigen Wert aufgewiesen haben. Dadurch, daß die Nordsee in den Kriegsjahren der große Kampfplatz zwischen den Seestreitkräften Deutschlands und Großbritanniens gewesen ist, hat sich die Lage der nordischen Staaten in dieser Zeit ganz außerordentlich ungünstig gestellt, denn die Handelsschiffahrt der skandinavischen Länder mit überseeischen Wirtschaftsgebieten hat während des Krieges nur unter größten Verlusten an Schiffen in stark verringertem Maße aufrechterhalten werden können. Nach Beendigung des Kriegszustandes, der also auch für die nordischen Staaten ganz besonders fühlbar gewesen ist, hat sich jedoch dann der Verkehr, namentlich mit den schwedischen Häfen, bis zum Jahre 1923 ganz bedeutend ausgedehnt. Einmal haben sich Schwedens Industrien sehr vorteilhaft entwickelt und die hochwertigen Erzlager des Landes wohl auch auf dieser Route, hauptsächlich nach Italien, umfangreiche Schiffsladungen gestellt, außerdem aber ist der Personenverkehr zwischen Schweden und den Mittelmeerländern nach dem Kriege erheblich angewachsen, wie aus dem Verhältnis der Anzahl der Schiffe und der Tonnagehöhe zu entnehmen ist, das nach der schwedischen Statistik (58) für den Mittelmeer-Verkehr für jedes Schiff eine Durchschnittszahl von 4—5000 Tonnen Netto ergibt. Diese Ziffer deutet unbedingt auf einen umfangreichen Verkehr größerer Passagierschiffe hin, denn die Durchschnittszahl der Frachtdampfertonnage, die in dieser Route eingestellt ist, dürfte selbst im Überseeverkehr höchstens 3000 Netto Tonnen betragen, was einem Raumgehalt von ungefähr 5000 Tonnen Brutto entsprechen würde. Diese Mutmaßung beruht vor allem darauf, daß die Schiffe der 3 nordischen Länder, die hauptsächlich an diesem Verkehr beteiligt sind, durchweg nur von verhältnismäßig geringer Größe sind. Die Zunahme des Personenverkehrs ist auch erklärlich: seit dem Kriege haben sich die Linienverbindungen Schwedens wesentlich verbessert und vervollkommnet, wodurch der Personenverkehr auf der schwedischen Mittelmeer-Route ganz erheblich gehoben werden konnte, da der transkontinentale Verkehr auf dem Schienenwege für die Reisenden wohl noch kürzer, jedoch bei dessen bedeutender Ausdehnung mit weit größeren Schwierigkeiten und Strapazen verbunden ist, so daß die Schiffsroute trotz ihres Umwegs dem Landwege ungefähr gleichzustellen ist. Der Mittelmeer-Verkehr der beiden anderen Staaten ist bei der geringen Ausbreitung der Industrien in Norwegen und Dänemark auch im Jahre 1923 noch ziemlich geringfügig geblieben. —

Zusammenfassend läßt sich also sagen, daß die Ursachen der Verkehrsveränderungen auf der Route Nordwesteuropa-Mittelmeer, abgesehen von den Kriegsauswirkungen, die sich bei der Wiederaufnahme des Verkehrs im Jahre 1919 bemerkbar gemacht haben, im wesentlichen rein wirtschaftlicher Natur sind. Die geographischen Verhältnisse der einzelnen europäischen Staaten bestimmen lediglich die Grenzen der jährlichen Verkehrshöhe der Mittelmeer-Route, haben aber nur einen ganz geringen Einfluß auf die von Jahr zu Jahr wechselnden Veränderungen des Schiffsverkehrs. Der Umfang der wirtschaftlichen Beziehungen zwischen den einzelnen durch die Mittelmeer-Route verbundenen Ländern verursacht in der Zeit von 1913 bis 1923 allein die Veränderungen in der jährlichen Höhe der Schiffsbewegungen der Route zwischen den Staaten Nordwesteuropas und dem Mittelmeer. —

3. Der Schiffahrtsweg Nordwesteuropa-Südamerika-Westafrika (via Kanarische Inseln).

Diese Hauptroute verbindet die europäischen Staaten mit den Randländern des südlichen Teils des atlantischen Ozeans (vgl. Karte I). Da die Darstellung der Veränderungen des Seeverkehrs sich hinsichtlich der einzelnen Routen auf die Verkehrswege des Nordatlantik beschränken will, kann die Verbindungsroute Nordwesteuropas mit Südamerika und mit Westafrika in eine einzige große Schiffahrtsstraße zusammengezogen werden, denn diese beiden Wege nehmen bis über die Kanarischen Inseln hinaus nahezu den gleichen gemeinsamen Verlauf (10, 17 und 67). So sind die Schiffsbewegungen der europäischen Staaten mit den folgenden überseeischen Ländern unter dem Verkehr dieser Hauptroute betrachtet worden: auf der südamerikanischen Seite

Brasilien, Uruguay, Argentinien und Chile[1], auf der afrikanischen Seite ganz West- und Südafrika, sowie Ostafrika bis einschließlich Portugiesisch-Ostafrika (Mocambique). Diese Einbeziehung eines Teils der afrikanischen Ostküste und Chiles ist auf Grund der Überlegung erfolgt, daß der Verkehr mit diesen Ländern wegen der hohen Kanalgebühren des Suez- und Panama-Kanals noch auf der Hauptroute über die Kanarischen Inseln verläuft.

a) Die Route Großbritannien-Kanarische Inseln.

Der Schiffsverkehr dieses dritten Hauptzweiges des britischen Weltverkehrs steht in der Höhe der jährlich bewegten Schiffstonnage hinter dem der beiden bisher betrachteten Hauptrouten ganz erheblich zurück. Wenn auch die afrikanischen Kolonien des britischen Reiches und die anderen Gebiete dieses Erdteils wertvolle Rohstoffquellen und Erzeugungsländer vieler wichtiger einheimischer Produkte sind, und die südamerikanischen Staaten Argentinien und Brasilien infolge der sich stetig weiter ausbreitenden Zivilisation nach europäischem Vorbild bedeutende Einfuhrländer für industrielle Erzeugnisse, andererseits Argentinien das große Exportgebiet von Fleisch und Häuten, Brasilien von Kaffee ist, so sind die Länder der Nordamerika- und der Mittel-

Tabelle 58:
Die Entwicklung des Schiffsverkehrs auf der Route Großbritannien-Kanarische Inseln in der Zeit von 1913 bis 1923.
Zusammengestellt nach der britischen Verkehrsstatistik (128).
(Angaben in 1000 Tonnen Netto.)

Nationalität der Schiffe	1913	1919	1920	1923
A. Nordwärts				
Britische	4144	2556	3572	2346
Deutsche	643	—	17	83
Holländische	109	114	125	696
Norwegische	193	235	139	186
Französische	196	—	53	27
Übrige	142	320	439	379
Total:	5427	3225	4345	3717
B. Südwärts				
Britische	7169	2722	3808	5638
Deutsche	683	—	20	74
Holländische	139	217	230	184
Norwegische	311	161	127	311
Französische	226	138	65	59
Übrige	441	484	494	789
Total:	8969	3722	4744	7055

[1] Der Verkehr zwischen Europa und Chile läuft allerdings in gleichem Umfange auch über den Panama-Kanal.

meer-Route für Großbritannien dennoch von ungleich größerer Bedeutung. Den Umfang, den die jährlichen Schiffsbewegungen seit dem Kriege gemacht haben, zeigt die Tabelle 58 (S. 162).

Das Wesentliche an der Entwicklung des Verkehrs dieser Route ist die Tatsache, daß der Vorkriegsumfang der jährlichen Schiffsbewegungen in den Nachkriegsjahren nicht wieder erreicht worden ist. Diesem Verkehrsrückgang müssen auch wirtschaftliche Hemmungen zugrunde liegen, da die Beschränkung der jährlichen Schiffsverbindungen aus einem äußeren Anlaß heraus durch die Eröffnung des Panama-Kanals allein nicht erklärt werden kann.

Eine ganz besondere Eigenart der nord-südatlantischen Schiffahrtsstraße ist außerdem, daß sie die einzige Route ist, auf der sich noch ein bedeutenderer Segelschiffsverkehr abgewickelt hat. Im Verkehr mit Australien und der Westküste Südamerikas finden die großen modernen Segler noch ein umfangreiches Verwendungsgebiet für den Transport von Bauhölzern bzw. von Guano- und Sulpeterladungen aus Chile, da der Umweg um das Kap der guten Hoffnung und um Kap Horn durch die Ersparnis der Kanalgebühren zum großen Teil wieder ausgeglichen wird, und die Segelschiffe namentlich wegen der geringeren Feuergefährlichkeit für den Transport dieser Güter bevorzugt werden (vgl. S. 51). Der Umfang des Segelschiffsverkehrs auf dieser Route kommt aus der Tabelle 59 zum Ausdruck.

Tabelle 59:
Die Entwicklung des Segelschiffsverkehrs auf der Route Großbritannien-Kanarische Inseln in der Zeit von 1913 bis 1923.
Zusammengestellt nach der britischen Seeverkehrsstatistik (128).
(Angaben in 1000 Tonnen Netto.)

Nationalität der Schiffe	1913	1919	1920	1923
A. Nordwärts				
Britische	101	16	23	—
Deutsche	93	—	12	2
Norwegische	111	43	8	3
Französische	133	—	11	—
Übrige	20	35	26	12
Total:	458	94	80	17
B. Südwärts				
Britische	69	13	18	—
Deutsche	73	—	5	3
Norwegische	107	2	—	2
Französische	178	2	15	—
Übrige	30	15	10	5
Total:	457	32	48	10

In krasser Schärfe geht aus den Verkehrsziffern dieser Tabelle hervor, daß die Segelschiffe in der Überseefahrt selbst auf dieser Route ihren Einfluß im Weltverkehr seit dem Kriege vollends verloren haben; während noch im

Vorkriegsjahr 1913 eine ganz erhebliche Tonnage an Seglern diese Route befahren hat, ist die jährliche Verkehrsfrequenz in der Nachkriegszeit ganz gering geworden, um 1923 so gut wie vollkommen zu erlöschen. Die Ursachen dieser rückläufigen Entwicklung des Segelschiffsverkehrs sind in früheren Darlegungen (vgl. S. 51) bereits eingehender betrachtet worden.

β) Die Route Deutschland-Kanarische Inseln.

Für den deutschen Außenhandel ist die südatlantische Schiffahrtsverbindung auch im Verhältnis zu der Nordamerika- und der Mittelmeer-Route von hervorragender Bedeutung. Vor dem Kriege ist sie der Verkehrsweg zwischen Deutschland und seinen afrikanischen Kolonien gewesen; selbst der Schiffsverkehr nach Deutsch-Ostafrika hat zum großen Teil um Kapland herum die atlantische Route eingeschlagen, da der Umweg kein allzu großer ist, und derselbe die hohen Kanalabgaben der Suez-Mittelmeer-Route erspart. Wenn auch nach dem Kriege Deutschland seine wertvollen Kolonialgebiete verloren hat, so ist dafür der Verkehr mit den südamerikanischen Staaten umso reger geworden, so daß die Verkehrsziffern dieser Schiffahrtsstraße bis 1923 weit über den Vorkriegsumfang hinausgewachsen sind. Die Tabelle 60 läßt die Gesamtentwicklung des Schiffsverkehrs auf der nord-südatlantischen Hauptroute in der Zeit von 1913 bis 1923 erkennen.

Tabelle 60:

Die Entwicklung des Schiffsverkehrs auf der Route Deutschland-Kanarische Inseln in der Zeit von 1913 bis 1923.

Zusammengestellt nach der deutschen Seeverkehrsstatistik[1].
(Angaben in 1000 Tonnen Netto.)

Nationalität der Schiffe	1913	1919	1920	1921	1922	1923
A. Nordwärts						
Deutsche	2022	4	79	133	580	974
Britische	555	43	201	469	424	313
Holländische	4	3	38	176	183	305
Französische	42	15	15	94	137	174
Amerikanische	—	13	115	163	35	15
Übrige	81	13	171	287	362	230
Total:	2704	91	619	1322	1721	2011
B. Südwärts						
Deutsche	1830	—	28	218	772	1076
Britische	330	8	83	200	195	119
Holländische	2	—	91	175	246	296
Französische	12	—	63	48	161	188
Amerikanische	—	5	65	80	—	—
Übrige	45	14	77	247	251	202
Total:	2219	27	407	968	1625	1881

[1] Vgl. Nr. 21 des Literaturverzeichnisses, Band 289, 295, 299, 305, 309, 314/III.

Vollkommen regelmäßig steigen die Verkehrsziffern seit 1919 mit der allmählichen Wiederanbahnung der durch den Krieg abgerissenen Wirtschaftsbeziehungen in den Nachkriegsjahren wieder an, ohne allerdings bis 1923 die Vorkriegshöhe bereits erreichen zu können. Ebenso gleichmäßig nimmt die jährliche Verkehrsleistung der deutschen Handelsflotte nach dem Kriege wieder zu; doch hat sie entsprechend der kleineren Schiffstonnage den Vorkriegsumfang des Verkehrs auf dieser Route erst zu 50 % wieder erreichen können. Über die Veränderungen des Verkehrsanteils der übrigen Handelsflotten gibt die Tabelle 60 ebenfalls übersichtlich Aufschluß.

Auch diese Verkehrsverbindung des Deutschen Reiches ist durch direkte und indirekte Kriegsfolgen ganz außerordentlich in Mitleidenschaft gezogen worden. Zu viele Ursachen haben in der Nachkriegszeit zusammengewirkt, als daß der Schiffsverkehr sich auch hier wieder auf ein ähnliches Ausmaß, wie in den Vorkriegsjahren, auszudehnen vermocht hat. An dieser Stelle ist aber besonders auf die Enteignung der Kolonien hinzuweisen.

Der Segelschiffsverkehr auf dieser Route ist auch in der Vorkriegszeit nicht so erheblich gewesen, als daß die Veränderungen desselben näher betrachtet zu werden brauchen (21). Wie groß aber auch der Verkehrsumfang der Segelschiffe in der Zeit vor dem Weltkriege für alle europäischen Verbindungen zum Südatlantik gewesen sein mag, in jedem Falle ist die Entwicklung die gleiche rückläufige, wie sie auf der Route Großbritannien-Kanarische Inseln besonders eindrucksvoll hervorgetreten ist.

γ) Die Route Frankreich-Kanarische Inseln.

Die große Verkehrsstraße zwischen Frankreich und dem Südatlantik teilt sich vor der pyrenäischen Halbinsel in die beiden Routen zu den Mittelmeer- und Atlantikhäfen. Die französische Statistik gibt jedoch keinen Aufschluß darüber, wie sich der Schiffsverkehr anteilmäßig auf dieselben verteilt. Bei der nicht allzu erheblichen Differenz der Entfernungen zwischen den beiden Hafengruppen ist aber anzunehmen, daß sich sowohl auf der atlantischen, wie auf der Mittelmeerstrecke ein ganz bedeutender, umfangreicher Verkehr abwickeln wird, denn die Höhe der jährlichen Schiffsbewegungen auf dem französisch-südatlantischen Schiffahrtsweg zeigt, daß derselbe im Überseeverkehr Frankreichs eine hervorragende Stellung einnimmt. Die Verkehrsentwicklung auf der Route seit 1913 ist aus Tabelle 61 (S. 166) ersichtlich.

Der französische Verkehr auf der Südatlantik-Route stimmt also insofern mit der deutschen und britischen Route völlig überein, als die Verkehrsziffern der Nachkriegsjahre die Frequenz des Jahres 1913 nicht wieder erreicht haben.

Die Tabellen 58—61 ergeben demnach die wichtige Feststellung, daß der Schiffsverkehr auf der Route Nordwesteuropa-Kanarische Inseln hinsichtlich der 3 wichtigsten europäischen Wirtschaftsstaaten, und damit wohl auch in seiner Gesamtheit, in den Jahren nach dem Weltkriege gegen die Vorkriegszeit sehr beträchtlich zurückgegangen ist.

4. Der Schiffahrtsweg Nordwesteuropa-Westindien-Mittelamerika.

Die vierte der aus dem Ärmelkanal austretenden Hauptverkehrsstraßen nimmt die südwestliche Richtung ein nach den westindischen Inselgruppen, den

Tabelle 61:
Die Entwicklung des Schiffsverkehrs auf der Route Frankreich-Kanarische
Inseln in der Zeit von 1913 bis 1923.
Zusammengestellt nach der französischen Verkehrsstatistik (127).
(Angaben in 1000 Tonnen Netto.)

Nationalität der Schiffe	1913	1919	1923
A. Nordwärts			
Französische	874	495	781
Britische	1067	584	900
Deutsche	648	—	3
Holländische	87	58	286
Übrige	274	397	603
Total:	2950	1534	2573
B. Südwärts			
Französische	759	482	968
Britische	785	88	555
Deutsche	645	—	—
Holländische	85	84	136
Übrige	68	236	167
Total:	2342	890	1826

großen und kleinen Antillen, sowie den mittelamerikanischen Staaten, ferner nach der Nordküste Südamerikas, also Columbien, Venezuela und Guayana, vor allem aber seit dem Kriege zum Panama-Kanal. In diesem Gebiet der zahlreichen Inselbildungen, die das Karibische Meer begrenzen, verzweigen sich die Schiffahrtswege in viele Einzelrouten, um die weit auseinander gelegenen Gebiete zu erreichen. Der Knotenpunkt, an dem die verschiedenen Verbindungslinien sich trennen, liegt unweit der dänischen Insel St. Thomas, dem am weitesten nach Nordosten vorgeschobenen Stützpunkt des Schiffsverkehrs dieser Route, der auch infolge seiner bevorzugten Lage der bedeutendste Bunkerungsplatz der gesamten Westindien-Fahrt geworden ist.

Die Verkehrsveränderungen auf der Schiffahrtsstraße zwischen den europäischen Staaten und Westindien/Mittelamerika sind seit dem Kriege in der Hauptsache durch den neuen Großschiffahrtsweg über den Panama-Kanal beeinflußt worden. Wie die Eröffnung desselben, die während des Krieges im Jahre 1914 stattgefunden hat, nach Kriegsende die Verkehrsverminderung auf der Route Europa-Kanarische Inseln wesentlich mitbestimmt hat, so ist natürlich der Umfang der Schiffsbewegungen auf der westindischen Route in gleichem Maße größer geworden, soweit der Verkehr nach der Westküste Südamerikas in Betracht gezogen wird. Darüber hinaus hat jedoch die Verkehrsfrequenz noch durch die Schiffsverbindungen zwischen den europäischen Ländern und der Westküste Mittel- und Nordamerikas eine weitere beträchtliche Vermehrung erfahren. Diese Veränderungen treten besonders deutlich in der Nachkriegsentwicklung des britisch-westindischen Schiffsverkehrs hervor.

α) **Die Route Großbritannien-Westindien-Mittelamerika.**
Die Verkehrsentwicklung dieses Schiffahrtsweges seit dem Weltkriege ergibt zahlenmäßig nach dem Umfang der Schiffstonnage folgendes Bild (Tab. 62).

Tabelle 62:
Die Entwicklung des Schiffsverkehrs auf der Route Großbritannien-Westindien in der Zeit von 1913 bis 1923.
Zusammengestellt nach der britischen Seeverkehrsstatistik (128).
(Angaben in 1000 Tonnen Netto.)

	1913	1919	1923
A. Nach Großbritannien	1067	1032	2855
B. Von Großbritannien	1076	639	2771
darunter Ballastreisen			
A. Nach Großbritannien	24	13	155
B. Von Großbritannien	181	235	1362

Die Verkehrsziffern lassen deutlich die außerordentliche Ausdehnung des Schiffsverkehrs auf der europäisch-westindischen Route in den Nachkriegsjahren erkennen. Bis zum Jahre 1923 hat sich der Umfang der jährlichen Schiffsbewegungen gegen 1913 fast verdreifacht. So ist die Tabelle 62 zugleich ein Beweismittel dafür, daß die Ursache des Verkehrsrückganges der europäisch-südamerikanischen Route hauptsächlich auf einer ganz erheblichen Verkehrsabwanderung auf die westindische Schiffahrtsroute beruht. Tabelle 62 zeigt gleichfalls, daß in der Fahrt mit Richtung von Großbritannien die Ballastreisen der Schiffe einen ungewöhnlich hohen Umfang einnehmen und daß besonders im Jahre 1923 der ohne Ladung gefahrene Schiffsraum absolut und relativ zum Gesamtverkehr ein ganz außerordentlich ungünstiges Ladungsverhältnis besitzt. In dem britischen Handel mit den Ländern, die durch die westindische Route mit England in Verbindung stehen, überwiegen also der Menge nach die Einfuhrgüter ganz erheblich.

Der Verkehr auf diesem Hauptverbindungsweg wird zum größten Teil von der britischen Schiffahrt geleistet, so daß in der Tabelle 62 von einer weiteren Angabe der Verkehrsbeteiligung anderer Flaggen Abstand genommen ist.

β) **Die Route Deutschland-Westindien.**
Der Verkehr dieses Schiffahrtsweges hat sich sowohl vor wie nach dem Weltkriege in auffallend geringen Grenzen gehalten; in keinem Jahre seit 1913 hat er einen Wert von 300 000 Tonnen Netto überschritten. Von dem unvermeidbaren, geringfügigen Verkehrsumfang abgesehen, mit dem der Schiffsverkehr dieser Route im Jahre 1919 wieder eingesetzt hat, ist die Verkehrshöhe gegenüber der Vorkriegszeit ziemlich unverändert geblieben (21). —

Der Schiffsverkehr zwischen den übrigen europäischen Staaten und den an der westindischen Route gelegenen Ländern ist von keiner besonderen Bedeutung. Die französisch-westindische Verbindung ist gegen die Vorkriegszeit sogar etwas an Umfang zurückgegangen; die Verkehrsfrequenz dieser Route mit Beziehung auf die holländischen, belgischen und skandinavischen Schiffsverbindungen aber ist schon vor dem Kriege absolut unbeträchtlich gewesen[1].

5. Der Schiffahrtsweg Nordamerika-Westindien-Mittelamerika.

Während diese Route vor dem Kriege nur die Staaten Mittelamerikas und die westindischen Inselgruppen mit Nordamerika verbunden hat, hat sich durch die Eröffnung des Panama-Kanals seit dem Kriege auch ein ausgedehnter Schiffsverkehr von der nordamerikanischen Ostküste zum Stillen Ozean herausgebildet (vgl. S. 79). Es wurde schon erwähnt, daß der Durchstich des Isthmus von Panama im August des Jahres 1914 ein Ereignis von so überragender Bedeutung für die internationale, hauptsächlich aber für die amerikanische Schiffahrt gewesen ist, daß es die Verkehrsentwicklung der nordamerikanisch-westindischen Schiffahrtsstraße in ganz ungewöhnlichem Umfange beeinflußt und verändert hat. Durch die Kanalanlage ist den nordamerikanischen Atlantikhäfen die Aufnahme eines direkten Schiffsverkehrs mit der Westküste des amerikanischen Kontinents und dem Gesamtgebiet des Stillen Ozeans, namentlich dem hervorragend wichtigen Wirtschaftsgebiet der ostasiatischen Länder, ermöglicht worden. Von ganz besonderer Bedeutung jedoch ist der Durchbruch der Panama-Landenge für den Warenverkehr zwischen den Atlantik- und Pazifikhäfen Nordamerikas geworden. Während ein Gütertransport auf dem Seewege vor dem Kriege, als der Kanal noch nicht fertiggestellt war, bei der enormen Entfernung um das Kap Horn herum eine Absurdität gewesen wäre, hat sich nach der Inbetriebsetzung des Kanals zwischen der Ost- und Westküste der Vereinigten Staaten ein ganz außerordentlicher Schiffsverkehr entwickelt, der sogenannte „Intercoastal Trade". Da die seewärtige Warenbeförderung ganz erheblich geringere Tarifsätze für eine gleiche Fahrtstrecke erfordert als der Eisenbahntransport, so kann die Schiffahrt auf der neuentstandenen Verbindung über den Panama-Kanal mit den transkontinentalen Bahnen der Vereinigten Staaten und auch Kanadas fortan erfolgreich in Konkurrenz treten (9, 63 und 136).

Die Tabelle 63[2] gibt einen zahlenmäßigen Überblick über die außer-

---

[1] Vgl. Nr. 58, 127, 129, 130, 131, 132, 133 des Literatur-Verzeichnisses.

[2] Zu der Tabelle 63 ist im voraus folgendes zu bemerken: die amerikanische Seeverkehrsstatistik weist einerseits die jährlichen Schiffsbewegungen nach der Nationalität und der Herkunft bzw. Bestimmung der Schiffe nach, ohne jedoch nach dem atlantischen und dem pazifischen Verkehr zu unterscheiden; außerdem ist aber in gesonderten Tabellen noch der Verkehr der einzelnen amerikanischen Häfen nachgewiesen, ebenfalls nach Herkunfts- und Bestimmungsländern unterteilt. Um also den Verkehr der nordamerikanischen Ostküste mit den an der betrachteten Route gelegenen Ländern bestimmen zu können, muß der Schiffsverkehr der Pazifikküste der Vereinigten Staaten aus dem Gesamtverkehr der Route eliminiert werden, was durch die Verkehrsnachweise der einzelnen Häfen erreicht werden kann.

In den folgenden Zahlenangaben ist also zuerst der auf sämtliche Häfen der Vereinigten Staaten bezogene Schiffsverkehr mit den durch die Route Nordamerika-Westindien verbundenen Ländern dargestellt, zu denen also sowohl die mittelamerikanischen Staaten und die westindischen Inseln, als auch gleichfalls die Länder des Stillen Ozeans seit der Kanaleröffnung gehören. Zu diesem Zwecke ist der Verkehr der Vereinigten Staaten mit den betreffenden Staaten summiert und zu den angegebenen Gesamtzahlen vereinigt worden. Außerdem ist dann durch Addition des Schiffsverkehrs der verschiedenen amerikanischen Häfen der Pazifikküste mit den betreffenden von der Route Nordamerika-Westindien berührten Ländern der gesamte Schiffsverkehr der amerikanischen Westküste gefunden, der zur Errechnung des eigentlichen Verkehrs der Route notwendig erforderlich ist. Durch Subtraktion der beiden diesbezüglichen Zahlenwerte ergeben sich dann die gesuchten Ziffern, die den jährlichen Verkehr der nordamerikanischen Atlantikhäfen der Vereinigten Staaten auf der Route via Westindien darstellen.

gewöhnliche Vergrößerung des jährlichen Schiffsverkehrs der nordamerikanisch-westindischen Route in der Nachkriegszeit. Hierbei muß ausdrücklich betont werden, daß der „Intercoastal Trade" in den Verkehrsziffern der Tabelle nicht enthalten ist.

Tabelle 63:
Die Entwicklung des Schiffsverkehrs auf der Route Nordamerika-Westindien/Mittelamerika in der Zeit von 1913—1923.
Zusammengestellt nach der amerikanischen Seeverkehrsstatistik (109).
(Angaben in 1000 Tonnen Netto.)

a) Die Entwicklung des Gesamtverkehrs aller nordamerikanischen Häfen mit den Ländern, die durch die Route Nordamerika (Ostküste)-Westindien mit den Vereinigten Staaten in Verbindung stehen.

Nationalität der Schiffe	1913	1919	1920	1923
A. Von den Ver. Staaten				
nach Cuba				
Amerikanische	831	3214	4073	2992
Übrige	1763	603	802	1661
Total:	2594	3817	4875	4653
nach den übrigen Ländern				
Amerikanische	?	2264	5502	5538
Britische	?	1229	3568	3010
Japanische	?	971	921	1866
Norwegische	?	399	429	686
Übrige	?	575	550	1086
Total:	400[1]	5438	10970	12186
Zusammen:	2994	9255	15845	16839
B. Nach d. Ver. Staaten				
von Cuba				
Amerikanische	866	3118	3878	3089
Übrige	2370	453	719	1745
Total:	3236	3571	4597	4834
von den übrigen Ländern				
Amerikanische	?	1753	5235	5537
Britische	?	743	3899	4414
Japanische	?	378	993	1613
Norwegische	?	458	368	722
Übrige	?	498	558	1024
Total:	500[1]	3830	11053	13310
Zusammen:	3736	7401	15650	18144

[1] Schätzungswerte, da in der Statistik nicht nachgewiesen.

b) Dito, jedoch nur für die amerikanischen Häfen der Pazifikküste.

Nationalität der Schiffe	1913	1919	1920	1923
A. Von den Ver. Staaten nach Cuba				
Amerikanische ..	—	61	80	55
Übrige	—	30	25	36
Total:	—	91	105	91
nach den übrigen Ländern				
Amerikanische ..	—	799	1132	3469
Übrige	—	1374	1340	5657
Total:	—	2173	2472	9126
Zusammen:	—	2264	2577	9217
B. Nach d. Ver. Staaten von Cuba				
Amerikanische ..	—	29	31	115
Übrige	—	17	9	—
Total:	—	46	40	115
von den übrigen Ländern				
Amerikanische ..	—	697	1353	3397
Übrige	—	1261	1169	4978
Total:	—	1958	2522	8375
Zusammen:	—	2004	2562	8490

c) Die Entwicklung des Schiffsverkehrs in den Atlantikhäfen der Vereinigten Staaten, gefunden durch Subtraktion der beiden vorstehenden Zahlengruppen.

Nationalität der Schiffe	1913	1919	1920	1923
A. Von den Ver. Staaten nach Cuba:				
Amerikanische ..	831	3153	3993	2937
Übrige	1763	573	777	1625
Total:	2594	3726	4770	4562
nach den übrigen Ländern				
Amerikanische ..	?	1465	4370	2069
Übrige	?	1900	4118	991
Total:	400	3365	8498	3060
Zusammen:	2994	7091	13268	7622

Nationalität der Schiffe	1913	1919	1920	1923
B. Nach d. Ver. Staaten von Cuba:				
Amerikanische	866	3089	3847	2974
Übrige	2370	436	710	1745
Total:	3236	3525	4557	4719
von den übrigen Ländern				
Amerikanische	?	1056	3882	2140
Übrige	?	816	4650	2795
Total:	500	1872	8532	4935
Zusammen:	3736	5397	13089	9654

Wie die Verkehrsziffern der Tabelle 63 c erkennen lassen, ist der Umfang der jährlichen Schiffsbewegungen auf der Route Nordamerika-Westindien infolge der Eröffnung des Panama-Kanals seit dem Kriege ganz außerordentlich gestiegen, hat 1920 seinen höchsten Wert erreicht, um dann bis zum Jahre 1923 wieder ganz erheblich zurückzugehen. Nun lassen aber die Angaben der Tabelle 63 a ein stetiges Anwachsen des gesamten Schiffsverkehrs zwischen den Vereinigten Staaten und den für die obigen Nachweise berücksichtigten Ländern ersichtlich werden. Dieser Gesamtverkehr ist von 1913 bis 1923 ständig größer geworden, und zwar von ca. 3,3 Millionen Tonnen Netto im Vorkriegsjahr bis auf 17 Millionen Tonnen im Jahre 1923. Aus dieser verschiedenartigen Entwicklung des gesamten und des atlantischen Schiffsverkehrs folgt jedoch direkt, daß der Rückgang der Verkehrsfrequenz der Route Nordamerika (Ostküste) -Westindien in der Zeit von 1920—1923 durch den ganz ungewöhnlich intensiven Anstieg des Schiffsverkehrs der amerikanischen Pazifikküste verursacht worden ist. So läuft also dem Verkehrsaufschwung der westindischen Route in der Nachkriegszeit ein noch wesentlich schärferer auf dem Schiffahrtsweg zwischen den an der Westküste der Vereinigten Staaten gelegenen Häfen und den Ländern des Stillen Ozeans parallel, wie ohne weiteres der Tabelle 63 b zu entnehmen ist. Da sich nun der weitaus größte Prozentsatz der Verkehrsziffern der Tabelle 63 b auf die ostasiatischen Staaten bezieht (109), so gibt dieselbe eine angenäherte Charakteristik über die Entwicklung der einzigen nicht in das Gebiet des Atlantischen Ozeans fallenden Hauptroute des Weltverkehrs, die sich zwischen den nordamerikanischen Pazifikhäfen und den Ländern Ostasiens über den Stillen Ozean erstreckt. Unter Ergänzung der Angaben für das Jahr 1913, die natürlich, da die Panama-Route in diesem Jahr noch gar nicht bestanden hat, in der Tabelle 63 b auch nicht enthalten sein können, und die sich im Westwärtsverkehr auf 1 932 000 Tonnen Netto, im Ostwärtsverkehr auf 1 832 000 Tonnen belaufen haben, ergibt sich, daß sich der Verkehr auf diesem Hauptschiffahrtsweg in der Zeit von 1913 bis 1923 um ungefähr das 4½fache ausgedehnt hat. Eine derartig umfangreiche Verkehrsvermehrung auf der Parallelroute der Schiffahrtsstraße zwischen den atlantischen Häfen und dem Stillen Ozean via Westindien hat auf den Verkehr der letzteren nicht ohne wesentlichen Einfluß bleiben können, da die Länder, zwischen denen der Warentransport, wie auch der Personenverkehr dieser beiden Routen stattfindet, im wesentlichen die gleichen sind.

Der Teilverkehr der Route Nordamerika-Westindien, der sich zwischen den amerikanischen Häfen der Ostküste und Kuba abwickelt, ist zwar ebenfalls in den Nachkriegsjahren erheblich umfangreicher geworden, doch sind die Veränderungen der Verkehrsfrequenz gegenüber der Vorkriegszeit nicht annähernd so beträchtlich, wie sie der Gesamtverkehr der Route aufweist. Nach Tabelle 63 c hat sich der nach den Vereinigten Staaten laufende Verkehr von 1913—1923 um 28 %, derjenige der Gegenrichtung um fast 60 % ausgedehnt, und bereits vor dem Kriege einen ganz außerordentlichen bedeutenden Umfang eingenommen.

Sehr deutlich kommt auch aus den Verkehrsangaben der Tabelle 63 der Einfluß der starken Tonnagevergrößerung der amerikanischen Schiffahrt seit dem Kriege auf die Verkehrsbeteiligung der einzelnen Handelsflotten zum Ausdruck. —

Der nordamerikanisch-westindische Schiffahrtsweg hat somit unter allen Hauptrouten der Erde, und damit auch des Nordatlantik, die bei weitem bedeutendsten und umfangreichsten Veränderungen hinsichtlich der Frequenz seines Schiffsverkehrs aufzuweisen. Die Ursachen dieses Aufschwunges sind jedoch auch Geschehnisse gewesen, die in dem Gang der weltwirtschaftlichen Entwicklung eine ganz besonders bedeutungsvolle Stellung eingenommen haben. Folgende Momente haben gemeinsam zu dem Aufstieg des Schiffsverkehrs dieser Route mitgewirkt: einmal und in der Hauptsache die Eröffnung des Panama-Kanals; zum anderen der wirtschaftliche Aufschwung der Vereinigten Staaten in der Zeit während des Weltkrieges; drittens das zunehmende Eindringen der europäischen Zivilisation in die ostasiatischen Wirtschaftsgebiete, wodurch die Handelsbeziehungen der Vereinigten Staaten als dem bedeutendsten Wirtschaftsstaat der Erde mit diesen Ländern eine immer intensivere Gestaltung angenommen haben, und endlich die mächtige Vergrößerung der amerikanischen Handelsflotte. So haben wirtschafts-geographische Faktoren von allergrößter Bedeutung zur Hebung des Verkehrs dieser Route zusammengewirkt.

6. Der Schiffahrtsweg Vereinigte Staaten-Südamerika-Westafrika.

Diese Schiffahrtsstraße erstreckt sich zwischen den amerikanischen Häfen der Atlantikküste und dem Südatlantik, in dessen Bereich sie sich nach den südamerikanischen Häfen der Ostküste und nach den west-, süd- und ostafrikanischen Plätzen verzweigt. Vor dem Kriege hat sich auch noch der Verkehr der Vereinigten Staaten mit den südamerikanischen Staaten der Westküste auf dieser Route abgewickelt, bis derselbe nach der Fertigstellung des Panama-Kanals auf die Route Nordamerika-Westindien abgewandert ist.

Die Verkehrsentwicklung dieses Schiffahrtsweges ist besonders von Interesse durch die Bemühungen der neuentstandenen amerikanischen Handelsflotte, den Verkehr der Route nach Kriegsende durch direkt gewaltsames Vorgehen zu vergrößern, um dadurch ihren mächtigen Schiffsbestand ausreichend beschäftigen zu können, und darüber hinaus sogar den Schiffsverkehr der europäisch-südamerikanischen Route auf die nordamerikanische Verbindung herüberzuziehen. Der Verlauf dieses Schiffahrtskampfes, der die erbittertsten Ratenkämpfe auf dem Frachtenmarkt der Südamerika-Fahrt hervorgerufen hat[1], möge auf Grund der Tabelle 64 betrachtet werden.

Tabelle 64:
Die Entwicklung des Schiffsverkehrs auf der Route Vereinigte Staaten-Südamerika/Westafrika in der Zeit von 1913 bis 1923.
Zusammengestellt nach der amerikanischen Verkehrsstatistik (109).
(Angaben in 1000 Tonnen Netto.)

Nationalität der Schiffe	1913	1919	1920	1923
Nach den Ver. Staaten				
Amerikanische	127	628	1011	743
Britische	?	539	838	1003
Norwegische	?	208	116	113
Japanische	?	8	67	43
Übrige	?	191	228	77
Total:	3032	1574	2260	1979
Von den Ver. Staaten				
Amerikanische	118	1093	1484	733
Britische	?	753	1028	925
Norwegische	?	313	204	127
Japanische	?	18	97	35
Übrige	?	262	488	167
Total:	2470	2439	3301	1987

Bei der Beurteilung der Verkehrsentwicklung dieser Schiffahrtsstraße muß berücksichtigt werden, daß in den Zahlen für das Jahr 1913 auch der Verkehr nach der Westküste Südamerikas enthalten ist, und außerdem, daß der Schiffsverkehr der Route Nordwesteuropa-Südamerika nach dem Kriege tatsächlich zurückgegangen ist (21, 127 und 128). Trotzdem kann die Entwicklung der jährlichen Schiffstonnage der nord-südatlantischen Schiffahrtsverbindung nicht als günstig bezeichnet werden. Lediglich in der Südwärts-Fahrt hat die Frequenz des Jahres 1920 den Vorkriegswert einmal überschritten. Die näheren Ursachen der Verkehrsveränderungen sind nicht zu ermitteln, doch sind sie in jedem Falle rein wirtschaftlicher Natur. Aus einem Vergleich der Tabelle 64 mit den vorhergehenden Tabellen 58, 60 und 61 läßt sich deutlich ersehen, daß die von den Vereinigten Staaten erstrebte Suprematie im Außenhandel der südamerikanischen Staaten unter gleichzeitiger Zurückdrängung der Schiffahrt der europäischen Länder auch hier in keiner Weise erreicht worden ist. Der Schiffsverkehr Großbritanniens, Frankreichs

---

[1] Vgl. Archivalien des Kieler Instituts, Mappe 500 v 13.

und Deutschlands mit Südamerika ist fast durchweg in der Zeit von 1920 bis 1923 gestiegen, während der amerikanische Verkehr nach Tabelle 64 in der gleichen Zeit sogar nicht unerheblich zurückgegangen ist.

7. Der Schiffahrtsweg Vereinigte Staaten-Mittelmeer.

Dieser Schiffahrtsweg verbindet die nordamerikanischen Atlantikhäfen mit den Mittelmeerländern, also mit den südlichen Häfen Spaniens und Frankreichs, mit Italien, dem Balkan, dem Schwarzen Meer, Kleinasien, Westasien, Ägypten und dem übrigen Nordafrika, und vor dem Kriege, da der Panama-Kanal noch nicht eröffnet gewesen ist, auch mit den Randgebieten des Indischen Ozeans, soweit der Schiffsverkehr mit diesen Ländern nicht den Weg um das Kap der guten Hoffnung eingeschlagen hat. Der Verkehr der Vereinigten Staaten mit Ostasien ist im Jahre 1913 jedoch überwiegend über die amerikanischen Pazifikhäfen geleitet worden, da der Seeweg über den Stillen Ozean ganz bedeutend näher gewesen ist, als die Mittelmeer-Route.

Den Hauptanteil an dem Schiffsverkehr dieser Route nimmt die Verbindung der amerikanischen Häfen mit den bedeutenden europäischen Mittelmeerhäfen Marseille, Genua und Triest ein. Daneben ist auch noch der Verkehr der Vereinigten Staaten mit Ägypten von größerem Umfange gewesen (109). Die Entwicklung der jährlichen Schiffsbewegungen auf der amerikanischen Nordatlantik-Mittelmeer-Verbindung geht aus der Tabelle 65 hervor.

Tabelle 65:
Die Entwicklung des Schiffsverkehrs auf der Route Vereinigte Staaten-Mittelmeer in der Zeit von 1913 bis 1923.
Zusammengestellt nach der amerikanischen Verkehrsstatistik (109).
(Angaben in 1000 Tonnen Netto.)

Nationalität der Schiffe	1913	1919	1920	1923
A. Westwärtsverkehr				
Amerikanische	11	848	1336	542
Britische	?	755	772	463
Italienische	?	1126	1014	1226
Französische	?	114	258	319
Übrige	?	604	783	567
Total:	3213	3447	4163	3117
B. Ostwärtsverkehr				
Amerikanische	17	1179	1625	538
Britische	?	915	923	633
Italienische	?	1415	1272	1242
Französische	?	112	233	274
Übrige	?	715	785	482
Total:	2500	4336	4838	3169

Die Verkehrsziffern der Tabelle 65 zeigen ganz besonders treffend das rigorose Bestreben der amerikanischen Schiffahrt, in den ersten Nachkriegsjahren sich mit ihrer neugeschaffenen mächtigen Handelsflotte auch hier gewaltsam einzudrängen. Das ganz erhebliche Ansteigen der Verkehrsziffern in den Jahren 1919/20 ist zum weitaus bedeutendsten Teil durch die außergewöhnliche Vermehrung des amerikanischen Schiffsraums in diesem Verkehr verursacht worden, wie Tabelle 65 direkt erkennen läßt. Da sich aber die Einführung eines so enormen Tonnagebestandes niemals in einer so kurzen Zeit erreichen läßt, zumal da die Handelsflagge der Vereinigten Staaten im großen Weltverkehr bisher noch so gut wie gar nicht bekannt gewesen ist, so ist auch der Rückschlag des Verkehrsumfanges der amerikanischen Schiffahrt bis zum Jahre 1923 ganz unvermeidlich gewesen.

Besonders auffallend ist in den Angaben der Tabelle 65 noch der beträchtliche Umfang der auf dieser Route laufenden italienischen Handelstonnage, was darauf schließen läßt, daß die Verkehrsverbindung Italiens mit den Vereinigten Staaten für dieses europäische Land von ganz besonderer Wichtigkeit ist. Sehr wesentlich ist die Höhe der Verkehrsziffern auch durch den umfangreichen Personenverkehr verursacht worden, der zwischen den beiden Ländern aufrechterhalten wird, da derselbe vorzugsweise von den größten Schiffseinheiten bedient wird. Auf jeden Fall zeigt die Tabelle 65, daß der Schiffsverkehr der Nordamerika-Mittelmeer-Route trotz der allerdings nicht allzu erheblichen Verkehrsabziehung durch den Panama-Kanal nach dem Kriege mindestens die gleiche Verkehrsfrequenz aufzuweisen hat, und daß die jährliche Höhe der auf diesem Schiffahrtsweg stattfindenden Schiffsbewegungen einen sehr bedeutenden Wert einnimmt: übertrifft sie doch den Umfang der jährlichen Schiffstonnage in dem Verkehr der Route Nordamerika-Südamerika/Westafrika noch in ganz beträchtlichem Ausmaße.

* * *

Als Endergebnis der vorstehenden Betrachtungen ist festzustellen, daß die Verkehrsleistung der Weltschiffahrt im Überseeverkehr in der Nachkriegszeit gestiegen ist, soweit nur die Netto-Tonnage der jährlichen Schiffsbewegungen in Berücksichtigung gezogen wird. Da jedoch das Ladungsverhältnis, also der Wert Gütermenge/Netto Raumgehalt sich im Weltverkehr fast allgemein gegen die Vorkriegszeit verschlechtert hat, so werden in dem jährlich beförderten Umfang an Gütern in dem Zeitraum von 1913—1923 keine besonders großen Veränderungen aufgetreten sein. Wie bereits betont worden ist, sind jedoch hierüber nur Mutmaßungen auszusprechen, da die amtlichen tabellarischen Nachweise der einzelnen Länder über die im Seeverkehr beförderte Warenmenge gar nicht oder nur uneinheitlich Auskunft erteilen. Dieses auf empirischem Wege gefundene Ergebnis dürfte aber tatsächlich ziemlich zutreffend sein, da es mit der allgemeinen Entwicklung der Weltwirtschaft seit dem Kriege völlig in Übereinstimmung stehen würde. Die Leistungsfähigkeit der europäischen Wirtschaftsstaaten ist durch die Kriegsereignisse nicht unwesentlich zurückgegangen, und auch auf viele außereuropäische Länder hat der Weltkrieg seine verheerenden Folgen übertragen. Als Äquivalent gegen diese rückläufige Entwicklung hat dagegen der Außenhandel der Vereinigten Staaten im atlantischen Verkehrsgebiet einen ganz bedeutenden weiteren Aufschwung genommen. Diese Verschiebungen innerhalb der einzelnen Wirtschaftspole, die geradezu einer Zentrumsverlegung des Weltverkehrsmittelpunktes gleichkommen, werden aus den vorstehenden Tabellen über den Schiffsverkehr der verschiedenen Hauptrouten sehr deutlich ersichtlich. Dies ist ein wirtschaftliches Ereignis von nicht zu übertreffender Bedeutung. Es ist für die Verkehrsentwicklung im Nordatlantik in der Nachkriegszeit entscheidend gewesen und charakterisiert somit diese an den folgenschwersten Ereignissen so überreiche Zeit aufs eindeutigste.

Die absolute Vermehrung des jährlichen Schiffsverkehrs ist naturgemäß zwangsläufig bestimmt durch die außerordentlichen Vergrößerungen des Tonnagebestandes der Weltschiffahrt. Die Verkehrserhöhung steht zu der Ausdehnung der Welthandelsflotte in einem ungefähr direkt proportionalen Verhältnis, wenn von der in den Nachkriegsjahren aufgelegenen Tonnage abgesehen wird. Gleicherweise sind auch die Veränderungen hinsichtlich der Verkehrsbeteiligung der einzelnen Handelsflotten nahezu ausschließlich auf die Verschiebungen der Tonnagebestände derselben zurückzuführen, die im ersten Teil der Arbeit dargelegt worden sind.

So haben Ursachen von allerhöchster Bedeutung und Fülle zusammengewirkt, um den Umfang des Schiffsverkehrs auf den verschiedenen Hauptrouten des Weltverkehrs ohne jede Ausnahme seit dem Kriege ganz außerordentlich zu verändern.

b) Die Veränderungen des Personenverkehrs und ihre Ursachen.

Im Gegensatz zum Güterverkehr ist der Personenverkehr auf dem nordatlantischen Ozean nur auf zweien der sieben großen Schiffahrtswege, die ihn durchkreuzen, von besonderer Bedeutung, nämlich auf den beiden mächtigen Verkehrsstraßen zwischen den Vereinigten Staaten und den europäischen Häfen des Nordwestens und des Mittelmeers. Die Zahl der jährlich auf diesen beiden Routen beförderten Passagiere stellt ein Vielfaches der auf sämtlichen anderen Hauptwegen des Weltverkehrs gefahrenen Reisenden dar. Sie hat im letzten Vorkriegsjahr 1913 den Wert von mehr als 1,3 Millionen allein im Westwärtsverkehr erreicht. Diese gewaltige Entwicklung der Personenbeförderung über den atlantischen Ozean ist durch die technische Vervollkommnung des modernen Schiffsmaterials im Laufe des 20. Jahrhunderts hervorgerufen worden. Seit der Erschaffung der riesigen Passagierschiffe, die dem Reisenden jeden nur denkbaren Komfort gewähren, hat sich der Nordatlantik vor allen anderen Weltmeeren im überseeischen Personenverkehr aus einem völkertrennenden Element zu einem hervorragenden, die einzelnen Nationen der beiden Kontinente Europa und Amerika verbindenden Mittel umgewandelt.

Die Tabelle 66 (S. 178/9) zeigt die Entwicklung des Passagierverkehrs seit dem Kriege auf der transatlantischen Route in seinen Einzelheiten.

Diese Tabelle kennzeichnet sehr treffend die Veränderungen der Wege des Auswandererverkehrs von Europa nach den Vereinigten Staaten. Vor dem Kriege sind die Emigrantenverschiffungen über die Mittelmeerhäfen außerordentlich umfangreich gewesen; sie haben in dem Jahre 1913 an Zahl den Auswandererverkehr aller übrigen europäischen Staaten weit übertroffen. Neben der Mittelmeer-Route ist vor dem Weltkrieg noch der Zwischendecksverkehr über die deutschen Haupthäfen von großer Bedeutung gewesen, während Großbritannien für diesen Verkehrszweig zu abgelegen ist, um mit den deutschen Häfen konkurrieren zu können. Der nach Beendigung des Weltkrieges wiedereinsetzende Auswandererverkehr zeigt ungefähr die gleiche Verteilung auf die einzelnen Länder, wie vor dem Kriege; nur ist der Verkehr über die deutschen Häfen gänzlich zurückgefallen, da die deutsche Schiffahrt in dieser Zeit ihren Schiffsbestand durch die Versailler Vertragsbestimmungen vollkommen verloren hat. Bis 1923 hat sich das Verkehrsbild dann wieder in der Weise geändert, daß die Auswanderung über die Mittelmeerhäfen, sowie auch über die französischen, holländischen und belgischen Häfen auffallend stark zurückgegangen ist, während der deutsche Auswandererverkehr sich wieder ganz erheblich erholt hat. Außerdem zeigt die Tabelle 66, daß die Verkehrsverbindung zwischen Deutschland und den amerikanischen Häfen im Jahre 1923 sogar die größte Personenzahl unter allen Schiffahrtsrouten des transatlantischen Personenverkehrs aufweisen konnte. Diese Tatsache ist ein sehr bemerkenswerter Erfolg der deutschen Schiffahrtsgesellschaften in der Nachkriegszeit gewesen.

Die Ursache des allgemeinen Rückgangs des Auswandererverkehrs beruht auf der umfangreichen Einwanderungsbeschränkung des amerikanischen Staates auf Grund der „Immigration Bill" vom 19. Mai 1921, während der Umstand, daß die Auswandererzahl im Jahre 1920 ebenfalls weit unter dem Vorkriegswert steht, noch auf die Auswirkungen des Weltkrieges zurückzuführen ist, denn der gesamte Überseeverkehr von den europäischen Staaten, und damit also auch der Auswandererverkehr, hat sich nach Beendigung desselben erst allmählich wieder entwickeln und aufbauen können.

Der Kajütenverkehr der Route hat nach dem Kriege gleichfalls nicht die Vorkriegshöhe wieder erreichen können. 383 000 Reisenden im Jahre 1913 stehen nach einer stetigen Steigerung in der Nachkriegszeit im Jahre 1923 nur 299 000 Personen gegenüber. Von diesem Rückgang sind ziemlich gleichmäßig alle europäischen Länder betroffen worden. Im wesentlichen ist derselbe naturgemäß von den Kriegsfolgen, unter denen alle Staaten Europas mehr oder weniger stark zu leiden gehabt haben, und den daraus entspringenden ungünstigen Wirtschaftsverhältnissen verursacht worden, denn dadurch sind sowohl der geschäftliche Reiseverkehr, wie auch die Vergnügungsreisen über den Nordatlantik ganz erheblich beeinflußt worden. Die Entwicklungstendenz dieses Verkehrszweiges ist jedoch in der Nachkriegszeit wieder in regelmäßigem Aufstieg begriffen, und es ist als sicher anzunehmen, daß in kürzerer Zeit die jährliche Verkehrsfrequenz der Kabinenreisenden wieder den Vorkriegsumfang einnehmen wird.

Die hervorragende Stellung der nördlichen Transatlantik-Route im Personenverkehr beruht auf ihren besonders vorteilhaften verkehrsgeographischen Grundlagen. Europa und die Vereinigten Staaten sind die beiden führenden Wirtschaftszentren der Erde und die Länder mit der fortschrittlichsten, zivilisiertesten Bevölkerung, so daß sich zwischen diesen beiden Polen ein ganz ungeheurer Verkehr an Geschäfts- und Vergnügungsreisenden entwickeln mußte. Bei der einzigartigen Prosperität des amerikanischen Wirtschaftslebens und der enormen Flächenausdehnung der Vereinigten Staaten konnte dieses reiche Land zudem bis in die Kriegsjahre hinein den mächtigen Zustrom der Arbeit und eine neue Existenz suchenden Menschen aufnehmen, die das über-

Tabelle 66:

Die Entwicklung des Personenverkehrs zwischen Europa und New York nach den Berichten des amerikanischen Einwanderungsagenten W. C. Moore von Ellis Island in der Zeit von 1913—1923. (Die Angaben verstehen sich nach der Anzahl der beförd. Personen.)

Die einzelnen Linien des Personenverkehrs	1913 I. Kl.	1913 II. Kl.	1913 III. Kl.	1920 I. Kl.	1920 II. Kl.	1920 III. Kl.	1921 I. Kl.	1921 II. Kl.	1921 III. Kl.	1922 I. Kl.	1922 II. Kl.	1922 III. Kl.	1923 I. Kl.	1923 II. Kl.	1923 III. Kl.
A. England-New York															
Cunard Line (Southampton)	12994	17127	—	10360	12223	21381	13388	15289	23930	15666	14433	17573	16530	15223	17607
" " (Liverpool)	—	—	47300	5627	5574	21993	3446	9994	16201	2494	6943	6623	2314	7131	6601
" " (London)	—	—	—	421	2491	5486	—	2182	2550	—	192	210	—	2246	668
White Star L. (Southampton)	7770	10262	23015	8306	9587	18306	10768	10161	10302	15746	11975	8451	16313	13818	12861
U. "States" " " (Liverpool)	6237	13114	29145	4788	7972	21975	4273	10333	18858	5615	11538	11936	4439	11990	9998
" " " (South.)	—	—	—	—	—	—	—	—	—	—	—	—	3923	3156	5303
" " " (London)	533	464	1956	607	1160	4040	338	—	107	148	3357	1814	486	4455	2222
Atl. Transport Line (London)	2865	13971	16184	1714	4664	5367	12	—	8	33	—	2	—	—	16
Anchor Line (Glasgow)	—	—	—	—	—	—	829	10592	6890	456	9618	6203	575	11473	8746
U. St. Mail St. Co. (London)	—	—	—	—	—	—	570	15	55	—	—	—	—	—	—
American Lines (South.)	2013	6659	17996	9701	—	8493	—	—	—	—	—	—	—	—	—
B. Deutschland-New York															
Hamb. Amerika Linie (Hamb.)	13308	26827	122802	—	—	—	111	—	2517	1052	337	9414	622	5566	19436
Nordd. Lloyd (Bremen)	16268	28341	131084	—	—	—	—	3436	—	—	4918	5818	673	15701	19873
U. States Lines (Bremen)	—	—	—	—	—	—	2071	—	5053	6464	9839	15876	4624	10916	21349
U. American Lines (Hamb.)	—	—	—	—	—	—	20	550	10586	3339	4385	15289	3005	7173	15113
American Lines (Hamburg)	—	—	—	2405	—	10717	1142	2043	5038	1604	3583	4724	—	4913	9009
R. Mail St. P. Co. (Hamburg)	—	—	—	—	—	—	1486	—	1548	—	5209	4412	941	7923	5971
White Star Line (Hamburg)	—	—	—	—	—	—	—	—	—	—	—	—	—	570	760
Cunard Line (Hamburg)	—	—	—	—	—	—	—	—	—	873	3510	2885	1005	3076	4905
White Star Line (Bremen)	—	—	—	—	—	—	—	—	—	—	290	130	—	3535	1574
C. Frankreich-New York															
French Line (Le Havre)	5248	20987	65013	10067	21207	59270	8833	20291	19377	6603	15649	8255	6793	15340	8147
Cunard Line (Le Havre)	3864	—	235	—	—	—	—	—	—	—	—	—	—	—	—
D. Holland-New York															
Holl. Amerika Lijn (Rott.)	5325	15225	49197	7514	10122	34122	6982	11830	18163	4242	8396	5661	4808	9925	6615
Uranium St. Co. (Rotterdam)	54	702	10381	—	—	—	—	—	—	—	—	—	—	—	—

	3074	16625	70054	5188	9597	23074	4026	9445	26641	2752	7804	10012	2367	6701	9283
F. Belgien-New York															
Red Star Line (Antwerpen)															
F. Norwegen/Osts.-N.York															
Schwedische Am.L. (Gothenb.)	247	—	—	870	2800	7990	981	2694	9239	2265	1673	8882	366	10258	17262
Norw. Amerika Linie (Oslo)	—	1117	2521	943	3475	9114	591	3151	7283	413	3340	7558	368	5533	11789
Balt. Am. L. (Libau/Danzig)	—	—	—	—	—	2783	64	653	4813	155	3117	7939	150	3406	6421
Red Star Line (Danzig)	—	—	—	385	—	2566	—	—	1393	—	—	1044	—	—	606
U. St. Mail St. Co. (Danzig)	—	—	—	204	222	4390	695	1394	3328	—	—	—	—	—	—
Pol. Am. Navig. Co. (Danzig)	—	—	—	—	—	—	79	—	1492	—	—	—	—	—	—
Balt. St. Corp. (Danzig)	—	—	—	—	—	—	176	—	1080	—	—	—	—	—	—
Russ. Amerika Linie (Libau)	291	5175	23171	—	—	—	—	—	—	—	—	—	—	—	—
Skand. Am. Linie (Kopenh.)	1118	4278	13959	1433	3780	10825	914	5082	9228	431	4522	7958	366	6607	11027
G. Mittelmeer-New York															
Lloyd Sabaudo (Triest)	1268	—	19764	876	1562	18666	146	1609	14580	866	2274	6365	1585	5007	14138
Navig. Generale Ital. (Genua)	382	2486	29826	1108	4292	40672	707	2514	20341	1169	5373	19609	1237	6743	19000
Transatlantica Italiana	—	—	—	750	3458	25732	678	3263	16456	531	2422	5574	598	2970	8197
Fabre Linie	1038	3208	36762	2352	3643	37354	2086	4347	16921	1170	2553	4377	1027	2915	8253
Cosulich Linie (Triest)	—	—	—	790	3738	20579	399	4064	15800	326	2563	4705	434	2015	4730
Nat. St. Navig. Co. (Griechenl.)	196	561	2572	665	3958	17374	1218	5058	10886	814	4319	3711	413	3221	5644
White Star Line	582	1503	6471	—	—	—	184	256	3004	596	468	328	313	297	1019
Red Star Line	—	—	—	—	—	602	—	—	—	—	—	—	—	—	—
U. St. Shipping Board	144	—	15419	101	—	6088	184	100	4568	460	84	774	367	—	722
Andor Line	533	464	1956	607	1160	4040	284	553	588	233	350	67	91	224	342
Comp. Transatlantique	2089	7342	37227	—	810	7904	56	838	3228	296	47	207	67	—	132
Cunard Line	104	1763	21011	—	202	4390	—	213	1957	—	202	1549	—	—	—
La Veloce	82	1163	27657	—	—	—	164	1573	5403	42	834	2012	—	—	—
Sicula Americana	—	—	—	41	417	986	—	330	9131	—	—	—	—	—	—
Transoceanica S. S. Co.	1460	4809	16028	—	—	—	—	—	—	—	—	—	—	—	—
Hamburg Amerika Linie	2080	6789	33452	—	—	—	—	—	—	—	—	—	—	—	—
Norddeutscher Lloyd	2902	10478	56647	—	—	—	—	—	—	—	—	—	—	—	—
Übrige Vorkriegslinien	—	—	—	—	—	—	—	—	—	—	—	—	—	—	—
H. Übrige Linien	58447	8897	26558	8070	1812	21161	2956	1697	4132	4702	2491	5745	8842	4534	9831
Total:	152446	230437	955363	80893	119926	477443	70897	145950	322664	81656	158508	222194	84834	214561	306259

179

völkerte Europa nicht mehr zu ernähren vermocht hat, bis schließlich in den jüngst vergangenen Jahren ein gewisser Ausgleich zwischen Arbeitsmöglichkeit und Arbeitsuchenden auch in den Vereinigten Staaten annähernd erreicht zu sein scheint. Hierauf ist auch die Einwanderungsbeschränkung zurückzuführen, die diesen unaufhörlichen Menschenzustrom in die Union auf ein Maß zurückgedrängt hat, das die Arbeitsverhältnisse des Landes nicht mehr nennenswert zu beeinträchtigen vermag. Gerade auf diesen allmählich immer schwierigeren Lebensverhältnissen in den Vereinigten Staaten beruht auch nicht zum wenigsten die umfangreiche Rückwanderung nach Europa, die in der Nachkriegszeit ungleich bedeutender gewesen ist, als in den Jahren vor dem Weltkrieg. Verstärkt wird diese Bewegung noch dadurch, daß ein ganz erheblicher Teil der früher einmal in die Staaten Eingewanderten ihrem angeborenen Heimatgefühl folgend später wieder nach Europa zurückkehren, sobald ihre Verhältnisse dies gestatten. Einen weiteren Antrieb zu dieser ungeheuren Entfaltung des heutigen Personenverkehrs zwischen den Vereinigten Staaten und Europa über den Nordatlantik endlich hat die Schiffahrt selber hervorgerufen durch die Indienststellung der modernen Einklassenschiffe, welche die Überfahrt in sauberen, bequem eingerichteten Dampfern zu billigem Preise gestatten und namentlich den Mittelstand der europäischen Länder wie auch der Vereinigten Staaten in immer umfangreicherem Maße zu Vergnügungsfahrten veranlassen. Die ganze großartige Entwicklung des Personenverkehrs ist jedoch nur dadurch möglich gewesen, daß die geographischen Grundbedingungen für eine derartige Entfaltung des Verkehrs so hervorragend günstig sind; die verhältnismäßig kurze Strecke der Entfernung zwischen den beiden Verkehrsgebieten ist ja nicht nur für die Entwicklung des heutigen Personenverkehrs von so hervorragender Bedeutung gewesen, sondern dieselbe ist direkt mitbestimmend gewesen für die Besiedlung und die Entstehungsgeschichte der amerikanischen Union überhaupt.

Schlussbetrachtung.

Wie die ganzen Betrachtungen zu einer zusammenfassenden, einheitlichen Übersicht bringen wollen, ist das Jahrzehnt von 1913—1923, wie allgemein überhaupt für das kulturelle Leben der Völker der großen europäischen und nordamerikanischen Wirtschaftsgebiete, so auch im besonderen für ihre politischen und wirtschaftlichen Beziehungen untereinander von ganz ungewöhnlichem und tiefgreifendstem Einfluß gewesen. Die anormale Entwicklung von Weltwirtschaft und Weltverkehr, und in ganz besonderem Maße des nordatlantischen Seeverkehrs, hat sich in dieser Zeit, wie gezeigt werden konnte, unter dem Zwang der äußeren Ereignisse in einer Verschiebung der Verkehrsverhältnisse von geradezu gigantischen Ausmaßen ausgewirkt. Das Verkehrsbild des Nordatlantik hat seit Ausbruch des Krieges ganz ungeheure Veränderungen gezeigt und die verschiedenartigsten Wandlungen durchlaufen müssen. Diese Entwicklung ist in der nachfolgenden Übersicht noch einmal kurz zusammengefaßt worden.

Der Tonnagebestand der Welthandelsflotte hat sich in der Zeit von 1913 bis 1923 um annähernd 50 % vergrößert und die Bautätigkit der Weltschifffahrt ist in dieser Zeit so enorm gewesen, daß die Neubauten dieser Jahre den Umfang des Gesamtbestandes der Welthandelstonnage im Jahre 1913 zu fast 90 % erreicht haben. Diese Erhöhung hat sich in vollstem Umfange auf den nordatlantischen Verkehr ausgewirkt. Das Anteilsverhältnis der einzelnen Länder an der Welthandelsflotte hat in diesem Zeitraum ganz ungewöhnliche Veränderungen erfahren; die deutsche Handelsflotte hat vorübergehend überhaupt fast völlig zu bestehen aufgehört, während zu gleicher Zeit die Vereinigten Staaten eine Riesenflotte ganz neu erschaffen haben. Der Anteil der britischen Handelstonnage am Weltschiffsraum aber ist von ca. 45 % auf 30 % zurückgegangen. Damit hat sich auch die Verteilung der verschiedenen Flaggen im nordatlantischen Schiffsverkehr grundlegend geändert. Das Anteilsverhältnis der einzelnen Schiffsarten an der Gesamttonnage hat sich ebenfalls in weitestem Maße verschoben. In den Motorschiffen hat sich ein ganz neuer Schiffstyp herausgebildet, der, wie die Neubautenentwicklung in der Weltschiffahrt erkennen läßt, den Dampfschiffen nach einer Entwicklungszeit von nur einigen Jahren ein mindestens ebenbürtiger Konkurrent geworden ist; andererseits ist die Segelschiffstonnage in den Jahren von 1913 bis 1923 und wohl auch weiterhin in regelmäßigem, unaufhaltsamem Rückgang begriffen. Auch diese Entwicklung bezieht sich in hervorragendem Maße auf den Nordatlantik selber. Hier ist noch eine besonders bemerkenswerte Erscheinung die ganz bedeutende Ausbreitung der Spezialschiffstypen, die in der Nachkriegszeit bereits einen erheblichen Prozentsatz des Schiffsraums der Welthandelsflotte eingenommen haben.

Das Verhältnis des nordatlantischen Tramp- und Linienschiffahrtsbetriebes ist infolge der kritischen wirtschaftlichen Verhältnisse ganz auffallend zugunsten der Linienschiffahrt umgeschlagen; außerdem hat sich seit dem Kriege in mehreren Handelsflotten die im modernen Seeverkehr völlig neue Betriebsart der Regierungsschiffahrt herausgebildet, die besonders in den Vereinigten Staaten eine ganz ungewöhnliche Ausdehnung angenommen hat.

Auch innerhalb der großen Schiffahrtsgesellschaften in den Randstaaten des Nordatlantik sind in dem Umfang ihres Tonnagebestandes die größten Umwälzungen eingetreten. —

Der Verkehr auf den großen Schiffahrtswegen des Nordatlantik ist durch die Eröffnung des Panama-Kanals in entscheidender Weise beeinflußt worden; teilweise ist der Schiffsverkehr hierdurch in ganz neue Bahnen gelenkt, teils ist die Verkehrsfrequenz einzelner Hauptrouten erheblich durch ihn verändert worden.

Auf Grund dieser Veränderungen in der Weltschiffahrt und dem nordatlantischen Seeverkehr, sowie der Verschiebung des wirtschaftlichen Schwergewichts von den großen Industriestaaten Nordwesteuropas nach den Vereinigten Staaten, welche eine direkte Auswirkung des Weltkrieges gewesen ist, hat sich die Verkehrsentwicklung der einzelnen großen Häfen im Verkehrsgebiet des Nordatlantik in der Nachkriegszeit in außerordentlich starken Schwankungen bewegt. Dennoch zeigen ungefähr alle Häfen die deutliche Tendenz eines allgemeinen Verkehrsaufschwunges in den letzten Jahren, so daß nahezu sämtliche großen Handelsplätze mehr oder weniger umfangreiche Verbesserungen und Erweiterungen ihrer Hafenanlagen aufgewiesen haben.

Infolge dieser vielseitigen Veränderungen ist endlich der Umfang der jährlichen Schiffswegungen auf den einzelnen nordatlantischen Hauptrouten den verschiedenartigsten Schwankungen unterworfen gewesen, die sich namentlich in der Beteiligung der einzelnen Flaggen an dem Gesamtverkehr der Route ausgewirkt haben, sowie in einer außerordentlichen Erhöhung der Anzahl der Ballastreisen der Schiffe infolge des großen Tonnageüberflusses in der Weltwirtschaft. —

Alle diese Veränderungsursachen können fast durchweg auf die Folgen des Weltkrieges zurückgeführt werden. Die wirtschaftliche Entwicklung in den verschiedenen Ländern, namentlich natürlich der Staaten Europas, und ihre gegenseitigen Wirtschaftsbeziehungen sind noch bis zum Jahre 1923 von den Fernwirkungen des großen Krieges beeinflußt worden, ja selbst die technischen Vervollkommnungen in der Seeschiffahrt durch die hervorragende Durchbildung und Betriebsfähigkeit des Schiffsdieselmotors sind letzten Endes direkt durch den Weltkrieg selber geschaffen worden, denn die Schiffsdieselmaschine hat ihre heutige Bauart und ihre Vollkommenheit erst dadurch erhalten, daß sich die Kriegsindustrie in den Jahren von 1914 bis 1918 mit äußerster Hartnäckigkeit auf die Erschaffung einer den höchsten Anforderungen gewachsenen Antriebsmaschine für die Unterseeboote konzentriert hat.

Aber wenn die Welt sich endlich von der Kriegspychose und von den letzten Ausläufern der Kriegsfolgen ganz freigemacht haben wird, so werden dennoch bei völlig normaler wirtschaftlicher Entwicklung stets wieder die vielseitigsten und bedeutendsten Veränderungen innerhalb der Weltschiffahrt auftreten. Abgesehen von der ewig schwankenden politischen Konstellation der verschiedenen großen Kulturvölker der Erde, ist die Wirtschaft ein viel zu variabler Faktor, als daß die einzelnen Elemente der Schiffahrt über einen längeren Zeitraum auf einem bestimmten Stande beharren könnten, und außerdem wird die moderne Verkehrstechnik bei dem noch gar nicht zu ermessenden Umfang noch zu lösender Probleme auch innerhalb der Schiffahrt in bedeutsamen Maße stets mit weiteren Neuerungen hervortreten, die das Gefüge dieses wichtigsten Verkehrsmittels der Weltwirtschaft immer wieder entscheidend verändern werden. Im Jahre 1925 ist bereits in dem Flettnerschen Windkraftschiff abermals ein neuer Schiffstyp entstanden, auf dessen Zukunft man gespannt sein darf. Von noch größerem Einfluß auf die Entwicklung der Seeschiffahrt kann außerdem in kommenden Zeiten das Luftschiff werden, denn die Atlantiküberquerung des L. Z. 126, der Polflug der Norge im Jahre 1926 und die hervorragenden Leistungen der Flugzeuge in der neuesten Zeit lassen immer mehr mit der Möglichkeit rechnen, daß der Phantasietraum des Luftverkehrs zwischen Europa und Nordamerika, sowie zwischen anderen Erdteilen, in einiger Zeit zur Wirklichkeit wird, und daß dann der Seeschiffahrt, namentlich dem Passagierverkehr, ein überaus ernster Konkurrent erstehen wird. Ist doch im September 1926 bereits die Aufnahme einer regelmäßigen Luftschiffsverbindung zwischen Spanien und Südamerika, und eines Flugzeugdienstes zwischen Europa und Peking so gut wie fest beschlossen worden.

So sind die Veränderungen in der Seeschiffahrt des Nordatlantik also nicht allein eine vorübergehende Kriegserscheinung gewesen. Wie sich die Seeschiffahrt schon seit Jahrzehnten, seit dem Beginn des industriellen Zeitalters fortdauernd in ihren Wesenszügen verändert hat, und auch das Jahrzehnt von 1913—1923 teilweise nur eine Fortsetzung dieser allgemeinen Veränderungsvorgänge ist, so sind dieselben hiermit natürlich in keiner Weise irgendwie bereits abgeschlossen, sondern werden in ununterbrochener Folge weiterlaufen. Nur in der Eigenart der Veränderungen haben jedoch die Nachkriegsjahre 1919—1923 eine absolute Sonderstellung innerhalb der allgemeinen Entwicklung genommen, die der Gegenstand der vorliegenden Betrachtungen gewesen ist.

Literaturverzeichnis.

Das nachstehende Verzeichnis enthält die Quellennachweise der Arbeit, geordnet nach dem Gang und Verlauf der einzelnen Ausführungen, sowie nach der Bedeutung und Eigenart des Materials. Es möge besonders betont werden, daß das Verzeichnis keinen Anspruch macht auf eine vollständige Aufführung der gesamten bisher erschienenen einschlägigen Literatur, sondern daß im vorliegenden Falle bei der besonderen Vielseitigkeit und dem außerordentlichen Umfang des vorhandenen Materials nur auf die wichtigsten Quellen zurückgegriffen ist. In gesonderter Zusammenstellung sind alle bedeutsamen Berichte und Aufsätze der führenden Schiffahrts- und Wirtschaftszeitschriften beigefügt, die entweder in der Arbeit direkt Verwendung gefunden haben, oder auf die in den Ausführungen hingewiesen worden ist. Die aufgeführte Literatur ist durchgehend numeriert worden[1]. — Zu beachten ist noch, daß die einzelnen Schriften nachstehend nicht in alphabetischer Ordnung aufgeführt sind, sondern in der Reihenfolge, wie sie sich aus dem Gedankengang des Textes ergibt.

A. Verkehrsmittel.
a) Allgemeine Literatur.

1. **Statistiken:**
   - Nr. 1. Lloyds Register of Shipping, Annual, London.
   - Nr. 2. Bureau Veritas, Internationale Gesellschaft für Schiffsklassifikation, Paris.
   - Nr. 3. Chamber of Shipping of the United Kingdom, 1923/24 und 1924/25, London, Witherby & Co.
2. **Schiffahrtsjahrbücher:**
   - Nr. 4. Schiffahrtsjahrbuch, jährlich, Hamburg, Seedienst-Verlag.
   - Nr. 5. Nauticus, Jahrbuch für Seeinteressen und Weltwirtschaft, Jahrgang 1923 und 1926 erschienen, Berlin, E. S. Mittler & Sohn.
   - Nr. 6. Ship Compendium and Year Book, London, Compendium Ltd.
3. **Zusammenfassende Werke und Darstellungen:**
   - Nr. 7. K a e g b e i n , A., Schiffahrt und Schiffbau des In- und Auslandes, Hamburg 1913, Verlagsanstalt.
   - Nr. 8. J o h n s o n , E. R., Principles of Ocean Transportation, New York und London 1918, D. Appleton & Co.

---

[1] Die Untergrupppen, in denen die verschiedenen Arten von Quellen zusammengefaßt wurden, haben zum Zwecke leichterer Übersicht stets dieselbe Numerierung erhalten.

Nr. 9. Hennig, R., Der neue Weltverkehr, Berlin 1920, Sigismund (Die neue Welt, Heft 22).
Nr. 10. Blum, O., Der Weltverkehr und seine Technik, Stuttgart 1921, Deutsche Verlagsanstalt.
Nr. 11. Cuno, W., Die Lage der Seeschiffahrt, im „Schiffahrtsjahrbuch" 1926 (s. Nr. 4).
Nr. 12. Tuckermann, W., Änderungen der Weltwirtschaft seit 1913, Leipzig 1925, B. G. Teubner.
Nr. 13. Ackeret, I., Das Rotorschiff und seine physikalischen Grundlagen, Göttingen 1925, Vandenhoeck & Ruprecht.
Nr. 14. Laudahn, W., Die Schiffsölmaschine vor und nach dem Weltkriege, in „Nauticus" 1923, S. 150 ff. (s. Nr. 5).
Nr. 15. Dto., Die neuere Entwicklung der Schiffsdampf- und Ölmaschine, in „Nauticus" 1926, S. 284 ff. (s. Nr. 5).
Nr. 16. Mautner, W., Die großen Erdölgruppen und die Entwicklung der Motorschiffahrt, im „Schiffahrtsjahrbuch" 1926, S. 118 ff. (s. Nr. 4).
Nr. 17. Schott, G., Geographie des Atlantischen Ozeans, 2 Aufl. 1926, Hamburg, C. Boysen.
Nr. 18. Reinhard, R., Weltwirtschaftliche und politische Erdkunde, Breslau 1919, F. Hirt.
Nr. 19. Hassert, K., Allgemeine Verkehrsgeographie, Leipzig 1913, Göschen.

4. **Karten:**
S. Nr. 6, ferner
Nr. 20. Schweer, Weltkarte der Kohlen- und Ölbunkerstationen, nebst den Kohle- und Petroleumfeldern, Hamburg 1923, Friederichsen.

5. **Zeitschriftenaufsätze und Archivalien:**
a) „Hansa", Deutsche nautische Zeitschrift:
Jahrg. 1922 Nr. 22. Bedeutung technischer Wirtschaftlichkeit für die Seeschiffahrt in englischer Auffassung.
Nr. 29. Entwicklung der Ölschiffahrt.
Jahrg. 1924 Nr. 4. Verbesserungen des Schiffsantriebes.
Nr. 9. Unwirtschaftliche Dampfertonnage.
Nr. 36. Wirtschaftliche Lage der Seeschiffahrt.
Nr. 41. Der Übergang zur Motorschiffahrt mit seinen wirtschaftlichen Folgen.
Nr. 39. Schiffahrts-Subventionspolitik.
Nr. 50. Schiffsantriebsfragen auf der Londoner Weltkraftkonferenz.
Jahrg. 1925 Nr. 2. Krisis der Weltschiffahrt und ihre Folgen.
Nr. 6. Vergrößerung des Schiffsraums für den volkswirtschaftlichen Bedarf.
Nr. 12. Vom Segelschiff über den Motorsegler zum Motorschiff.
Nr. 37. Weltpolitik oder Kontinentalpolitik in der Seeschiffahrt.

Nr. 38 u. 41. Die Depression in der Weltschiffahrt, ihre Ursachen und Vorschläge zu ihrer Beseitigung.
Nr. 42. Die Bedeutung des Motors für die Schiffahrt.

β) Technik und Wirtschaft:
Jahrg. 1920 S. 564. Hennig, R., Neugestaltung der Weltwirtschaft nach dem Kriege.
Jahrg. 1921 S. 178. Beziehungen zwischen Schiffbau, Schiffsgröße und Frachtenmarkt.
S. 48. Heutige weltwirtschaftliche Bedeutung der Schiffahrt.
Jahrg. 1922 S. 212. Hennig, R., Die Weltölschiffahrt und ihre Zukunftsaussichten.

γ) Weltwirtschaftliches Archiv, herausgegeben vom Institut für Weltwirtschaft und Seeverkehr, Kiel:
Jahrg. 1925 S. 308. Dehning, E., Das Rotorschiff.

δ) Wirtschaftsdienst:
Jahrg. 1924 Nr. 34. Seeschiffahrt und Subventionen.
Jahrg. 1925 Nr. 16. Die aufgelegte Welthandelstonnage bis zum 1. Januar 1925.

ε) Weltwirtschaft:
Jahrg. 1925 S. 45. Hennig, R., Der Aufschwung der Ölschiffahrt in Gegenwart und Zukunft.

ζ) Werft, Reederei, Hafen:
Jahrg. 1921 Heft 2. Bode, A., Schiffahrtskrisen.
Heft 5. Dto., Entwicklung von Weltschiffbau und Welthandelsflotte.
Jahrg. 1924 Heft 12. Motorschiffahrt und Motoren.

b) Regionale Literatur.

aa) Deutschland.
1. Statistiken:
Nr. 21. Statistik des Deutschen Reiches, jährlich, Berlin.
2. Schiffahrtsjahrbücher:
Nr. 22. Jahrbuch des Norddeutschen Lloyds, Berlin, Weltreise-Verlag.
3. Zusammenfassende Werke und Darstellungen:
Nr. 23. Cuno, W., Friedensvertrag und deutsche Schiffahrt, Vortrag im Rahmen der Hamburger Universität, gehalten am 12. März 1920.
Nr. 24. Huth, W., Deutschlands Schiffbau und seine Zukunft, Darmstadt 1921, Malcomes.
5. Zeitschriftenaufsätze und Archivalien:
a) „Hansa", Deutsche nautische Zeitschrift:
Jahrg. 1925 Nr. 26. Die deutsche Schiffahrt und die neue Wirtschaftskrise.

β) **Technik und Wirtschaft:**
Jahrg. 1921 S. 253. F e n c h e l , L., Wiederaufbau der deutschen Handelsflotte.

δ) **Wirtschaftsdienst:**
Jahrg. 1924 Nr. 16. Kriegsverluste der Weltschiffahrt und Verteilung des abgelieferten deutschen Schiffsraums.

ζ) **Werft, Reederei, Hafen:**
Jahrg. 1921 Heft 13. B o d e , A., Entwicklungsrichtungen in der deutschen Seeschiffahrt.

bb) **Großbritannien.**
3. **Zusammenfassende Werke und Darstellungen:**
Nr. 25. K i r k a l d y , A. W., British Shipping, London 1914, Kegan, Trench, Trübner & Co. Ltd.
Nr. 26. J o n e s , C., British Merchant Shipping, London 1922, Arnold & Co.
Nr. 27. H u r d , A., The Merchant Navy, London, Teil I 1921, Teil II 1924, John Murray.
Nr. 28. C h a t t e r t o n , E. K., The Mercantile Marine, London 1923, W. Heinemann Ltd.
Nr. 29. C o m f o r d , L. C., A Century of Seatrading 1824—1924, London 1924.
Nr. 30. R o b e r t s o n , D. H., Shipping and Shipbuilding, London & Cambridge 1923, Econ. Service, London.
Nr. 31. London Stationary Office, Merchant Tonnage and Submarine, London 1918, Stationary Office.

cc) **Vereinigte Staaten.**
1. **Statistiken:**
N. 32. Annual Report of the Commissioner of Navigation to the Secretary of Commerce, Washington, Government Printing Office.
Nr. 33. Annual Report of the United States Shipping Board, Government Printing Office.
3. **Zusammenfassende Werke und Darstellungen:**
Nr. 34. House of Representatives, Ocean Shipping, Washington 1917, 64. Congress, Document no. 2112.
Nr. 35. H u l d e r m a n n , B., Amerikanische Seeschiffahrt, Hamburg 1920, Jahrbuch der Hafenbautechnischen Gesellschaft, 3. Band, 1920, S. 47/57.
Nr. 36. L a u r i t z e n , G., Amerikas Streben nach neuer Seegeltung, Dissert. Hamburg 1925.
Nr. 37. v. T w a r d o w s k i , F., Das amerikanische Schiffahrtsproblem, Berlin und Leipzig 1922, Vereinigung wissenschaftlicher Verleger. (Sozialwissenschaftliche Forschungen Abt. 4, Heft 1.)
Nr. 38. R i n g , W., American Maritime Policy, New York 1920.
Nr. 39. S p e a r s , Story of the American Merchant Marine, New York 1915, Macmillan.

Nr. 40. Curtiss, R. H., Account of the Rise of Navigation, Washington 1920, Government Printing Office.
Nr. 41. America's Merchant Marine, New York 1920, Bankers Trust Co.

5. Zeitschriftenaufsätze und Archivalien:
α) „Hansa", Deutsche nautische Zeitschrift:
Jahrg. 1922 Nr. 29. v. Twardowski, F., Schiffahrtspolitik in den Vereinigten Staaten.
Jahrg. 1923 Nr. 20. Was wird aus der amerikanischen Handelsflotte?

δ) Wirtschaftsdienst:
Jahrg. 1919 Nr. 29. Möglichkeit einer Monroe-Schiffahrtsdoktrin in den Ver. Staaten.

ζ) Werft, Reederei, Hafen:
Jahrg. 1920 Heft 12. Bode, A., Stellung der Handelsflotte der Ver. Staaten im amerikanischen Außenhandel.

η) Nautical Gazette:
Jahrg. 1923 Vom 22.12. Warum die amerikanischen Schiffsbaukosten so hoch sind.

dd) Frankreich.
3. Zusammenfassende Werke und Darstellungen:
Nr. 42. Cloarec, P., La renaissance de notre Marine marchande, Paris 1919, Delagrave.
Nr. 43. Hérubel, M. A., La marine marchande, Paris 1917.
Nr. 44. Guckenmusz, F., Unterstützung der französischen Handelsmarine durch Prämien, Hamburg 1914.

ee) Übrige Länder.
3. Zusammenfassende Werke und Darstellungen:
Nr. 45. Amtliche Ausgabe, la marina italiana mercantile 1918—1920, Genua 1920, Selbstverlag.
Nr. 46. Asbrink, G., Sveriges Sjofart, Stockholm 1921, Tullberg.

5. Zeitschriftenaufsätze und Archivalien:
α) „Hansa", Deutsche nautische Zeitschrift:
Jahrg. 1922 Nr. 26. Die ehemalige österreichische Handelsflotte nach dem Weltkrieg.

β) Wirtschaftsdienst:
Jahrg. 1919 Nr. 9. Schiffahrt und Schiffbau in Japan.

γ) Werft, Reederei, Hafen:
Jahrg. 1921 Heft 6. Pochlamm, W., Die japanische Seeschiffahrt im Weltkrieg.

B. Betriebsarten der Seeschiffahrt.

a) Allgemeine Literatur.

1. u. 2. **Statistiken und Schiffahrtsjahrbücher:**
   S. Nr. 4, 5, 22, 45, 46.

3. **Zusammenfassende Werke und Darstellungen:**
   S. Nr. 7, 8, 11, 12, 23, 27, 28, ferner:
   Nr. 47. H o u g h , B. O., Ocean Traffic and Trade, London 1914, Allan & Unwin.
   Nr. 48. O w e n , D., Ocean Trade and Shipping, Cambridge 1914, Cambr. Naval and Cambr. University Press, Military Series.
   Nr. 49. M u r k e n , E., Die großen transatlantischen Linienreedereiverbände. Jena 1922, Fischer.
   Nr. 50. G r o ß , J., Konferenzsystem in der Linienschiffahrt, im „Schiffahrtsjahrbuch" 1926, S. 159 ff. (s. Nr. 4).

5. **Zeitschriftenaufsätze und Archivalien:**

   α) „H a n s a ", n a u t i s c h e Z e i t s c h r i f t :
   Jahrg. 1922 Nr. 4. Staatliche Handelsflotten.
   Jahrg. 1924 Nr. 11. Staatsbetriebe in der Seeschiffahrt.

   δ) W i r t s c h a f t s d i e n s t :
   Jahrg. 1921 Nr. 40. Staatsbetrieb und Staatsüberwachung in der Handelsschiffahrt.
   Jahrg. 1925 Nr. 34 Tramptonnage und Linientonnage im überseeischen Gütertransport.

   ε) W e l t w i r t s c h a f t :
   Jahrg. 1919 Nr. 12. S e i d e l , Können Seeschiffahrt und Außenhandel verstaatlicht werden?

   ϑ) N a u t i s c h e R u n d s c h a u :
   Jahrg. 1926 Nr. 12. Konzernbildungen in der Weltschiffahrt.

b) Regionale Literatur.

aa) V e r e i n i g t e S t a a t e n.

1. **Statistiken:**
   S. Nr. 44, 45.

3. **Zusammenfassende Werke und Darstellungen:**
   S. Nr. 49, ferner:
   Nr. 51. Departement of Commerce, Steamship Serveces from the United States, Washington 1922, Government Printing Office.

5. **Zeitschriftenaufsätze und Archivalien:**

   α) „H a n s a ", n a u t i s c h e Z e i t s c h r i f t :
   Jahrg. 1923 Nr. 48. Staatliche und private Handelsschiffahrt in den Vereinigten Staaten.

Jahrg. 1924 Nr. 9. Schiffahrt im deutsch-amerikanischen Handelsvertrag.
Jahrg. 1924 Nr. 52. Jahresbericht des amerikanischen Schiffahrtsamtes.
Jahrg. 1925 Nr. 44. Auswirkung der jüngsten Verkaufspolitik des amerikanischen Schiffahrtsamtes auf die Rentabilität der privaten amerikanischen Überseeschiffahrt.

ε) Weltwirtschaft:
Jahrg. 1920 Nr. 11. Boy-Ed, Das neue amerikanische Schiffahrtsgesetz.

bb) Frankreich.
1. und 2. Statistiken und Jahrbücher:
S. Nr. 4.
3. Zusammenfassende Werke und Darstellungen:
S. Nr. 7, ferner:
Nr. 52. Curth, W., Die Entwicklung einiger französischer Schiffahrtsunternehmen während des Krieges, in „Weltwirtschaftliches Archiv" 1918, Bd. 12, Chronik und Archivalien, S. 289 ff.
5. Zeitschriftenaufsätze und Archivalien:
α) „Hansa", nautische Zeitschrift:
Jahrg. 1922 Nr. 40. Französische Staatshandelsflotte.

cc) Deutschland.
2. Schiffahrtsjahrbücher:
S. Nr. 4, 5, 22, ferner:
Nr. 53. Hamburger Überseejahrbuch, 1922, Stichert.
3. Zusammenfassende Werke und Darstellungen:
S. Nr. 11, ferner:
Nr. 54. Wittern, K., Zusammenschluß deutscher und amerikanischer Unternehmen auf dem Gebiete der nordatlantischen Schiffahrt. Hamburg 1924, Dissertation.
Nr. 55. Hapag, 75 Jahre Hamburg-Amerika-Linie, Hamburg 1922, G. Petermann.
Nr. 56. Fenchel, L., Die deutschen Schiffahrtsgesellschaften, Hamburg 1921, Norddeutsche Bank- und Handels-Kommandite, Sick & Co.
5. Zeitschriftenaufsätze und Archivalien:
α) „Hansa", nautische Zeitschrift:
Jahrg. 1924 Nr. 9. Schiffahrt im deutsch-amerikanischen Handelsvertrag.
Jahrg. 1925 Nr. 49. Die große Bremer Überraschung (Lloyd, Roland, H.A.B.A.L.[1]-Horn).

dd) Großbritannien.
1. u. 2. Statistiken und Jahrbücher:
S. Nr. 4, 5.
3. Zusammenfassende Werke und Darstellungen:
S. Nr. 7, 11, 27, ferner:

---

[1] H.A.B.A.L. = Hamburg-Bremer-Afrika-Linie.

Nr. 57. O v e r z i e r, P., Zusammenschlußbewegung in der britischen Handelsschiffahrt, 1919, in „Weltwirtschaftliches Archiv" Bd. 15, Chronik und Archiv. 1919/20.

5. Zeitschriftenaufsätze und Archivalien:
  α) „H a n s a", nautische Zeitschrift:
    Jahrg. 1922 Nr. 48, 52. Australische Staatshandelsflotte.

  δ) Wirtschaftsdienst:
    Jahrg. 1925 Nr. 20. Mißerfolge der kanadischen und australischen Staatsschiffahrt.

ee) Skandinavien.
1. Statistiken:
  Nr. 58. S j o f a r t, Schwedische Statistik.

3. Zusammenfassende Werke und Darstellungen:
  S. Nr. 7, 46, ferner:
  Nr. 59. N y l a n d e r, Sveriges Transozeana Linjer, Stockholm 1918.

C. Wege und Häfen des Seeverkehrs.
I. Die Verkehrsrouten.

1. u. 2. Statistiken und Jahrbücher:
  S. Nr. 5.

3. Zusammenfassende Werke und Darstellungen:
  S. Nr. 8, 17, 27, 28, 38, ferner:
  Nr. 60. H a s s e r t, K., Allgemeine Verkehrsgeographie, Leipzig 1913, Göschen.
  Nr. 61. H e n n i g, R., Hauptwege des Weltverkehrs, Jena 1913, G. Fischer.
  Nr. 62. H e n n i g, R., Die Bahnen des Weltverkehrs, Leipzig 1909.
  Nr. 63. H e n n i g, R., Der Panama-Kanal in seiner Bedeutung für den Wettbewerb der europäischen und amerikanischen Schiffahrt, in „Weltwirtschaftliches Archiv", Bd. LV, S. 361 ff. (s. Nr. 29).
  Nr. 64. J o h n s o n, E. R., Panama Canal Traffic and Tolls, Washington 1912, Government Printing Office (mit Kartenwerk).
  Nr. 65. W i e d e n f e l d, K., Die nordwesteuropäischen Welthäfen, Berlin 1903, Mittler & Sohn, Veröffentlichungen des Instituts für Meereskunde Nr. 3.

5. Zeitschriftenaufsätze und Archivalien:
  α) „H a n s a", nautische Zeitschrift:
    Jahrg. 1925 Nr. 25. Die Bedeutung des Kaiser-Wilhelm-Kanals.

  β) Technik und Wirtschaft:
    Jahrg. 1922 S. 534 H e n n i g, R., Der Großschiffahrtsweg in den großen nordamerikanischen Seen.

δ) **Wirtschaftsdienst:**
 Jahrg. 1921 Nr. 10. Die heutigen Überseeverbindungen Hamburgs.

ζ) **Werft, Reederei, Hafen:**
 Jahrg. 1921 Heft 18. B o d e, A., Die Bedeutung der wichtigsten Kanäle für die Weltschiffahrt.

II. Die Häfen des Seeverkehrs.
a) Allgemeine Literatur.

3. Zusammenfassende Werke und Darstellungen:
 S. Nr. 8, 18, 34, 47, 48, ferner:
 Nr. 66. D i x , A., Politische Erdkunde, 2. Aufl. Breslau 1923, F. Hirt, Jedermanns Bücherei, Abt. Erdkunde Bd. 13.
 Nr. 67. D i x , A., Politische Geographie, Handbuch, München und Berlin 1920, Oldenbourg.
 Nr. 68. R ü h l , A., Typen der Häfen und ihre wirtschaftliche Stellung. Berlin 1920, Zeitschrift der Gesellschaft für Erdkunde.
 Nr. 69. F a i r g r i e v e , I., Geography and World Power, London 1924, University of London Press.
 Nr. 70. L e i t e r , H., Die Arten der Häfen, Mitteilungen der Geographischen Gesellschaft Wien, Bd. LXI 1918. S. 433 ff.
 Nr. 71. D o v e , K., Allgemeine Verkehrsgeographie, Berlin und Leipzig 1921.
 Nr. 72. M a u l l , O., Politische Erdkunde, Berlin 1925, Bornträger.
 Nr. 73. F a i r g r i e v e und Y o u n g , E., Gateways of the Commerce, London 1921, Philip & Sons.

5. Zeitschriftenaufsätze und Archivalien:
 α) „**H a n s a**", **nautische Zeitschrift:**
 Jahrg. 1924 Nr. 35. Vorschläge zur Verbesserung der Leistungsfähigkeit der Hafenanlagen.

η) **Nautical Gazette:**
 Jahrg. 1924 v. 16. 8. Wie ist die Leistungsfähigkeit der Häfen zu vergrößern.

b) Regionale Literatur.
aa) Deutschland.
 1. Statistiken:
 S. Nr. 21.
 2. Jahrbücher:
 S. Nr. 68, ferner:
 Nr. 74. Jahrbuch der Hafenbautechnischen Gesellschaft.
 3. Zusammenfassende Werke und Darstellungen:
 S. Nr. 81, ferner:
 Nr. 75. F l ü g e l , H., Die deutschen Welthäfen Hamburg und Bremen, Jena 1914, G. Fischer.

Nr. 76. v. Beckerath, E., Die Wettbewerbslage der deutschen Welthäfen, in „Weltwirtschaftliches Archiv", Bd. 19, 1923. Heft 3.
Nr. 77. W. Böttcher, Hamburgs Hafen, Hamburg 1920, Meißner.
Nr. 78. Böttcher, W., Hafenbau und Weltverkehr, in „Hamburger Überseejahrbuch", 1922.
Nr. 79. Rühl, A., Die Nord- und Ostseehäfen im deutschen Außenhandel, Berlin 1920, E. S. Mittler & Sohn.
Nr. 80. de Thierry, G., Die freie Hansestadt Bremen, in „Meereskunde", Heft 10, Jahrgang IV, 1910.
Nr. 81. Schuhmacher, H., Die Nordseehäfen, Leipzig und Berlin, 1919, B. G. Teubner.
Nr. 82. Deputation für Häfen und Eisenbahnen, Die bremischen Häfen, Bremen 1922.
Nr. 83. Bremen, Die freie Hansestadt Bremen, Bremen 1922, Angelsachsenverlag.
Nr. 84. Ehrenberg, H., Wie wurde Hamburg groß? Hamburg und Leipzig 1924, Voß.

5. **Zeitschriftenaufsätze und Archivalien:**

α) „Hansa", nautische Zeitschrift:
Jahrg. 1921 Nr. 51. Die Bremischen Häfen.
Jahrg. 1924 Nr. 47. Die Seewasserstraße Bremens.

β) Technik und Wirtschaft:
Jahrg. 1926 S. 158. v. Dühring, Die wirtschaftliche Entwicklung des Hamburger Hafens.
S. 162. Pantlen, Stellung Hamburgs in der Weltschiffahrt.
S. 169. Guderian, Neuere Entwicklung des Nordostseeverkehrs auf dem Kaiser-Wilhelm-Kanal.

γ) Weltwirtschaftliches Archiv:
Jahrg. 1923, Bd. 19, S. 337. v. Beckerath, Die Wettbewerbslage der deutschen Welthäfen. (Auch als Sonderheft herausgegeben.)

δ) Wirtschaftsdienst:
Jahrg. 1919 Nr. 9. Kopenhagen als baltischer Stapelplatz.
Jahrg. 1921 Nr. 13. Heutige Überseeverbindungen Hamburgs.
Jahrg. 1921 Nr. 39. Lorenzen, Hamburgs Seezufahrtsstraße.
Jahrg. 1922 Nr. 20. Hamburgs Beziehungen zur Binnenschiffahrt und zu den Wasserstraßen.

ε) Weltwirtschaft:
Jahrg. 1919 Nr. 2. Der Nordseehäfen - Kanal Bramsche - Bremen - Hamburg.
Jahrg. 1921 Nr. 4. Hennig, Vermag der Rhein-Schelde-Kanal die deutschen Nordseehäfen zu schädigen?

i) Wirtschaft und Statistik:
Jahrg. 1925 S. 123. Seewärtiger Güterverkehr der deutschen Häfen im Jahre 1923.

bb) Belgien.

2. Jahrbücher:
Nr. 85. Annuaire maritime du Lloyd Anversois, Antwerpen.

3. Zusammenfassende Werke und Darstellungen:
S. Nr. 76, 78, 79, 81, ferner:
Nr. 86. Arndt, P., Antwerpen, Rotterdam und die deutsche Rheinmündung, Stuttgart 1918, Enke.
Nr. 87. Luyken, R., Die Stellung Antwerpens und Rotterdams zum rheinisch-westfälischen Industriegebiet, Dissertation 1921.
Nr. 88. Bierckens, V., Le port d'Anvers, son avenir pour la Suisse. Buletin de la Société Neufchâteloise de Géographie, Bd. 28, S. 5 ff. 1919.
Nr. 89. Fougère, M., Anvers et la question rhénane, Revue économique internationale 1921, Vol. 1. Nr. 1, S. 60 ff.
Nr. 90. Rühl, A., Antwerpen, in „Meereskunde", 1915, Heft 5 Bd. IX.
Nr. 91. Bollengier, K., De Haven van Antwerpen (Steden en Landschappen, III) Tijdschr. v. h. Nederl. Aardrikskdg. 1924.
Nr. 92. Wiedenfeld, K., Antwerpen im Weltverkehr, München 1915, Bruckmann, Weltkultur und Weltpolitik, Deutsche Folge 3.

4. Karten:
Nr. 93. Seghers, W., Nouveau plan du port d'Anvers, Antwerpen, Seghers.

5. Zeitschriftenaufsätze und Archivalien:
a) „Hansa". nautische Zeitschrift:
Jahrg. 1925 Nr. 5, 6, 8. Der Verkehr im Hafen von Antwerpen.

cc) Holland.

3. Zusammenfassende Werke und Darstellungen:
S. Nr. 76, 78, 79, 81, 86, 87, ferner:
Nr. 94. Amtliche Ausgabe der Stadt Rotterdam, der Hafen von Rotterdam, 3. Auflage 1919, Rotterdam, Brusse.
Nr. 95. Dto., 4. Auflage, 1924.
Nr. 96. Burgdorffer, A. C., De port de Rotterdam, son importance pour la navigation rhénane. Sous le patronage des Comitées Français et Hollandais. Rotterdam 1924, Schueler.
Nr. 97. Handels- und Gewerbekammer von Rotterdam, Jahresbericht 1924.
Nr. 98. The Unloading of Bulk Cargoes in the Port of Rotterdam, Economique Intelligence Jahrgang 1923, S. 221 ff.

4. Karten:
S. Nr. 94, 95.

dd) Großbritannien.
1. Statistiken:
S. Nr. 5.
3. Zusammenfassende Werke und Darstellungen:
S. Nr. 76, ferner:
Nr. 99. Memoranda and Tables, as to the Chief Harbours of the British Empire, London 1917, Dominion Royal Commission, London Stationary Office.
Nr. 100. Port of London Authority, the Port of London, London 1924.
Nr. 101. Port of London Authority, London, the premier Market and Port of the World, London 1924.
Nr. 102. Report of the Southampton Harbour Commission, Southampton 1912, Wyman & Sons (mit Karte).
Nr. 103. Schulze, Edinburgh, Glasgow, Liverpool, Berlin 1916.
Nr. 104. Port Facilities of Great Britain, Chamber of Shipping, London 1924.

ee) Frankreich.
1. Statistiken:
S. Nr. 5.
3. Zusammenfassende Werke und Darstellungen:
S. Nr. 68, 70, ferner:
Nr. 105. Claveille, A., Nos ports, Paris 1921, Plon-Nourrit & Cie.
Nr. 106. Dupouy, A., Les grands ports français: le port de Rouen, Paris 1920, Demod.
Nr. 107. Chamber of Commerce of Rouen, the Port of Rouen, Rouen 1924, Lecerf.
Nr. 108. Liard, A., Un grand port français: Rouen, Rouen 1913.
4. Karten:
S. Nr. 106, 107.

ff) Vereinigte Staaten.
1. Statistiken:
Nr. 109. Foreign Trade and Navigation of the United States, Washington.
3. Zusammenfassende Werke und Darstellungen:
S. Nr. 12, 69, 70, ferner:
Nr. 110. Rush, Th., The Port of New York, New York 1920, Doubleday, Page & Cie.
Nr. 111. Port of New York Annual, compiled by A. Smith, New York 1919, Smiths Port Publishing Co.
Nr. 112. Clapp, E. I., The Port of Boston, New Haven, Yale University, Press London, Milford, 1916.
Nr. 113. The Port of Boston, (Shawmut Series, no. 227) Boston 1923, The National Shawmut Bank of Boston.
Nr. 114. Port Development Plan of Baltimore, Baltimore 1922, Port Development Commission of Baltimore.
Nr. 115. Behrmann, M., The Port of New Orleans, Bulletin of the Pan-American Union, Washington 1920.

Nr. 116. The Port of Galveston, Handbook, Galveston 1922, Galveston Commercial Association.
Nr. 117. Joint Report, with comprehensive Plan and Recommandations, New York 1920, Port and Harbour Development Commission, Albany, Lyon & Co.
Nr. 118. Collins, A. F., Our Harbours and Inland Waterways, New York 1920, The Century Co.
Nr. 119. MacChesney, T. S., Board of Commissioners, the Port of New Orleans, New Orleans 1920.
Nr. 120. Bernhard, J. H., New Orleans, the World's greatest Port, New Orleans 1921, I. Delgado Central Trades School.
Nr. 121. Bubendey, I. F., Der Hafen von New York, Hamburg 1913.
Nr. 122. Report of the Board of Commissioners of the Port of New Orleans, New Orleans 1919.
Nr. 123. Jones, M., The Ports of the United States, Washington 1916, Government Printing Office.
Nr. 124. Penck, A., Der Hafen von New York, in „Meereskunde" 1910, Berlin, Heft 1.

4. Karten:
S. Nr. 110, 112, 114, 124.

5. Zeitschriftenaufsätze und Archivalien:

δ) Wirtschaftsdienst:
Jahrg. 1925 Nr. 10. Erweiterungen des Hafen von Savannah.

ζ) Werft, Reederei, Hafen:
Jahrg. 1925 Heft 17. Foerster, Nordamerikanische Seehafentechnik.

gg) Übrige Länder.

3. Zusammenfassende Werke und Darstellungen:
Nr. 125. Lisbon Harbour Board, the Port of Lisbon, Lissabon 1914, Ed. Limitada.
Nr. 126. The Copenhagen Free Port Co., the Copenhagen Free Port, Kopenhagen 1920.

C. Der Seeverkehr.

I. Der Güterverkehr.

1. Statistiken:
S. Nr. 21 (Bd. 289, 295, 299, 305, 309, 314/III), Nr. 58, 109, ferner:
Nr. 127. Tableau général du commerce et de la navigation, 1913, 1919/23.
Nr. 128. Annual Statement of the Navigation and Shipping of the United Kingdom, for the Years 1913, 1919/25.
Nr. 129. Jaarcijfers for het Koninkrijk der Nederlanden, Rijk en Europa, 1913, 1919/23.
Nr. 130. Skibsfart (norwegische Statistik) 1913, 1919/23.
Nr. 131. Statistisk Aarbok for Kongeviket Norge 1913, 1919/23.
Nr. 132. Denmarks officiella Statistik.
Nr. 133. Annuaire statistique de la Belgique.

Nr. 134. Nederland Statistiek van den in — en uitklaringen van zee — en revierschepen.
Nr. 135. Stockholms Stadsstatistik Abt. IX, Handel und Schiffahrt.
2. **Jahrbücher:**
S. Nr. 4, 5.
3. **Zusammenfassende Werke und Darstellungen:**
S. Nr. 9, 11, 12, 13, 14, 47, ferner:
Nr. 136. Hennig, R., Probleme des Weltverkehrs, Berlin 1913, Paetel.

II. Der Personenverkehr.

1. **Statistiken:**
S. Nr. 1, ferner:
Nr. 137. Moore, W. C., Moore'sche Tabellen, Ellis Island, New York jährlich.

5. **Zeitschriftenaufsätze und Archivalien:**
α) „Hansa", nautische Zeitschrift:
Jahrg. 1922 Nr. 47. Das amerikanische Einwanderungsgesetz.
Jahrg. 1924 Nr. 9. Über die Zukunft des nordatlantischen Passagierverkehrs.
Jahrg. 1924 Nr. 11. Der transatlantische Passagierverkehr über Hamburg.
Jahrg. 1925 Nr. 29. Seeschiffahrt und Auswanderung nach dem Kriege.

γ) Weltwirtschaftliches Archiv:
Jahrg. 1920/25. Chronik des Weltverkehrs.
Jahrg. 1925 S. 308. Haslinger, Umschichtungen im Weltverkehr.

η) Nautical Gazette:
Jahrg. 1923 v. 3. 11. Europas Auswanderungszahlen.

ι) Wirtschaft und Statistik:
Jahrg. 1922 S. 554. Überseeische Auswanderung im 1. Halbjahr 1922.
Jahrg. 1922 S. 555 Ein- und Auswanderung der Ver. Staaten in der Zeit von 1910—1922.

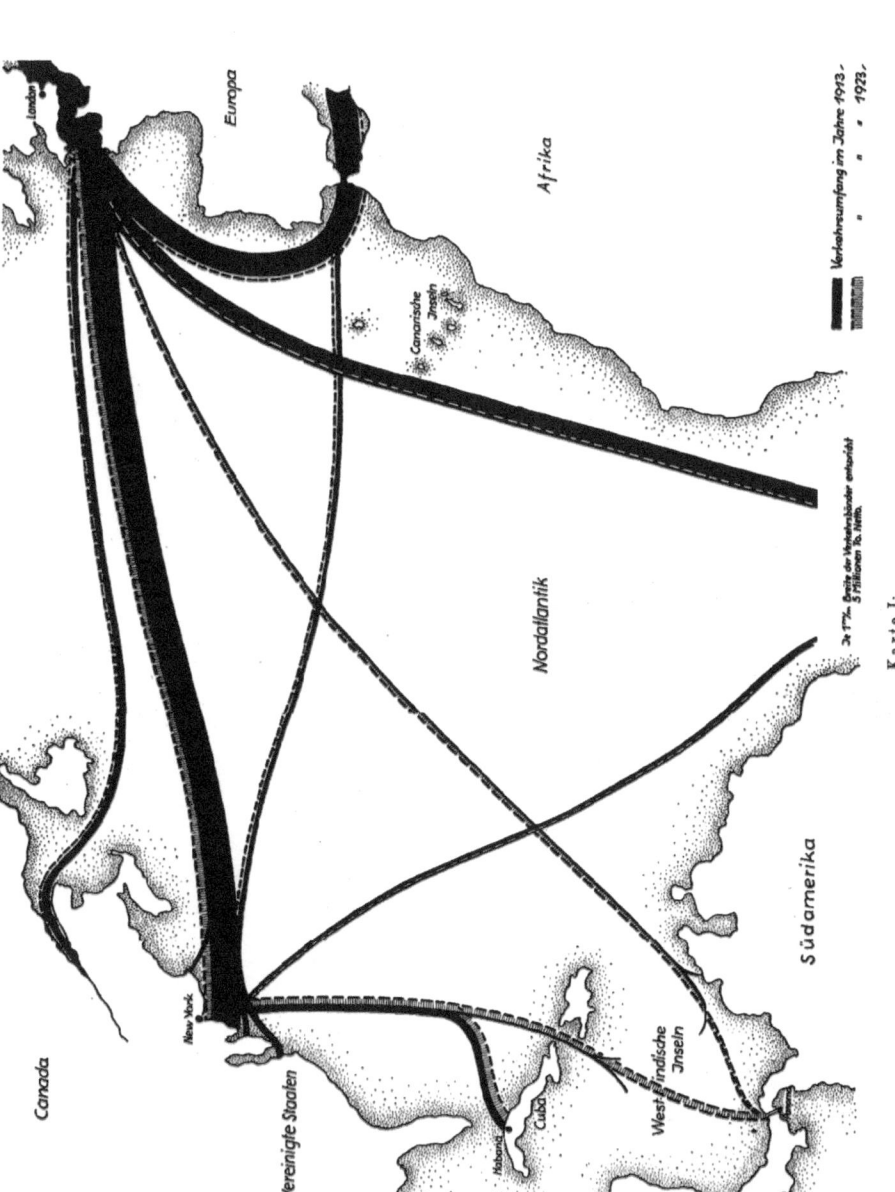

Karte 1:
Die Veränderungen des nordatlantischen Schiffsverkehrs von 1913—1923.
(Errechnet und aufgezeichnet nach Tab. 44, 55, 56, 57, 58, 60, 61, 63, 64, 65)

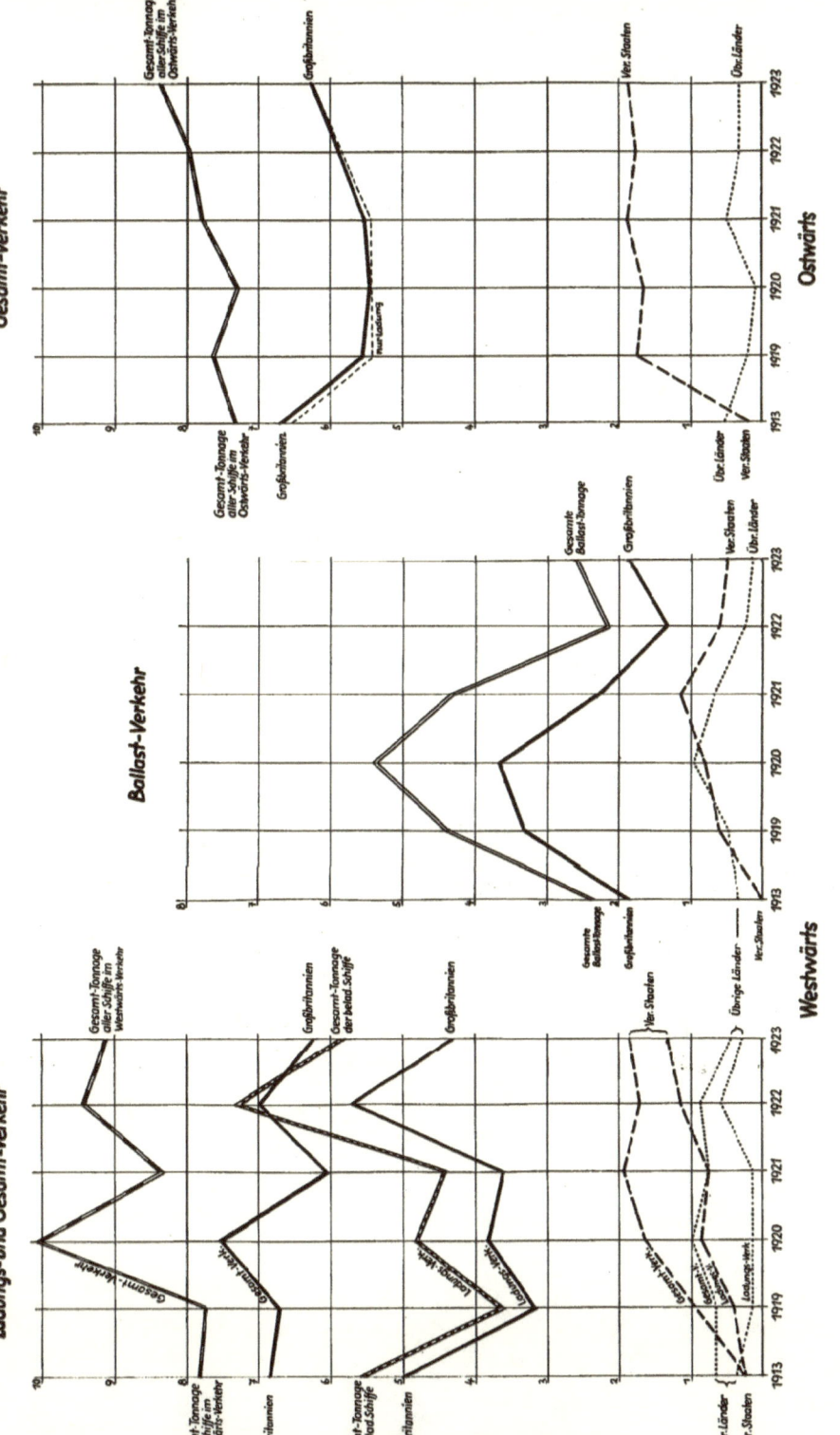

Diagramm 9.
Der Verkehr auf der Route Großbritannien-Vereinigte Staaten.

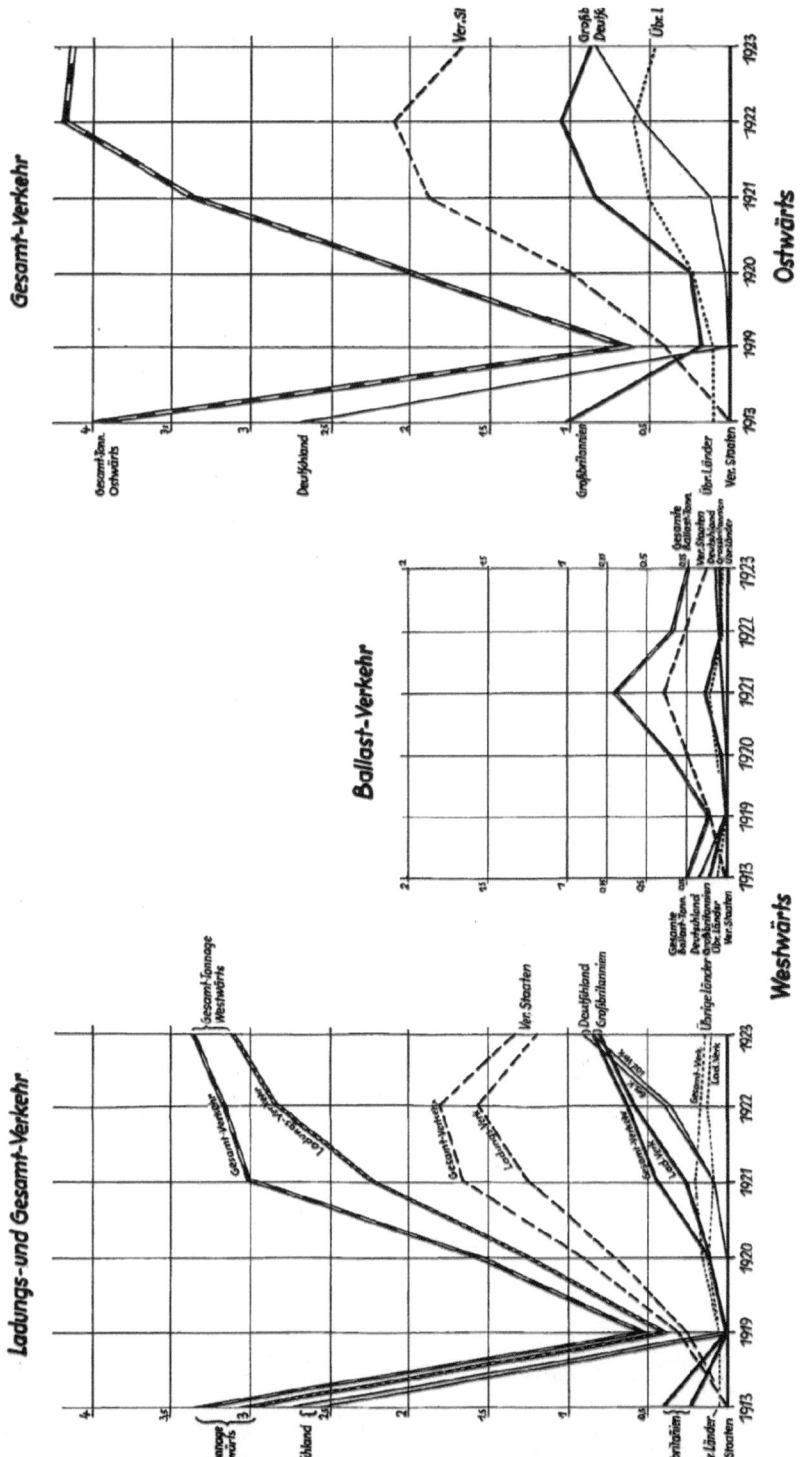

Diagramm 10:
Der Verkehr auf der Route Deutschland-Vereinigte Staaten.

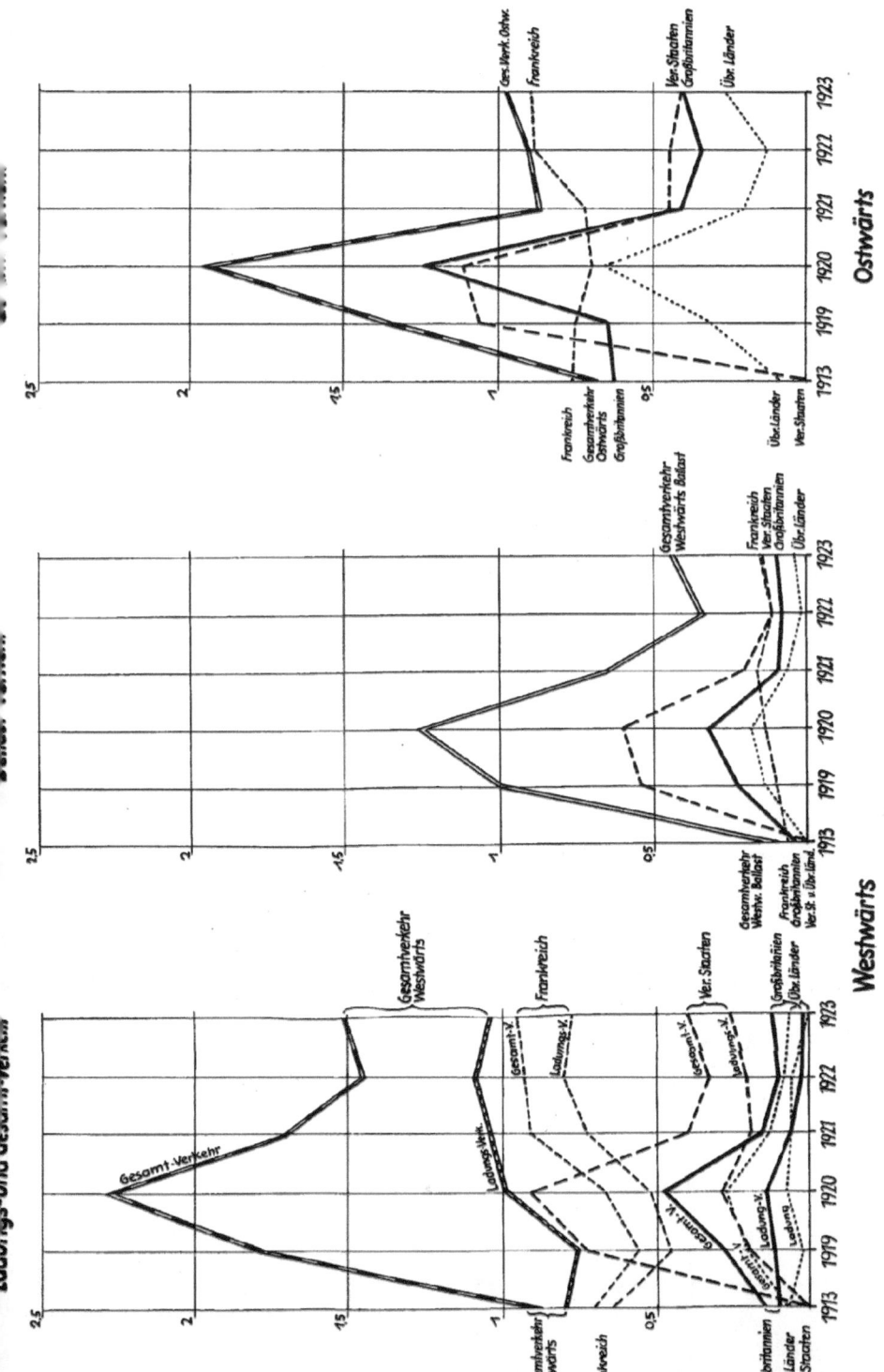

Diagramm 11a:
Der „direkte" Verkehr auf der Route Frankreich-Vereinigte Staaten.

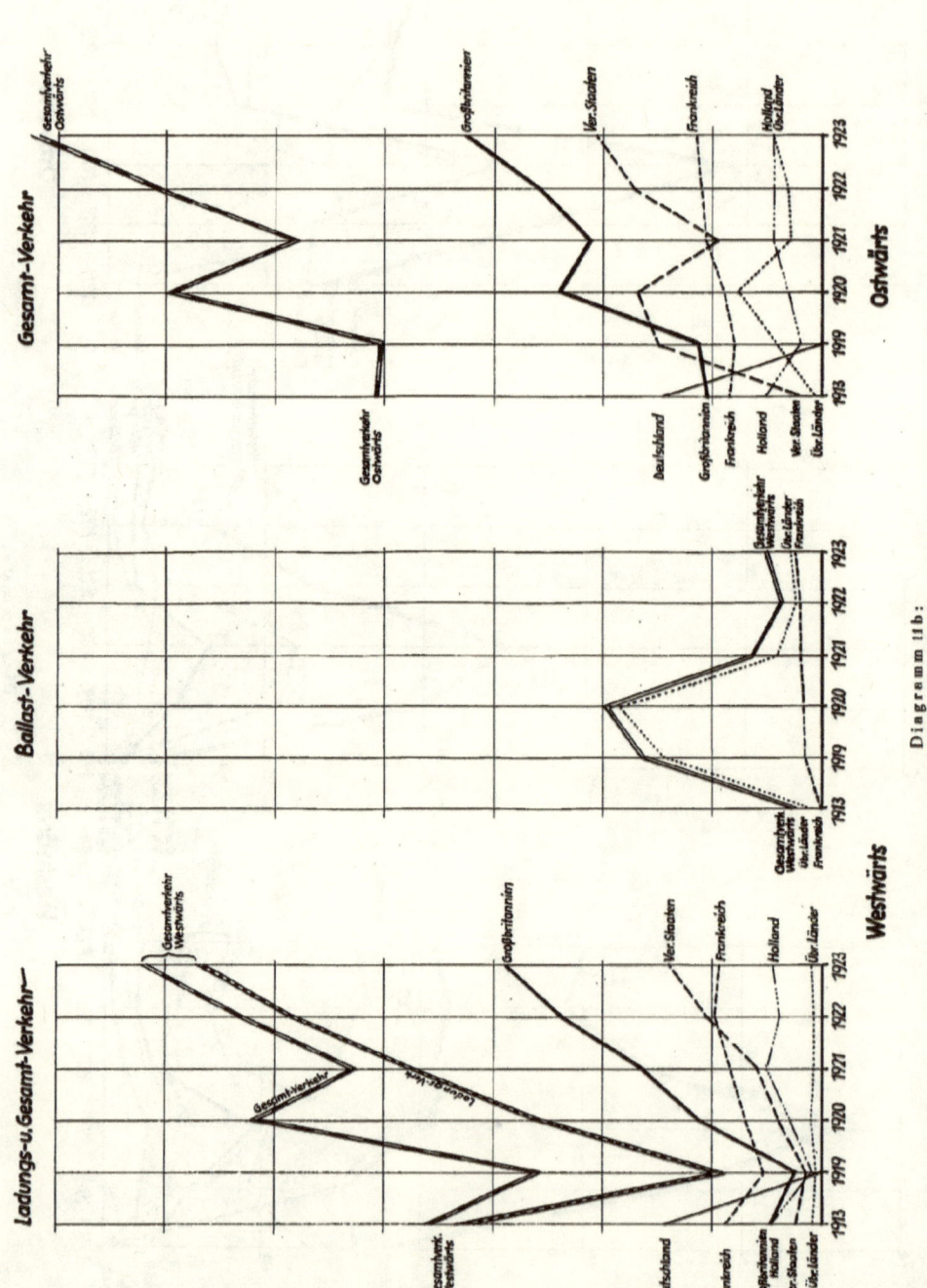

Diagramm 11b:

www.ingramcontent.com/pod-product-compliance
Lightning Source LLC
Chambersburg PA
CBHW021706230426
43668CB00008B/749